LE CASSE DU SIÈCLE

Michael Lewis

LE CASSE DU SIÈCLE
THE BIG SHORT

Traduit de l'anglais (États-Unis)
par Fabrice Pointeau, avec la collaboration de Guy Martinolle

Direction éditoriale : Arnaud Hofmarcher et Guy Martinolle

© Michael Lewis, 2010
Titre original : *The Big Short*
Éditeur original : W.W. Norton & Company Ltd.

© Sonatine, 2010, pour la traduction française
Sonatine Éditions
21, rue Weber
75116 Paris
www.sonatine-editions.fr

*Pour Michael Kinsley,
à qui je dois toujours un article*

*Les sujets les plus difficiles peuvent être
expliqués à l'esprit le plus lent
s'il n'en a pas déjà formé une idée ;
mais la chose la plus simple ne peut être
expliquée à l'homme le plus intelligent
s'il est fermement persuadé
qu'il sait déjà, sans l'ombre d'un doute,
ce qui se trouve devant lui.*

Léon TOLSTOÏ, 1897

Préface

En 2008, la bulle immobilière qui enflait depuis des années aux États-Unis éclatait. Taux d'intérêt bas, épargne de précaution nulle, réglementation laxiste, courtiers sans scrupule, banques peu regardantes sur la solvabilité des emprunteurs les derniers arrivés et les plus fragiles, tout était réuni !

Mais les conséquences quoique douloureuses en seraient restées nationales si les banques américaines n'avaient pas, massivement, depuis quelques années, titrisé leurs créances afin de les céder entre elles puis au monde entier et également créé un marché d'options gigantesque sur ces véhicules.

Le titre original de ce livre est *The Big Short*. Pour les lecteurs peu familiers avec les marchés financiers, il faut savoir que l'on peut parier sur la hausse d'une action, d'une obligation ou d'une matière première, mais également sur sa baisse. On vend alors d'abord ce que l'on n'a pas, avec promesse de le livrer dans le temps, et on le rachète (plus bas si l'on a bien anticipé) afin de déboucler sa position : cela s'appelle « être *short* ».

Ici, *The Big Short* raconte le pari fait, parfois de nombreux mois avant le krach, contre le marché hypothécaire « subprime » américain (c'est-à-dire les créances les plus risquées car émises sur le segment de population disposant des revenus les plus modestes) par un petit nombre d'« outsiders » venus d'horizons divers mais ayant tous la conviction que ce marché s'effondrerait.

Alors pourquoi *Le Casse du siècle* en français ? Parce que les montants en jeu de ces paris furent énormes (plusieurs dizaines de milliards de dollars) et que l'utilisation des options fit gagner jusqu'à cinquante fois leurs mises à ceux qui avaient vu juste.

Mais aussi extravagants que soient ces chiffres, ils ne peuvent rivaliser avec ceux du véritable « hold-up » que subira le contribuable américain lors du renflouement des banques.

Michael Lewis, ex-professionnel de chez Salomon Brothers, a recueilli le témoignage de différents intervenants qui ne faisaient pas partie de « l'Establishment » de Wall Street mais qui ont eu, chacun de leur côté, le pressentiment de ce qui allait arriver. Pourquoi ont-ils été si peu nombreux à être plus clairvoyants que les gouvernements et les banques centrales, et à battre des institutions sophistiquées ? C'est ce qu'explique ce livre ainsi que les dysfonctionnements et les faiblesses de ces institutions. Il fait la preuve que, dans un monde globalisé, informatisé, hyperinformé, des individus presque ordinaires mais têtus et avec un jugement personnel peuvent battre le consensus.

Depuis la sortie du livre aux États-Unis, les révélations et les événements se sont succédé : la SEC[1] a gravement mis en cause Goldman Sachs pour conflit d'intérêts. La commission d'enquête officielle sur la crise l'a également accusée d'obstruction. (Pour mettre un terme aux poursuites, Goldman s'acquittera de la plus lourde amende jamais infligée par la SEC : 550 millions de dollars.)

Différents témoignages et enquêtes prouvent que, lorsqu'en 2007 les grandes banques opérant sur ce marché des « subprimes », au travers de nouveaux instruments financiers opaques et non traités sur un marché officiel, ont senti le vent tourner, elles n'ont pas hésité à transgresser l'éthique et la morale pour limiter leurs pertes.

---

1. Securities and Exchange Commission : organisme officiel de surveillance et de contrôle des marchés financiers. (Toutes les notes numérotées sont de l'éditeur.)

Interviewé au printemps 2010, Michael Lewis déclarait : « Les effets sociaux de l'action de la SEC seront plus grands que ses conséquences légales. De même qu'il y a eu une époque où on pouvait fumer en avion ou boire au volant sans se sentir coupable, on pensera un jour au temps où, à Wall Street, un trader pouvait faire fabriquer un titre pour miser sur son échec, rouler et corrompre les agences de notation pour qu'elles bénissent cette obligation, puis la vendre à une banque allemande un peu lente à comprendre, sans plus avoir à s'en préoccuper. »

Au-delà de cela, cette crise aura forcé les États déjà très endettés à intervenir pour sauver les banques sur une échelle inconnue à ce jour, en dépit d'une histoire jalonnée de tels sauvetages. Et même (on peut rêver) s'il en ressort un changement des règles du jeu qui donne aux relations banques-État-citoyen quelques années de répit, comme après la crise de 1929, ces interventions auront mis en lumière, probablement plus tôt qu'anticipé, la fragilité même des finances publiques des États du monde occidental. La Grèce aura servi de révélateur et provoqué la réaction immédiate des États européens par des mesures de redressement de leurs finances publiques (au *timing* discutable). Sans doute un réflexe de survie, car nous sommes désormais dos au mur : lors de la prochaine crise, QUI viendra sauver les États ?

Guy MARTINOLLE
Cofondateur de Sonatine Éditions
Ancien membre du Chicago Mercantile Exchange
Ancien manager de hedge fund

Prologue
Poltergeist

Qu'une banque d'investissement de Wall Street ait été disposée à me payer des centaines de milliers de dollars pour prodiguer des conseils de placements à des adultes demeure à ce jour un mystère pour moi. J'avais 24 ans, et je ne connaissais rien, ni ne m'intéressais particulièrement, aux fluctuations du marché. La fonction essentielle de Wall Street était de répartir les capitaux : de décider qui devait en avoir ou non. Croyez-moi quand je vous dis que je n'avais pas la moindre idée sur la question. Je n'avais jamais étudié la comptabilité, jamais dirigé d'entreprise, jamais même eu d'économies personnelles à gérer. Je m'étais retrouvé par hasard à travailler chez Salomon Brothers en 1985, et en étais ressorti, plus riche, en 1988, et bien que j'aie écrit un livre sur cette expérience, tout cela me semble toujours aussi grotesque – c'est l'une des raisons pour lesquelles m'éloigner de l'argent a été si facile. Je me disais que cette situation était intenable. Inévitablement, quelqu'un s'apercevrait que j'étais, de même que nombre de personnes plus ou moins dans le même cas que moi, un imposteur. Inévitablement, le jour du Jugement arriverait, Wall Street se réveillerait, et des centaines, voire des milliers de jeunes gens tels que moi, qui n'avaient aucune raison de faire d'énormes paris avec l'argent des autres ni de persuader les autres de faire ces paris, seraient foutus à la porte de Wall Street.

Quand j'ai entrepris d'écrire le récit de cette expérience – *Poker menteur : l'histoire vraie d'un golden boy*, ça s'appelait –, mon état d'esprit était celui d'un jeune homme qui partait avant qu'il ne soit trop tard, et mon message était une bouteille à la mer destinée à ceux qui passeraient dans les parages dans un avenir lointain. Je me disais que, à moins que quelqu'un de l'intérieur ne le couche sur papier, aucun humain du futur ne croirait que ça s'était produit.

Jusqu'alors, à peu près tout ce qui avait été écrit sur Wall Street concernait le marché des actions. Le marché des actions avait été, dès le tout début, le cœur de Wall Street. Mon livre, en revanche, parlait principalement du marché obligataire, car Wall Street gagnait désormais encore plus d'argent en rassemblant, en vendant, en se refilant les dettes croissantes de l'Amérique. Ça aussi, je me disais que c'était intenable. Je croyais que le texte que j'écrivais serait une illustration de l'Amérique des années 1980, une grande nation perdant financièrement la boule. Je me disais que les lecteurs de l'avenir seraient consternés de découvrir que, en 1986, le P-DG de Salomon Brothers, John Gutfreund, avait été payé 1,3 million de dollars pour envoyer son entreprise droit dans le mur. Qu'ils seraient sidérés par l'histoire de Howie Rubin, le trader de Salomon qui était passé chez Merrill Lynch et n'avait pas tardé à perdre 250 millions de dollars. Qu'ils seraient choqués d'apprendre que, jadis, les P-DG de Wall Street n'avaient qu'une vague idée des risques complexes pris par leurs traders.

Voilà ce que je m'imaginais ; ce que je ne m'étais en revanche jamais imaginé, c'est que le lecteur de l'avenir pourrait se pencher sur ces phénomènes, ou sur ma propre expérience personnelle, et s'exclamer : « Comme c'est désuet ! Comme c'est innocent ! » À aucun moment je n'avais soupçonné que la folie financière des années 1980 durerait deux décennies de plus, ni que l'écart entre Wall Street et la vie économique ordinaire s'accroîtrait et finirait pas créer deux mondes à part. Qu'un simple trader pourrait gagner 47 millions de dollars par an et se sentir floué. Que le marché des obligations hypothécaires inventé dans la salle des marchés de Salomon Brothers, qui, à l'époque, semblait une idée tellement bonne, mènerait au désastre économique le plus purement *financier* de l'histoire. Que, exactement vingt ans après que Howie Rubin avait fait scandale en perdant 250 millions de dollars, un autre trader nommé Howie, au sein de Morgan Stanley, perdrait 9 milliards de dollars d'un seul coup et demeurerait quasiment inconnu, sans que personne en dehors d'un petit cercle au sein de Morgan Stanley n'apprenne jamais ce qu'il avait fait, ni pourquoi.

Lorsque j'ai entrepris d'écrire mon premier livre, je n'avais pas de grande intention cachée, je voulais juste raconter une histoire qui me semblait remarquable. Si vous m'aviez fait boire quelques verres puis demandé quel effet le livre aurait sur le monde, j'aurais peut-être répondu quelque chose comme : « J'espère que les étudiants qui ne savent pas quoi faire de leur vie le liront et décideront que c'est idiot de faire semblant et d'abandonner ses passions, ou même ses vagues intérêts, pour devenir financier. » J'espérais qu'un brillant étudiant de l'université de l'Ohio qui au fond de lui voulait devenir océanographe lirait mon livre, refuserait une offre de Goldman Sachs, et prendrait la mer à la place.

Mais bizarrement, ce message n'a quasiment pas été entendu. Six mois après la parution de *Poker menteur*, je croulais sous les lettres d'étudiants de l'université de l'Ohio qui voulaient savoir si j'avais d'autres secrets à partager sur Wall Street. Ils avaient lu mon livre comme un manuel pratique.

J'ai passé les deux décennies qui ont suivi mon départ à attendre la fin du Wall Street que j'avais connu. J'ai vu les bonus exorbitants, le défilé incessant des traders voyous, le scandale qui a fait couler Drexel Burnham, le scandale qui a détruit John Gutfreund et mis par terre Salomon Brothers, la crise qui a suivi l'effondrement de Long-Term Capital Management, le hedge fund fondé par mon ancien patron John Meriwether, la bulle Internet : le système financier était constamment, dans une certaine mesure, discrédité. Et pourtant les grandes banques de Wall Street au cœur de ce système continuaient de grossir, de même que les sommes d'argent qu'elles distribuaient à des gamins de 26 ans pour qu'ils accomplissent des tâches sans utilité sociale apparente. La jeunesse américaine ne s'est jamais rebellée contre la culture de l'argent. Pourquoi prendre la peine de renverser le monde de ses parents quand on peut l'acheter puis le revendre morceau par morceau ?

À un moment, j'ai cessé d'attendre. Je supposais qu'aucun scandale ni revers ne serait assez puissant pour faire couler le système.

Puis Meredith Whitney est arrivée, avec du neuf. Whitney était une obscure analyste de sociétés financières qui travaillait elle-même pour une obscure société financière, Oppenheimer and Co. Mais, le 31 octobre 2007, elle a cessé d'être obscure. Ce jour-là, elle a prédit que Citigroup avait tellement mal géré ses affaires que soit l'entreprise réduisait son dividende, soit elle faisait faillite. On ne sait jamais clairement, un jour donné, ce qui provoque quoi sur le marché des actions, mais il est on ne peut plus clair que, le 31 octobre, Meredith Whitney a provoqué un krach. À la fin de la journée, une parfaite inconnue débarquée de nulle part avait fait perdre 8 % à l'action Citigroup et 390 milliards de dollars à la capitalisation totale du marché des actions. Quatre jours plus tard, le P-DG de Citigroup, Chuck Prince, démissionnait. Deux semaines plus tard, Citigroup réduisait son dividende.

À partir de là, Meredith Whitney est devenue une sorte d'oracle : quand elle parlait, on l'écoutait. Et son message était clair : Si vous voulez savoir ce que valent réellement ces sociétés de Wall Street, observez bien les actifs pourris qu'elles détiennent grâce à de l'argent emprunté, et imaginez ce qu'ils vaudraient en cas de vente à la casse. À ses yeux, le ramassis d'employés payés des fortunes par les banques ne valait rien. Tout au long de 2008, elle a réfuté les arguments des banquiers et des brokers[1] qui

---

1. Intermédiaire qui ne prend en principe pas de position pour compte propre et encaisse des commissions pour exécuter sur les marchés les ordres de ses clients.

prétendaient avoir résolu leurs problèmes grâce à telle dévalorisation ou telle levée de capitaux: « Vous vous trompez. Vous ne voyez toujours pas à quel point vous avez mal géré votre entreprise. Vous ne reconnaissez toujours pas des milliards de dollars de pertes en obligations hypothécaires subprime. La valeur de vos titres est aussi illusoire que la valeur de votre personnel. » Ses rivaux accusaient Whitney d'avoir une réputation surfaite; les blogueurs l'accusaient d'avoir de la veine. Mais ce qu'elle avait, surtout, c'était raison. Même s'il est vrai que ses affirmations étaient en partie des suppositions. Car elle n'avait aucun moyen de prédire ce qui arriverait à ces banques de Wall Street, ni de connaître l'étendue de leurs pertes sur le marché des subprimes. Les P-DG eux-mêmes n'en savaient rien. « Soit ça, soit ce sont tous des menteurs, disait-elle, mais je suppose qu'au fond ils ne savent pas. »

Bon, de toute évidence, Meredith Whitney n'a pas fait couler Wall Street. Elle a juste exprimé haut et fort une opinion qui s'est avérée beaucoup plus séditieuse pour l'ordre social que, disons, les nombreuses campagnes menées par divers procureurs de New York pour dénoncer la corruption de Wall Street. Si un simple scandale avait pu détruire les banques d'investissement de Wall Street, il y a belle lurette qu'elles auraient disparu. Mais cette femme ne disait pas que les banquiers de Wall Street étaient corrompus. Elle disait qu'ils étaient idiots. Puisque ces gens dont le boulot consiste à investir des capitaux n'étaient apparemment même pas fichus de gérer les leurs.

J'avoue m'être dit au fond de moi: *Si j'étais resté à Wall Street, c'est le genre de catastrophe que j'aurais pu créer.* Les individus au centre de la débâcle de Citigroup étaient le même genre de types que ceux avec qui j'avais travaillé; certains d'entre eux avaient suivi la même formation que moi chez Salomon Brothers. Finalement, ça a été plus fort que moi: j'ai appelé Meredith Whitney. C'était en mars 2008, juste avant la faillite de Bear Stearns, quand l'issue était encore incertaine. Je me disais:

Si elle a raison, il y a des chances pour que le monde financier retourne dans la boîte noire dont il s'est échappé au début des années 1980. Je voulais comprendre si ce qu'elle disait avait un sens, mais aussi savoir d'où venait cette jeune femme qui faisait s'effondrer la Bourse chaque fois qu'elle ouvrait la bouche.

Elle avait débarqué à Wall Street en 1984, après des études au département d'anglais de l'université de Brown. « Je suis arrivée à New York et je ne connaissais strictement rien à la recherche financière », explique-t-elle. Elle s'était dégoté un job chez Oppenheimer and Co., puis avait eu un coup de pot incroyable : l'homme qui l'avait formée l'avait non seulement aidée à trouver sa voie, mais aussi à se façonner une vision du monde. Son nom était Steve Eisman. « Après mon papier sur Citi, m'a-t-elle dit, l'un des meilleurs moments a été quand Steve m'a appelée pour me dire qu'il était fier de moi. » Comme je n'avais jamais entendu parler de Steve Eisman, je n'ai pas relevé.

Mais j'ai alors lu que le directeur d'un hedge fund peu connu de New York, un certain John Paulson, avait gagné 20 milliards de dollars pour ses investisseurs, et personnellement empoché près de 4 milliards. Jamais personne n'avait gagné une telle somme aussi rapidement à Wall Street. De plus, il l'avait fait en pariant contre les mêmes obligations hypothécaires subprime qui entraînaient désormais la chute de Citigroup et de toutes les autres banques d'investissement de Wall Street. Ces banques sont comme les casinos de Las Vegas : elles fixent les probabilités. Le client qui joue à des jeux à somme nulle peut gagner de temps en temps, mais pas systématiquement, et jamais assez pour mettre le casino sur la paille. Pourtant, John Paulson était un client de Wall Street. Il était donc l'image inversée de l'incompétence que Meredith Whitney dénonçait haut et fort. Le casino avait mal jugé, de loin, les probabilités de son propre jeu, et au moins une personne s'en était aperçue. J'ai rappelé Whitney pour lui demander, comme je le demandais à d'autres, si elle connaissait qui que ce soit qui aurait anticipé le cataclysme des crédits subprime et aurait su placer ses mises pour en tirer une fortune. Qui d'autre avait remarqué, avant que le casino s'en aperçoive, que la roulette était devenue prévisible ? Qui d'autre à l'intérieur de la boîte noire de la finance moderne avait perçu les défauts de ses rouages ?

2008 touchait alors à sa fin. Le nombre d'experts qui prétendaient avoir prédit la catastrophe ne cessait de croître, mais ceux qui l'avaient réellement prédite étaient beaucoup moins nombreux. Et parmi eux, rares étaient ceux qui avaient eu le cran de parier sur leur vision. Il n'est pas aisé de se dissocier de l'hystérie collective – de croire que l'essentiel de ce qu'on lit dans la presse financière est erroné, que les individus les plus importants du monde de la finance sont soit des menteurs, soit des naïfs – sans devenir fou. Whitney m'a communiqué une liste d'une demi-douzaine de noms, principalement des investisseurs qu'elle avait personnellement conseillés. Au milieu se trouvait John Paulson. Tout en haut il y avait Steve Eisman.

1
L'histoire d'une origine secrète

Eisman avait débuté dans la finance vers l'époque où j'en étais sorti. Il avait grandi à New York, étudié dans des yeshivot, obtenu avec mention très bien son diplôme de l'université de Pennsylvanie, puis avec les honneurs celui de l'école de droit de Harvard. Et en 1991, à 31 ans, il était avocat d'affaires et se demandait comment il avait pu croire que ce boulot lui plairait. « Je détestais ça, explique-t-il. Je détestais être avocat. Mes parents travaillaient comme brokers chez Oppenheimer securities. Ils se sont arrangés pour me pistonner. Ce n'est pas très glorieux, mais c'est ce qui s'est passé. »

Oppenheimer était l'une des dernières sociétés anonymes à l'ancienne de Wall Street, et elle survivait grâce aux miettes laissées par Goldman Sachs et Morgan Stanley. Ça ressemblait moins à une entreprise qu'à une affaire familiale. Lillian et Elliot Eisman prodiguaient des conseils financiers à de petits investisseurs depuis le début des années 1960. (Lillian avait créé sa propre société de courtage au sein d'Oppenheimer, et Elliot, qui avait débuté sa carrière comme avocat en droit criminel, l'avait rejointe après s'être fait menacer une fois de trop par ses clients maffieux de deuxième ordre.) Comme ils étaient aimés et respectés aussi bien par leurs collègues que par leurs clients, ils pouvaient embaucher qui leur plaisait. Ainsi, avant de venir à la rescousse de leur fils en l'arrachant à sa carrière d'avocat, ils avaient installé son ancienne nourrice dans la salle des marchés d'Oppenheimer. Et lorsqu'il allait faire ses rapports auprès de son père et de sa mère, Eisman passait devant la femme qui avait autrefois changé ses couches. Mais le népotisme était réglementé chez Oppenheimer : si Lillian et Elliot voulaient embaucher leur fils, ils devaient lui payer son salaire pendant la première année, le temps que les autres déterminent s'il valait vraiment la peine d'être payé.

Les parents d'Eisman, qui, fondamentalement, étaient des investisseurs dans la valeur à l'ancienne, lui avaient toujours dit que le meilleur moyen d'apprendre le fonctionnement de Wall Street était de travailler en tant qu'analyste. Il se lança donc dans l'analyse financière et commença à travailler pour les gens qui façonnaient l'opinion publique sur les sociétés cotées en Bourse. Oppenheimer employait environ vingt-cinq analystes, dont la plupart des analyses étaient ignorées par le reste de Wall Street. « Le seul moyen de gagner de l'argent en tant qu'analyste à Oppenheimer, c'était d'avoir raison et de faire assez de bruit pour que les autres vous entendent », observe Alice Schroeder, qui s'occupa des sociétés d'assurances pour Oppenheimer avant de passer chez Morgan Stanley puis de devenir la biographe officielle de Warren Buffett. Elle ajoute : « Il y avait un élément de contre-culture chez Oppenheimer. Alors que les employés des grosses sociétés étaient tous payés pour être consensuels. » Il s'avéra qu'Eisman avait un talent particulier pour faire du bruit et pour s'écarter des opinions consensuelles. Il commença en tant qu'analyste junior, soit un simple assistant qui n'était pas censé donner son opinion. Mais tout ça changea en décembre 1991, moins d'un an après ses débuts. Un émetteur de crédits subprime appelé Aames Financial fut introduit en Bourse, et personne chez Oppenheimer n'en pensait grand-chose. Mais l'un des associés d'Oppenheimer, qui espérait travailler pour Aames, fit le tour des analystes à la recherche de quelqu'un qui connaîtrait quoi que ce soit aux questions d'hypothèques. « J'étais analyste junior et j'essayais juste de comprendre les bases du métier, affirme Eisman, mais je lui ai dit que quand j'étais avocat j'avais travaillé sur un contrat pour The Money Store. » Eisman fut rapidement nommé analyste principal pour Aames Financial. « Ce que je ne lui ai pas dit, c'est que mon travail avait consisté à relire les documents et que je n'avais pas pigé un mot à ces foutus machins. »

Aames Financial, tout comme The Money Store, appartenait à une nouvelle catégorie de sociétés qui accordaient des prêts à des Américains à court d'argent, ce qu'on appelait par euphémisme de la « finance spécialisée ». Cette catégorie n'incluait pas Goldman Sachs ni J. P. Morgan, mais elle incluait de nombreuses compagnies peu connues impliquées d'une manière ou d'une autre dans le boom du début des années 1990 des prêts hypothécaires subprime. Aames était le premier émetteur de crédits subprime à être coté en Bourse. La deuxième société dont la responsabilité incomba à Eisman s'appelait Lomas Financial Corp. Lomas venait juste de se relever d'une faillite. « J'ai mis une recommandation de vente sur cette boîte parce que c'était de la merde. Je ne savais pas qu'on n'était pas censés recommander de vendre. Je croyais qu'il y avait trois cases – acheter, garder, vendre – et qu'on pouvait cocher celle qui était appropriée. » On lui conseilla de se montrer un peu plus optimiste, mais l'optimisme ne venait pas naturellement à Steve Eisman. Il pouvait faire semblant, et le faisait parfois, mais il préférait généralement ne pas se donner cette peine. « Je l'entendais crier dans son téléphone à l'autre bout du couloir, raconte l'un de ses anciens collègues, en train de descendre joyeusement les actions des compagnies dont il s'occupait. Tout ce qu'il pense, il le dit. » Eisman s'en tint à sa recommandation de vente, même après que la Lomas Financial Corporation eut annoncé que les investisseurs n'avaient pas à s'en faire pour sa santé financière, puisqu'elle avait couvert son risque de marché. « La meilleure phrase que j'aie écrite en tant qu'analyste, se souvient Eisman, ç'a été après que Lomas a annoncé qu'elle était couverte. » Il récite la phrase de mémoire : « *La Lomas Financial Corporation est une institution parfaitement couverte : elle perd de l'argent dans n'importe quel environnement de taux d'intérêt.* Je n'ai jamais autant pris mon pied en écrivant quelque chose. » Quelques mois après la publication de cette phrase, la Lomas Financial Corporation était de nouveau en faillite.

Eisman s'établit rapidement comme l'un des quelques analystes d'Oppenheimer dont l'opinion pouvait faire bouger les marchés. « Pour moi, c'était comme retourner à l'école, dit-il. Je me renseignais sur une industrie, puis j'écrivais un papier dessus. » Les gens de Wall Street en vinrent à le considérer comme une sorte d'hurluberlu. Il était presque élégant, comme si quelqu'un s'était donné beaucoup de mal pour lui acheter de beaux habits neufs mais ne lui avait pas dit exactement comment les porter. Ses cheveux blonds très courts avaient l'air d'avoir été coupés par lui-même. Le point central de son visage doux, expressif, et pas désagréable, c'était sa bouche, principalement parce qu'elle était toujours à moitié ouverte, même quand il mangeait. C'était comme si, craignant de ne pas avoir le temps d'exprimer toutes les idées qui se bousculaient dans sa tête, il laissait toujours la voie libre. Ses autres traits trahissaient, presque consciencieusement, une constante réflexion. Le contraire d'un visage impassible.

Dans ses rapports avec le monde extérieur, un motif se dessinait. Le nombre croissant de gens qui travaillaient pour Steve Eisman l'adoraient, ou au moins étaient amusés par lui, et ils appréciaient sa tendance à faire profiter les autres aussi bien de son argent que de son savoir. « Il est fait pour enseigner, affirme une femme qui travaillait pour lui. Et il est férocement protecteur avec les femmes. » Il s'identifiait aux pauvres et aux opprimés sans être exactement ni l'un ni l'autre. Et les gens importants qui auraient pu s'attendre à quelques marques de considération ou de respect de sa part étaient généralement outrés après l'avoir rencontré. « Beaucoup de gens ne comprennent pas Steve, affirme Meredith Whitney, mais les gens qui le comprennent l'adorent. » L'un de ceux qui ne comprenaient pas Steve était le directeur d'une grande société de courtage américaine qui l'avait entendu expliquer devant plusieurs douzaines d'investisseurs en train de déjeuner pourquoi lui, le directeur de la société de courtage, ne comprenait rien à son propre métier, après quoi Eisman s'était éclipsé au beau milieu du déjeuner et n'était jamais revenu. («J'ai dû aller aux toilettes, explique Eisman. Je ne sais pas pourquoi je ne suis pas revenu.») Après le déjeuner, le type en question avait annoncé qu'il ne remettrait plus jamais les pieds dans une pièce où se trouvait Steve Eisman. Parmi les personnes qui ne comprenaient pas Steve on comptait aussi le président d'une grande société immobilière japonaise. Il avait envoyé à Eisman les états financiers de sa société, puis entrepris, avec l'assistance d'un interprète, de solliciter un investissement de la part d'Eisman.

« Vous ne possédez même pas d'actions de votre société », objecta Eisman, après les présentations alambiquées de rigueur avec les hommes d'affaires japonais.

L'interprète conféra avec le P-DG :

« Au Japon, il n'est pas habituel que la direction possède des actions », finit par répondre celui-ci.

Eisman avait remarqué que les états financiers ne révélaient en fait aucun des détails vraiment importants sur la société du type ; mais, plutôt que de le dire simplement, il leva le document en l'air, comme s'il tenait une crotte.

« Ça... c'est du papier toilette, déclara-t-il. Traduisez ça », ajouta-t-il à l'intention de l'interprète.

« Le Japonais a enlevé ses lunettes, se souvient un témoin de cette scène étrange. Ses lèvres tremblaient. La Troisième Guerre mondiale était sur le point d'éclater. "Papié toi-lè ? Papié toi-lè ?" »

Un directeur de hedge fund qui comptait Eisman parmi ses amis tenta de m'expliquer sa personnalité, mais il abandonna au bout d'une minute – après avoir décrit Eisman traitant divers grands pontes soit de menteurs, soit d'idiots – et il éclata de rire.

« Dans un sens, ça peut être un sale con, mais il est intelligent et honnête, et il n'a peur de rien. »

« Même à Wall Street les gens le trouvent grossier, odieux et agressif, déclare l'épouse d'Eisman, Valerie Feigen, qui travaillait chez J. P. Morgan avant de démissionner pour ouvrir la boutique de vêtements pour femmes Edit New York et élever ses enfants. Il se fiche des bonnes manières. Croyez-moi, j'ai essayé maintes et maintes fois. » Quand elle l'avait amené pour la troisième fois chez ses parents, sa mère avait déclaré : « Bon, il n'y a rien à tirer de lui, mais au moins on peut le mettre aux enchères à l'UJA*. » Eisman avait littéralement le don d'offenser les gens. « Il n'est pas grossier par tactique, explique sa femme. Il est grossier par sincérité. Il croit que tout le monde le considère comme un drôle de type, mais lui ne se considère pas ainsi. Steven vit dans sa tête. »

Lorsqu'on l'interroge sur sa tendance à se mettre les gens à dos, Eisman a simplement l'air perplexe, voire un peu blessé. Puis il répond en haussant les épaules : « Je m'oublie parfois. »

Voici la première de bien des théories sur Eisman : Il était tellement plus intéressé par ce qui se passait dans son cerveau que par les gens qui l'entouraient qu'il finissait par ne plus faire du tout attention à eux. Mais aux yeux de ceux qui le connaissent, cette théorie est incomplète. Sa mère, Lillian, en propose une deuxième. « En fait, Steven avait deux personnalités », déclare-t-elle prudemment. La première était celle du petit garçon à qui elle avait offert le vélo flambant neuf dont il rêvait et qui avait aussitôt filé dans Central Park, prêté son vélo à un gamin qu'il ne connaissait ni d'Ève ni d'Adam, et vu l'autre mettre les bouts avec. La seconde était celle du jeune homme qui avait entrepris d'étudier le Talmud, non parce qu'il éprouvait le moindre intérêt pour Dieu, mais parce qu'il voulait découvrir

---

*United Jewish Appeal, organisme philanthropique juif. (Toutes les notes signalées par un astérisque sont de l'auteur.)

les contradictions internes du livre. Sa mère avait été nommée présidente du comité d'éducation juive de New York, et son fils passait le Talmud au crible à la recherche d'incohérences. « Qui d'autre étudie le Talmud pour y repérer des erreurs ? » demande sa mère. Plus tard, alors qu'il était devenu sérieusement riche, Eisman voulut faire profiter les autres de son argent et tomba sur une organisation appelée Footsteps dont le but était d'aider les juifs hassidiques à fuir leur religion. Il n'était même pas fichu d'être généreux sans se faire des ennemis.

Presque tout le monde s'accordait à dire qu'Eisman était un personnage curieux. Et il fit ses premiers pas à Wall Street au tout début d'une phase étrange. La création du marché des obligations hypothécaires, une décennie plus tôt, avait mené Wall Street sur un terrain nouveau : celui des dettes des citoyens ordinaires. Au début, la nouvelle machine du marché s'était occupée de la moitié la plus solvable de la population américaine. Mais maintenant que le marché des obligations hypothécaires s'étendait aux affaires des Américains les moins aisés, elle se nourrissait des dettes de la moitié la moins solvable.

Les obligations hypothécaires étaient significativement différentes des anciennes obligations de société ou d'État. Il ne s'agissait pas d'un unique prêt gigantesque avec une échéance fixe explicite. Les obligations hypothécaires étaient une créance sur les cash-flows d'un assemblage de milliers de prêts immobiliers individuels. Ces cash-flows étaient toujours problématiques car l'emprunteur avait le droit de rembourser son prêt quand bon lui plaisait. C'était la principale raison pour laquelle les investisseurs avaient tout d'abord été réticents à investir dans des prêts immobiliers : en général, les emprunteurs remboursaient leur prêt quand les taux d'intérêt chutaient, et ils pouvaient refinancer leur crédit à meilleur prix, auquel cas le propriétaire de la créance hypothécaire se retrouvait avec une pile de cash à investir à des taux d'intérêt plus bas. L'investisseur ne savait pas combien de temps durerait son investissement, tout ce qu'il savait, c'était qu'il récupérerait son argent quand ça l'arrangerait le moins. Pour limiter cette incertitude, les gens avec qui j'avais travaillé chez Salomon Brothers, ceux-là même qui avaient créé le marché des obligations hypothécaires, avaient trouvé une bonne combine. Ils prenaient de gigantesques assemblages de prêts immobiliers et découpaient les paiements faits par les propriétaires de maisons en segments appelés « tranches ». L'acheteur de la première tranche était comme le propriétaire du rez-de-chaussée pendant une inondation : il était le premier touché par la vague de remboursements anticipés du prêt. En échange, il percevait un taux d'intérêt plus élevé. L'acheteur de la deuxième tranche – le premier étage – recevait la deuxième vague de remboursements anticipés, et en échange il percevait le deuxième taux d'intérêt le plus élevé, et ainsi de suite. L'investisseur au dernier étage de l'immeuble recevait le taux d'intérêt le plus bas, mais c'était lui qui était le plus assuré que son investissement ne se terminerait pas avant qu'il le veuille.

La grande crainte des investisseurs des années 1980, c'était d'être remboursés trop tôt, et non de ne pas être remboursés du tout. La multitude de prêts qui constituaient les obligations hypothécaires était conforme aux critères de taille et de solvabilité établis par l'une des agences gouvernementales : Freddie Mac, Fannie Mae, et Ginnie Mae. Et les prêts étaient garantis par l'État ; si les emprunteurs ne payaient pas, l'État remboursait leur dette. Mais quand Steve Eisman se lança dans ce nouveau secteur de la finance spécialisée à croissance rapide, une nouveauté était sur le point d'être introduite : des prêts non garantis par l'État allaient être accordés. Le but était d'étendre le crédit à des propriétaires de moins en moins solvables, non pour qu'ils puissent s'acheter une maison, mais pour qu'ils puissent réutiliser les liquidités investies dans la maison qu'ils possédaient déjà.

Avec les créances hypothécaires créées à partir de prêts subprime, le problème n'était plus celui du remboursement anticipé, mais de l'absence de remboursement, et l'investisseur du rez-de-chaussée – la première tranche – n'était plus exposé à des prépaiements, mais à des pertes réelles. Il essuyait les premières pertes jusqu'à ce que son investissement soit entièrement balayé, puis c'était au tour du type à l'étage au-dessus. Et ainsi de suite.

Au début des années 1990, seuls deux analystes de Wall Street entreprirent de comprendre les effets de l'extension du crédit à ces endroits où le soleil ne brillait pas souvent. L'un d'eux était Steve Eisman; l'autre était Sy Jacobs. Jacobs avait suivi le même programme de formation que moi chez Salomon Brothers, et il travaillait désormais pour une petite banque d'investissement nommée Alex Brown. « Je suivais la formation de Salomon et j'ai entendu parler de ce nouveau modèle de titrisation fantastique que Lewie Ranieri était en train de créer », se souvient-il. (Ranieri est pour ainsi dire le père fondateur du marché des obligations hypothécaires.) Les implications de la transformation de prêts immobiliers en obligations étaient si vastes que c'en était ahurissant. Les dettes de l'un avaient toujours été la richesse de l'autre, mais il était désormais possible de transformer de plus en plus de dettes en bouts de papier qui pouvaient être vendus à n'importe qui. Aussitôt, la salle des marchés de Salomon Brothers donna naissance à de petits marchés obligataires financés par toutes sortes de trucs bizarres : créances de cartes de crédit, leasing d'avions, prêts automobiles, cotisations de clubs de gym. Pour inventer un nouveau marché, il suffisait de trouver un bien à gager. Et de toute évidence, le bien le moins exploité d'Amérique, c'était encore l'immobilier résidentiel. Les maisons des gens qui avaient un prêt hypothécaire de premier rang représentaient de vastes quantités de capitaux; pourquoi ces capitaux non exploités ne seraient-ils pas eux aussi titrisés ? « Le problème avec les subprimes, affirme Jacobs, c'était qu'il y avait ce stigmate social à être l'emprunteur d'un prêt hypothécaire de second rang, alors qu'il n'y a aucune raison. Si votre indice de solvabilité diminuait un peu, vous payiez beaucoup plus – beaucoup plus que vous n'auriez dû. Mais si nous pouvons vendre en masse les obligations, nous pouvons faire baisser le coût pour les emprunteurs. Ils peuvent remplacer leur dette de carte de crédit à taux élevé par une dette hypothécaire à taux moindre. Et la prophétie se réalisera par elle-même. »

L'interface croissante entre la haute finance et la classe moyenne américaine était censée être bénéfique à cette dernière. Cette nouvelle efficacité des marchés de capitaux permettrait aux Américains des classes modestes de s'endetter à des taux de plus en plus bas. Au début des années 1990, les premiers émetteurs de crédits subprime – The Money Store, Greentree, Aames – vendirent des actions au public pour pouvoir accélérer leur croissance. Dès le milieu des années 1990, des douzaines de petites sociétés de prêts à la consommation se lançaient chaque année sur ce marché. L'industrie des crédits subprime était donc fragmentée. De plus, comme les émetteurs revendaient nombre des prêts – mais pas tous – à d'autres investisseurs sous forme d'obligations hypothécaires, l'industrie présentait un aléa moral[1]. « C'était un moyen de se faire du fric rapidement, affirme Jacobs. N'importe quel business où vous pouvez vendre un produit et gagner de l'argent sans avoir à vous inquiéter des performances du produit va attirer des gens peu recommandables. C'était le mauvais côté d'une bonne idée. Eisman et moi croyions tous les deux à cette idée géniale, et nous avons tous les deux rencontré des personnages franchement louches. C'était ça notre boulot : définir lesquels de ces personnages seraient ceux qui pourraient faire fonctionner cette idée géniale. »

Les crédits subprime représentaient toujours une part marginale des marchés de crédits – quelques dizaines de milliards de

---

1. Possibilité que l'une des parties d'un contrat à l'abri du risque se comporte différemment que si elle était elle-même exposée au risque.

dollars prêtés chaque année – mais leur existence avait un sens, même aux yeux de Steve Eisman. « Je pensais que c'était en partie une réponse à l'inégalité croissante des revenus, déclare-t-il. La répartition des revenus dans ce pays était de plus en plus bancale, ce qui faisait qu'il y avait de plus en plus de clients pour les subprimes. » Bien entendu, Eisman était payé pour voir l'intérêt des crédits subprime : et Oppenheimer devint rapidement l'une des principales banques de cette nouvelle industrie, en grande partie parce qu'Eisman était l'un de ses principaux partisans. « J'ai fait coter en Bourse un paquet de sociétés qui proposaient des subprimes, explique Eisman. Et leur grand argument, c'était : "Nous aidons le consommateur. Car nous le débarrassons de sa dette de carte de crédit à taux d'intérêt élevé et lui proposons une dette hypothécaire à taux moindre." Et moi, j'y croyais. » Puis quelque chose changea.

Vincent Daniel avait grandi dans le Queens, sans tous les privilèges que Steve Eisman tenait pour acquis. Et pourtant, si vous les aviez rencontrés tous les deux, vous auriez pu supposer que c'était Daniel qui avait grandi dans le luxe de Park Avenue, et Eisman qui avait été élevé dans un petit duplex de la 82ᵉ Avenue. Eisman était effronté, voyait les choses en grand, et voulait frapper fort. Vinny était prudent et attaché aux détails. Il était jeune et athlétique, avait d'épais cheveux châtain foncé et un beau visage, mais son apparence était assombrie par son expression soucieuse – la bouche toujours pincée, les sourcils presque tout le temps froncés. Il n'avait pas grand-chose à perdre, mais semblait perpétuellement craindre qu'on lui prenne quelque chose d'important. Son père avait été assassiné quand il était petit – mais personne n'abordait jamais le sujet – et sa mère s'était alors trouvé un emploi de comptable chez un négociant de matières premières. Elle avait élevé Vinny et son frère seule. Peut-être que c'était le Queens, peut-être que c'était ce qui était arrivé à son père, ou alors peut-être que c'était juste sa personnalité, mais Vincent Daniel considérait ses congénères avec la plus grande suspicion. Et c'est avec le respect d'un champion parlant d'un champion encore meilleur que lui qu'Eisman affirme : « Vinny est sombre ! »

Eisman était un gamin de la haute bourgeoisie qui avait été légèrement surpris d'atterrir à Penn au lieu de Yale. Vinny était un gamin issu d'un milieu modeste qui avait fait la fierté de sa mère quand il était entré à l'université et, plus encore, quand, en 1994, après avoir passé son diplôme à SUNY Binghamton, il avait été embauché à Manhattan par Arthur Andersen, la société de conseil qui serait démantelée quelques années plus tard lors du scandale Enron. « Quand vous grandissez dans le Queens, vous comprenez très vite où se trouve l'argent, explique Vinny. Il est à Manhattan. » Sa première mission, en tant que comptable junior, fut d'effectuer un audit de Salomon Brothers. Et il fut aussitôt frappé par l'opacité des comptes de la banque d'investissement. Aucun de ses collègues n'était en mesure de lui expliquer pourquoi les traders faisaient ce qu'ils faisaient. « Je n'y comprenais rien, se souvient Vinny. Mais le plus effrayant, c'était que mes supérieurs n'y comprenaient rien non plus. Je leur posais des questions basiques, comme : Pourquoi est-ce qu'ils possèdent cette créance hypothécaire ? Est-ce qu'ils parient juste dessus, ou est-ce que ça fait partie d'une stratégie plus vaste ? Je me disais qu'il fallait que je le sache. C'est vraiment difficile de faire l'audit d'une société si vous n'arrivez pas à relier les choses entre elles. »

Il tira la conclusion qu'il était effectivement impossible pour un comptable chargé de vérifier les comptes d'une énorme société de Wall Street de déterminer si elle gagnait ou perdait de l'argent. C'étaient de gigantesques boîtes noires dont les rouages internes étaient constamment en action. Au bout de quelques mois, le manager de Vinny commença à en avoir assez de ses questions. « Il n'arrivait pas à me fournir d'explications. Il me disait, "Vinny, ce n'est pas ton boulot. Je t'ai embauché pour faire quelque chose de précis, fais-le et boucle-la." Je suis sorti de son bureau et je me suis dit : *Faut que je me tire d'ici.* »

Vinny se mit en quête d'un autre emploi. Un de ses anciens amis de fac travaillait dans une boîte nommée Oppenheimer and Co., et il se faisait pas mal d'argent. Il transmit le CV de Vinny aux ressources humaines, et celui-ci tomba entre les mains de Steve Eisman, qui cherchait au même moment quelqu'un pour l'aider à décortiquer la comptabilité de plus en plus absconse des émetteurs de crédits subprime. « Je ne sais pas compter, explique Eisman. Je pense en terme d'histoires. J'ai besoin qu'on m'aide avec les nombres. » Vinny avait entendu dire qu'Eisman pouvait être difficile, et il fut surpris de découvrir, lorsqu'ils se rencontrèrent, que la seule chose qui semblait intéresser Eisman, c'était de savoir s'ils pourraient s'entendre. « Il avait juste l'air de chercher un brave type », dit Vinny. Ils s'étaient rencontrés à deux reprises, lorsque Eisman lui téléphona un beau jour. Vinny supposait qu'il allait lui proposer un job, mais, peu après le début de leur conversation, Eisman reçut un appel urgent sur une autre ligne et mit Vinny en attente. Vinny attendit un quart d'heure sans dire un mot, mais Eisman ne reprit jamais la conversation.

Deux mois plus tard, Eisman le rappellerait et demanderait à Vinny quand il pouvait commencer.

Eisman ne savait plus trop pourquoi il avait planté Vinny au beau milieu de la conversation, tout comme il ne savait plus trop pourquoi il était allé aux toilettes au beau milieu d'un déjeuner avec un grand ponte et n'était jamais revenu. Mais Vinny ne tarda pas à découvrir une explication : quand il avait décroché l'autre ligne, Eisman avait été informé que son premier enfant, un nouveau-né nommé Max, était mort. Sa femme Valerie, qui avait la grippe, avait été réveillée par une infirmière de nuit qui lui avait annoncé que pendant son sommeil elle avait roulé sur le bébé et l'avait étouffé. Une décennie plus tard, les personnes les plus proches d'Eisman décriraient ce décès comme l'événement qui avait changé sa relation au monde. « Steven avait toujours cru avoir un ange gardien, affirme Valerie. Il ne lui était jamais rien arrivé de mal. Il avait un protecteur, il était à l'abri. Mais après Max, c'en a été fini de son ange gardien. Il pouvait arriver n'importe quoi à n'importe qui n'importe quand. » À partir de ce moment, elle remarqua des changements chez son mari, aussi bien petits que grands, et Eisman en convient : « Du point de vue de l'histoire de l'univers, la mort de Max n'avait pas grande importance. Mais pour moi, si. »

Quoi qu'il en soit, Vinny et Eisman ne parlèrent jamais de ce qui s'était passé. Tout ce que Vinny savait, c'était que le Eisman pour qui il allait travailler n'était de toute évidence plus tout à fait le même homme que quelques mois auparavant. Le Eisman qui avait fait passer un entretien à Vinny était, par rapport aux autres analystes de Wall Street, honnête. Et plutôt coopératif. Oppenheimer était l'une des principales banques sur le marché des subprimes. Et elle ne se serait jamais lancée sur ce terrain si Eisman, son analyste le plus turbulent, n'avait pas été disposé à les décrire sous un jour favorable. Il avait beau adorer démolir les sociétés les moins viables, il considérait que l'industrie des crédits subprime était un ajout utile à l'économie américaine. Et sa tendance à dézinguer certains émetteurs de subprimes était, dans un sens, précieuse. Elle le rendait crédible lorsqu'il en recommandait d'autres.

Mais Eisman commençait manifestement à voir les choses sous un angle plus négatif, revirement qui, du point de vue de son employeur, était financièrement contre-productif. « C'était comme s'il avait flairé quelque chose, déclare Vinny. Et il avait besoin de mon aide pour mettre le doigt dessus. » Eisman voulait rédiger un rapport qui éreinterait plus ou moins l'industrie dans sa totalité, mais il devait être plus prudent que d'habitude. « Vous pouvez être positif et vous tromper quand vous faites de la vente, affirme Vinny. Mais si vous êtes négatif et que vous vous trompez, alors vous prenez la porte. » Moody's avait fourni quelques mois plus tôt des munitions pour semer la pagaïe : l'agence de notation possédait désormais, et offrait à la vente, toutes sortes de nouvelles informations sur les crédits subprime. Si la base de données de Moody's ne permettait pas d'examiner les prêts individuels, elle offrait un tableau général des assemblages de prêts qui constituaient chaque obligation hypothécaire : combien avaient des taux variables, quelle proportion de maisons qui avaient fait l'objet d'un crédit étaient occupées par leur propriétaire. Et surtout : combien d'emprunteurs étaient défaillants. « Prends cette base de données, ordonna simplement Eisman à Vinny. Va dans cette pièce, et n'en ressors pas tant que tu n'auras pas compris ce que ça veut dire. » Mais Vinny avait le sentiment qu'Eisman savait déjà ce que ça voulait dire.

Vinny dut alors se débrouiller seul. « J'avais 26 ans, explique-t-il, et je n'avais pas vraiment compris ce qu'étaient les titres adossés à des crédits hypothécaires. » Eisman n'y connaissait rien non plus – c'était un pro du marché des actions, et il n'y avait pas de département obligations chez Oppenheimer. Vinny dut donc apprendre tout seul. Et lorsqu'il eut fini, il put expliquer d'où provenait l'odeur déplaisante qu'Eisman avait flairée en se penchant sur l'industrie des crédits subprime. Ces compagnies révélaient des revenus en constante croissance, mais pas grand-chose d'autre. L'un des nombreux indices qu'elles oubliaient de révéler était le taux de défaut des prêts immobiliers qu'elles accordaient. Quand Eisman les avait tannées pour les avoir, elles avaient prétendu que c'était un détail sans importance puisqu'elles avaient revendu les prêts à des gens qui les assemblaient sous forme de créances hypothécaires : le risque n'était plus le leur. Mais c'était faux. Toutes conservaient une partie des prêts qu'elles avaient émis, et les sociétés pouvaient enregistrer comme des profits la valeur future attendue de ces prêts. Les règles comptables leur permettaient de supposer que ces prêts seraient remboursés, et pas prématurément. Cette supposition devint le moteur de leur perte.

La première chose qui attira l'attention de Vinny fut la grande quantité de paiements anticipés dans un secteur appelé « maisons manufacturées ». (« Ça sonne mieux que mobile homes. ») Les mobile homes étaient différents des maisons sans roues : leur valeur chutait, comme celle des voitures, dès l'instant où ils quittaient le magasin. L'acheteur d'un mobile home, contrairement à celui qui achetait une maison en dur, ne pouvait pas espérer refinancer son prêt deux ans plus tard et dégager de l'argent. *Pourquoi remboursent-ils si vite ?* se demanda Vinny. « Ça n'avait aucun sens pour moi. Puis j'ai compris que la raison pour laquelle le nombre de remboursements anticipés était si élevé, c'était qu'ils étaient involontaires. » « Remboursement involontaire » sonne mieux que « remboursement par défaut ». Les acheteurs de mobile homes ne pouvaient pas payer leur crédit, leurs mobile homes étaient saisis, et les gens qui leur avaient prêté de l'argent recevaient des fractions des prêts originaux. « Je me suis finalement aperçu que tous les secteurs subprime étaient soit remboursés par anticipation, soit ils se dégradaient à une vitesse phénoménale, déclare Vinny. Je voyais des taux de défaut incroyablement hauts dans ces assemblages. » Les taux d'intérêt n'étaient pas assez élevés pour justifier le risque qu'il y avait à prêter à cette tranche précise de la population américaine. C'était comme si les règles élémentaires de la finance avaient été mises en suspens pour répondre à un problème social. Une idée lui traversa l'esprit : Comment donner aux pauvres l'impression qu'ils sont riches quand les salaires stagnent ? En leur accordant des prêts bon marché.

Il mit six mois à passer au crible chaque assemblage de crédits subprime, mais lorsqu'il eut fini, il ressortit de la pièce et annonça la nouvelle à Eisman. Toutes ces sociétés qui proposaient des prêts subprime avaient une croissance si rapide et elles utilisaient une comptabilité si ésotérique qu'elles pouvaient masquer le fait qu'elles n'avaient pas de revenus réels, juste des bénéfices illusoires obtenus par des bidouillages comptables.

Elles utilisaient le principe fondamental de la pyramide de Ponzi[1] : pour maintenir une illusion de rentabilité, elles avaient besoin de plus en plus de capitaux pour créer de plus en plus de prêts subprime. « Je n'étais en fait pas sûr à cent pour cent d'avoir raison, se souvient Vinny, mais je suis allé voir Steve et j'ai dit, "Ça a vraiment l'air d'être n'importe quoi." Il ne lui en fallait pas plus. Je crois que ce qu'il voulait, c'était une preuve suffisante pour discréditer ces valeurs. »

Le rapport que rédigea Eisman éreinta tous les émetteurs de subprimes ; il exposa une à une les supercheries d'une douzaine de sociétés. « Voici la différence, dit-il, entre la vision du monde qu'elles vous présentent et les véritables chiffres. » Les sociétés concernées n'apprécièrent pas la manœuvre. « Il a créé un bordel monstre, explique Vinny. Toutes les sociétés de subprimes l'appelaient et lui gueulaient dessus : "Vous vous trompez ! Vos données sont fausses !" Et lui, il leur répondait en hurlant : "Ce sont VOS putains de données !" » L'une des raisons pour lesquelles le rapport d'Eisman gêna tant de monde était qu'il avait omis de prévenir à l'avance les sociétés qu'il allait éreinter. Il avait violé le code de Wall Street. « Steve savait que ça allait foutre le bordel, poursuit Vinny. Mais c'était ce qu'il voulait. Et il ne voulait pas qu'on cherche à l'en dissuader. Or, s'il les avait prévenus, c'est ce que tous ces gens auraient essayé de faire. »

« Nous n'avions jamais pu évaluer les prêts avant parce que nous n'avions jamais eu les données, dira par la suite Eisman. Mon nom était associé à cette industrie. J'avais bâti toute ma

---

1. Ou « chaîne de Ponzi », système de vente pyramidale relevant de l'escroquerie grâce auquel Charles Ponzi fit fortune en six mois dans les années 1920. Il proposait à ses investisseurs de formidables rendements à court terme et utilisait les fonds des nouveaux investisseurs pour servir le taux d'intérêt promis aux investisseurs antérieurs. Tant que les nouveaux investisseurs sont en assez grand nombre pour financer les investisseurs antérieurs, la pyramide grandit. Lorsqu'ils viennent à manquer, le système s'effondre et les derniers investisseurs perdent leur mise. (Voir Bernard Maddoff plus récemment.)

réputation en couvrant ces titres. Si je me plantais, c'était la fin de la carrière de Steve Eisman. »

Eisman publia son rapport en septembre 1997, au beau milieu de ce qui passait pour l'un des plus grands booms économiques de l'histoire américaine. Moins d'un an plus tard, la Russie chancelait et un hedge fund nommé Long-Term Capital Management faisait faillite. Dans la débandade qui s'ensuivit, les premiers prêteurs de subprimes se virent refuser les capitaux dont ils avaient besoin et firent rapidement faillite en masse. Leur banqueroute fut interprétée comme la conséquence de leurs pratiques comptables, qui leur avaient permis d'enregistrer des bénéfices records avant même qu'ils ne soient réalisés. D'après Vinny, personne sauf lui ne comprit jamais réellement à quel point les prêts qu'ils avaient accordés étaient pourris. « Ça me faisait plaisir que ce marché soit si inefficace, dit-il. Parce que si le marché comprenait tout, faudrait probablement que je me trouve un autre boulot. Quand on regarde tous ces trucs obscurs, on n'y comprend rien, alors pourquoi se donner la peine ? Mais j'étais le seul type que je connaissais à se pencher sur les sociétés qui allaient se casser la gueule pendant le plus grand boom économique qui me serait donné de voir de toute ma vie. Je voyais comment ils fabriquaient leur bouillie, et c'était vraiment flippant. »

C'est à ce moment qu'il devint clair qu'Eisman n'était pas simplement un cynique. Il avait dans sa tête une vision du monde de la finance qui n'avait rien à voir avec, et était moins flatteuse que, l'autoportrait dressé par le monde de la finance lui-même. Quelques années plus tard, il démissionna et alla travailler pour un gigantesque hedge fund appelé Chilton Investment. Dire aux gens où placer leur argent ne l'intéressait plus. Il estimait que la seule chose qui pourrait encore l'intéresser serait de gérer lui-même de l'argent et de le parier en suivant son propre jugement. Mais après avoir embauché Eisman, ses employeurs à

Chilton Investment commencèrent à se poser des questions. « Ce qu'on se disait à propos de Steve, explique un de ses collègues chez Chilton, c'était : *Oui, c'est un type vraiment intelligent. Mais est-ce qu'il est capable de parier sur les bonnes actions ?* » Chilton décida que non, et Eisman fut relégué à son ancien rôle d'analyste au profit du type qui décidait des investissements. Il détestait ça, mais il fit ce qu'on lui demandait, et c'est ainsi qu'il apprit quelque chose qui le prépara comme personne à la crise qui était imminente. Il apprit ce qui se passait réellement à l'intérieur du marché des prêts à la consommation.

On était désormais en 2002. Il ne restait plus une société anonyme de prêts subprime en Amérique. En revanche, il y avait un géant ancestral du prêt à la consommation nommé la Household Finance Corporation. La société avait été créée dans les années 1870 et était depuis très longtemps leader dans le domaine. Eisman croyait bien la comprendre, jusqu'au jour où il s'aperçut qu'il se trompait. Début 2002, il mit la main sur la dernière brochure de Household, qui proposait des prêts sur la valeur vénale des maisons d'habitation. Le P-DG de la société, Bill Aldinger, avait assuré la croissance de Household alors même que ses concurrents faisaient faillite. Les Américains, qui en étaient encore à digérer l'explosion de la bulle Internet, ne semblaient pas en position de s'endetter de nouveau, et pourtant Household émettait des prêts à une vitesse sans précédent. Une grosse source de sa croissance avait été les prêts hypothécaires de second rang. La brochure proposait un prêt à taux fixe pendant quinze ans, mais il était bizarrement déguisé en prêt sur trente ans. On prenait la série de paiements que le propriétaire verserait à Household pendant quinze ans, on l'étalait hypothétiquement sur trente ans, et on demandait : Si vous remboursiez sur trente ans les mêmes échéances que celles que vous versez sur quinze ans, quel serait votre « taux d'intérêt effectif » ? C'était un argumentaire bizarre et malhonnête. On expliquait à l'emprunteur qu'il aurait « un taux d'intérêt effectif de 7 % »

quand en réalité il paierait quelque chose comme 12,5 %. « C'était une arnaque flagrante, déclare Eisman. Ils trompaient leurs clients. »

En passant en revue tous les journaux du pays, Eisman ne tarda pas à découvrir des plaintes de clients qui avaient compris ce qui leur était arrivé. Dans la ville de Bellingham, Washington – la dernière ville digne de ce nom avant d'atteindre le Canada –, il trouva un journaliste nommé John Stark, qui écrivait pour le *Bellingham News*. Avant qu'Eisman ne l'appelle sans prévenir, Stark avait écrit un petit article sur quatre habitants du coin qui pensaient s'être fait berner par Household et s'étaient trouvé un avocat disposé à lancer des poursuites contre la société pour faire annuler les contrats. « Au début, j'étais sceptique, explique Stark. Je me disais : *Encore une personne qui a trop emprunté et qui a engagé un avocat*. Je n'étais pas trop compatissant. » Quand l'article fut publié, il fit un tabac : des centaines d'habitants de Bellingham et des environs découvrirent dans le journal que leur prêt à 7 % était en fait un prêt à 12,5 %. « Les gens déboulaient de nulle part, ajoute Stark. Ils étaient en colère. Beaucoup d'entre eux ne s'étaient pas aperçus de ce qui leur était arrivé. »

Eisman laissa de côté tout ce qu'il avait sur le feu et se consacra exclusivement à sa croisade contre la Household Finance Corporation. Il alerta la presse, se rapprocha de l'Association of Community Organization for Reform now (ACORN, l'Association des organisations communautaires pour la réforme maintenant) (c'était sans doute la première fois qu'un type venu d'un hedge fund de Wall Street se préoccupait autant d'une organisation qui se consacrait à la sauvegarde des intérêts des pauvres). Il harcela sans discontinuer le bureau du procureur général de l'État de Washington, et fut sidéré d'apprendre que celui-ci s'était penché sur le cas de Household mais avait été empêché, *par un juge d'État*, de publier les résultats de son enquête. Eisman s'en procura une copie ; son contenu confirma ses pires soupçons. « J'ai demandé au type du bureau du procureur, "Pourquoi n'arrêtez-vous pas ces gens?" Lui m'a répondu: "C'est une société puissante. S'ils disparaissent, qui va faire des prêts subprime dans l'État de Washington?" Et moi, j'ai dit: "Croyez-moi, ils débarqueront par trains entiers pour prêter de l'argent." »

En réalité, c'était un problème fédéral. Household refourguait ces emprunts trompeurs aux quatre coins du pays. Pourtant le gouvernement fédéral n'intervenait pas. À la place, à la fin de 2002, Household régla une *class action*[1] à son encontre en acceptant de payer une amende de 484 millions de dollars distribués dans douze États. L'année suivante, la société se vendit, ainsi que son gigantesque portefeuille de crédits subprime, pour 15,5 milliards de dollars au conglomérat financier britannique HSBC Group.

Eisman était sincèrement choqué. « Jamais je n'aurais cru ça possible, affirme-t-il. Il ne s'agissait pas juste d'une société ordinaire – c'était de loin la plus grosse société qui proposait des crédits subprime. Et elle s'adonnait à une escroquerie flagrante. Ils auraient dû attraper le P-DG et le pendre par les couilles. Mais à la place, ils ont vendu la société et le P-DG a empoché 100 millions de dollars. Et moi, je me disais: *Ouah! Ça n'aurait pas dû se terminer comme ça.* » Son pessimisme à l'égard de la haute finance commençait à se teinter d'idées politiques. « C'est là que j'ai perçu pour la première fois les implications sociales, dit-il. Si vous devez créer un système de réglementation à partir de rien, vous faites en sorte qu'il protège les classes les moins aisées, parce que ce sont elles qui sont le plus susceptibles de se faire arnaquer. Mais à la place, ce qu'on avait, c'était un régime où ces gens étaient les derniers à être protégés. »

Eisman quittait le travail à midi tous les mercredis pour être présent à la boutique Midtown Comics au moment des nouveaux arrivages. Il en savait plus que ce qu'aucun adulte

---

1. Recours collectif, action en justice lancée par un regroupement de personnes.

ne devrait savoir sur la vie des divers superhéros. Par exemple, il connaissait le serment de La Lanterne Verte par cœur, et il comprenait la vie intérieure de Batman mieux que Batman lui-même. Avant le décès de son fils, Eisman lisait les versions pour adultes des comics qu'il avait lus enfant – *Spider-Man* était son préféré. Maintenant, il ne lisait plus que les comics pour adultes les plus sombres, avec une préférence pour ceux qui reprenaient des contes de fées célèbres et les réarrangeaient sans rien changer à l'intrigue, de sorte que l'histoire devenait moins familière et ressemblait moins à un conte de fées. « Ceux qui racontent une histoire qui colle avec tout ce qui s'est passé avant, comme il dit. Et pourtant l'histoire est totalement différente. Et vous en venez à voir les épisodes précédents avec un œil nouveau. » Par exemple, il préférait que les relations entre Blanche-Neige et les sept nains soient un peu plus tendues. Et, à cette époque, un conte de fées était en train d'être réinventé sous ses yeux sur les marchés financiers. « J'ai commencé à me pencher de plus près sur les prêts immobiliers subprime, explique-t-il. Un prêt auto subprime est d'une certaine manière honnête car il a un taux fixe. Peut-être qu'on vous facture des frais élevés et qu'on vous entube, mais au moins vous le savez. Tandis que le prêt immobilier subprime était une arnaque. Au fond, vous appâtiez le chaland en lui disant : "Vous allez rembourser tous vos autres prêts – votre dette de carte de crédit, vos prêts auto – grâce à ce prêt unique. Et regardez comme ce taux est bas !" Mais le taux bas n'était pas le taux réel. C'était un taux d'appel. »

Toujours obsédé par Household, il assista à un déjeuner organisé par une importante société de Wall Street. L'intervenant était Herb Sandler, le P-DG d'une gigantesque société de crédit immobilier nommée la Golden West Financial Corporation. « Quelqu'un lui a demandé s'il croyait au modèle des comptes courants gratuits, se souvient Eisman. Et il a répondu : "Éteignez vos magnétophones." Tout le monde a éteint son magnétophone. Et il a alors expliqué qu'ils évitaient les comptes gratuits parce que c'était au fond une taxe imposée aux pauvres – sous forme d'amendes en cas de découvert. Et que les banques qui s'en servaient en profitaient pour arnaquer encore plus les pauvres en leur faisant payer les chèques. »

Eisman demanda :

« Est-ce qu'il y a des organismes de contrôle qui s'intéressent à la question ?

– Non », répondit Sandler.

« C'est là que j'ai compris que le système, c'était vraiment "Arnaquons les pauvres". »

Dans sa jeunesse, Eisman avait été un républicain acharné. Il avait adhéré à des organisations de droite, voté deux fois Reagan, et même adoré Robert Bork. Ce n'est qu'après son arrivée à Wall Street que, curieusement, ses opinions politiques avaient glissé vers la gauche. Il attribuait ses premiers pas vers le centre du spectre politique à la fin de la guerre froide. « J'étais moins de droite parce qu'il y avait moins de raisons d'être de droite. » Et lorsque Bill Aldinger, le P-DG de Household, empocha ses 100 millions, Eisman était en passe de devenir le premier socialiste de Wall Street. « Quand on est républicain conservateur, on ne se dit jamais que les gens gagnent de l'argent sur le dos des autres », explique-t-il. Mais il était désormais complètement ouvert à cette possibilité. « Je comprenais qu'il y avait toute une industrie, appelée financement de la consommation, qui, fondamentalement, n'existait que pour arnaquer les gens. »

Comme son employeur lui avait refusé la possibilité de gérer lui-même de l'argent, il démissionna et tenta de lancer son propre hedge fund. Une boîte nommée FrontPoint Partners, qui appartiendrait bientôt totalement à Morgan Stanley, hébergeait une collection de hedge funds. Début 2004, Morgan Stanley accepta de laisser Eisman en monter un qui se concentrerait exclusivement sur les sociétés financières : banques de Wall Street, entreprises de construction, émetteurs de crédits immobiliers, sociétés dotées d'importantes divisions de services financiers – General Electric (GE), par exemple – et quiconque touchait à la finance américaine. Morgan Stanley prélevait une part des commissions en amont et lui fournissait un espace pour ses bureaux, des meubles, plus du personnel. La seule chose qu'on ne lui fournissait pas, c'était de l'argent. Eisman était censé en récolter par ses propres moyens. Il fit le tour du monde et finit par rencontrer des centaines d'investisseurs de haut vol. « En fait, nous essayions de réunir des fonds, mais nous n'y sommes pas vraiment parvenus, explique-t-il. Tout le monde disait : "C'est un plaisir de vous rencontrer. Voyons comment vous vous en sortez." »

Au printemps 2004, il était au fond du trou. Il n'avait pas levé d'argent ; il ne savait pas s'il y parviendrait ; il ne savait même pas si c'était possible. Il ne se faisait aucune illusion : le monde n'était pas juste, les choses ne finissaient pas toujours bien, et il n'était pas particulièrement à l'abri face aux accidents de la vie. Il se levait à 4 heures du matin, trempé de sueur. Et il était aussi en thérapie. Mais Eisman étant ce qu'il était, il ne s'agissait pas d'une thérapie conventionnelle. « Travail de groupe », ça s'appelait. Une poignée de cadres réunis autour d'une psychothérapeute, qui partageaient leurs problèmes dans un environnement protégé. Eisman arrivait en retard aux réunions, il faisait part aux autres de ses tracas du moment, puis il décampait avant que les autres aient eu le temps de lui parler de leurs problèmes à eux. La thérapeute ne tarda pas à lui faire quelques remontrances sur son comportement, mais ça lui passait manifestement au-dessus de la tête. Elle décida donc d'appeler la femme d'Eisman, qu'elle connaissait, pour qu'elle en touche un mot à son mari. Mais ça non plus, ça ne fonctionna pas. « Je savais toujours quand il était allé à son groupe, explique Valerie, parce que la thérapeute appelait et disait : "Il a remis ça !" »

Valerie en avait clairement sa claque de cette course effrénée. Elle annonça à Eisman que si son nouveau projet à Wall Street ne fonctionnait pas, elle quitterait New York pour Rhode Island et ouvrirait un *bed and breakfast*. Elle avait déjà repéré des endroits, et elle parlait souvent de passer plus de temps avec les jumeaux auxquels elle avait donné naissance. Elle parlait même d'élever des poulets. Eisman avait presque autant de mal à s'imaginer élevant des poulets que les gens qui le connaissaient, mais il avait accepté. « Cette idée était si insupportable pour lui, déclare sa femme, qu'il s'est mis à travailler encore plus. » Eisman fit le tour de l'Europe et des États-Unis à la recherche d'investisseurs, et il trouva exactement ce qu'il cherchait : une société d'assurances qui misa 50 millions de dollars. Ça n'était pas suffisant pour créer un fonds d'investissement, mais c'était un début.

À défaut d'argent, Eisman attirait des gens, dont le point commun était qu'ils avaient une vision du monde aussi sombre que la sienne. Vinny, qui venait de cosigner un rapport morose intitulé *Une Maison sans capitaux propres est juste une location avec une dette*, le rejoignit aussitôt. Porter Collins, un ancien rameur olympique qui avait travaillé avec Eisman chez Chilton Investment et n'avait jamais vraiment compris pourquoi le type qui avait les meilleures idées ne se voyait pas octroyer plus de responsabilités, le suivit aussi. Danny Moses, qui devint le trader en chef d'Eisman, fut la troisième recrue. Danny avait travaillé comme vendeur chez Oppenheimer and Co. et il conservait des souvenirs vifs d'Eisman faisant et disant toutes sortes de choses qu'un analyste à la vente faisait ou disait rarement. Comme la fois où, au beau milieu de la journée, Eisman avait marché jusqu'au podium au centre de la salle des marchés d'Oppenheimer, demandé l'attention de tout le monde, et annoncé, « les huit titres suivants vont tomber à zéro », avant d'énumérer huit sociétés qui, en effet, avaient par la suite fait faillite. Danny, qui avait grandi en Géorgie et était fils d'un professeur de finance, était moins ouvertement fataliste que Vinny ou Steve, mais il partageait néanmoins leur sentiment général que les choses pouvaient mal tourner, surtout à Wall Street. Le jour où une banque de Wall Street l'avait aidé à conclure une affaire qui semblait trop belle pour être vraie, il avait demandé au vendeur :

« Comment comptez-vous me baiser ?

– Eh ! Eh ! Eh ! Allons, nous ne faisons jamais ça », avait répondu le trader.

Mais Danny, tout en restant parfaitement poli, avait insisté :

« Nous savons l'un comme l'autre que les transactions idéales comme celle-ci entre les petits hedge funds et les grandes banques de Wall Street n'existent pas. Je vais accepter, mais seulement une fois que vous m'aurez expliqué comment vous comptez me baiser. »

Alors le vendeur lui avait expliqué comment il allait le baiser. Et Danny avait conclu l'affaire.

Chacune de ses recrues aimait, immensément, l'idée de gérer de l'argent avec Steve Eisman. Car quand vous travailliez pour Eisman, vous n'aviez jamais l'impression de travailler *pour* Eisman. Il vous apprenait des choses, mais refusait de vous superviser. Et il n'hésitait pas à montrer du doigt l'absurdité des choses qui vous entouraient. « C'est toujours marrant d'emmener Steve aux réunions de Wall Street, dit Vinny. Parce qu'il demandera trente fois "Expliquez-moi ça" ou alors "Est-ce que vous pouvez m'expliquer ça un peu mieux, en anglais ?". Parce que c'est le meilleur moyen d'en apprendre un peu plus. Pour commencer, on arrive à voir si le type sait de quoi il parle. Et bien souvent, il n'en sait rien ! »

Au début de 2005, le sentiment général au sein du petit groupe d'Eisman était que bon nombre de gens qui travaillaient à Wall Street ne comprenaient rien à ce qu'ils faisaient. La machine des crédits subprime tournait de nouveau à plein régime, comme si elle ne s'était jamais enrayée. Et si le premier acte avait été hallucinant, le second était terrifiant. Trente milliards de dollars de prêts subprime représentaient une grosse année au milieu de la décennie 1990. Mais en 2000, il y en avait eu pour 130 milliards, dont 55 avaient été transformés en obligations hypothécaires. En 2005, il y aurait pour 625 milliards de prêts subprime, dont 507 finiraient sous forme d'obligations hypothécaires. Un demi-billion de dollars de créances adossées à des crédits subprime en une seule année ! Les prêts subprime étaient en plein boom alors même que les taux d'intérêt montaient – ce qui n'avait aucun sens. Plus choquant encore, les termes des prêts changeaient, d'une manière qui augmentait la probabilité qu'ils ne seraient jamais remboursés. En 1996, 65 % des prêts subprime avaient eu un taux fixe, ce qui signifiait que l'emprunteur moyen se faisait peut-être avoir, mais au moins il savait avec certitude combien il devrait payer chaque mois jusqu'au remboursement total du crédit. En 2005, 75 % des prêts subprime avaient une forme de taux variable, généralement après deux ans de taux fixe.

Les premiers financiers qui avaient misé sur les subprimes avaient été coulés par la petite fraction de prêts qu'ils avaient gardée dans leur book. Le marché aurait pu apprendre une leçon simple : Ne prêtez pas aux gens qui ne peuvent pas rembourser. Mais à la place, il avait appris une leçon compliquée : Vous pouvez toujours accorder ces prêts, faites-les juste disparaître de votre book. Accordez les prêts, puis revendez-les aux départements obligataires des grandes banques d'investissement de Wall Street, qui les assembleront à leur tour sous forme d'obligations hypothécaires qu'elles revendront aux investisseurs. Long Beach Savings fut la première banque existante à adopter ce qu'on appelait le modèle *originate and sell* (émettre et vendre). Le succès fut tel – Wall Street achetait vos prêts, même si vous-même ne les auriez pas achetés ! – qu'une nouvelle société, nommée B&C Mortgage, fut fondée pour ne faire que de l'*originate and sell*. Début 2005, toutes les grandes banques d'investissement de Wall Street jouaient à fond la carte des subprimes. Bear Stearns, Merrill Lynch, Goldman Sachs et Morgan Stanley, toutes avaient ce qu'elles appelaient des « compartiments » pour leurs produits subprime, dont les noms étranges tels que HEAT, SAIL ou GSAMP ne permettaient pas au grand public de voir clairement que ces créances subprime étaient émises par les plus grands noms de Wall Street.

Eisman et son équipe avaient une compréhension exhaustive aussi bien du marché de l'immobilier américain que de Wall Street. Ils connaissaient la plupart des prêteurs de subprimes – les types à la base qui émettaient les prêts. Nombre d'entre eux étaient les mêmes individus qui avaient provoqué la débâcle de la fin des années 1990. Et Eisman était enclin à craindre le pire de ce que Goldman Sachs ferait des dettes de la classe moyenne américaine. « Vous devez comprendre, dit-il. J'avais commencé par les subprimes. J'avais commencé par le pire. Ces types mentaient comme des arracheurs de dents. Ce que j'ai appris de cette expérience, c'est que les types de Wall Street n'avaient rien à foutre de ce qu'ils vendaient. » Mais ce qu'il ne comprenait pas, c'était qui achetait les obligations de cette seconde vague de prêts subprime. « Le tout premier jour, nous nous sommes dit : *Le moment viendra où nous gagnerons une fortune en spéculant contre ces trucs. Ça va se désintégrer. Nous ne savons simplement ni quand ni comment.* »

Par « ces trucs », Eisman entend les actions des sociétés impliquées dans les prêts subprime. Le prix des actions était complètement imprévisible. Il ne voulait pas spéculer à la baisse tant que les prêts n'auraient pas commencé à se dégrader. À cet effet, Vinny gardait un œil sur le comportement des Américains qui avaient contracté des crédits subprime. Le 25 de chaque mois, le rapport des remboursements arrivait sur l'écran de son ordinateur, et il l'examinait à la recherche du moindre signe d'augmentation des défauts de paiement. « À en croire ce qu'on recevait, explique Vinny, la qualité de la solvabilité était toujours bonne. Du moins jusqu'à la seconde moitié de 2005. »

Dans le brouillard des dix-huit premiers mois passés à la tête de son propre hedge fund, Eisman eut une révélation, un moment précis où il s'aperçut qu'il n'avait pas vu quelque chose qui crevait les yeux. Il était là, à essayer de définir quelles actions choisir, mais le sort des actions dépendait de plus en plus des obligations. À mesure que le marché des crédits subprime augmentait, chaque société financière s'y retrouvait, d'une manière ou d'une autre, exposée. « Le monde obligataire éclipse celui des actions, explique-t-il. Le monde des actions, ça ne pèse rien comparé au marché obligataire. » Quasiment chaque principale banque d'investissement de Wall Street dépendait de son département obligations. Dans la plupart des cas – Dick Fuld chez Lehman Brothers, John Mack chez Morgan Stanley, Jimmy Cayne chez Bear Stearns – le P-DG était même un ancien du département obligations. Et depuis les années 1980, quand la principale société du marché obligataire, Salomon Brothers, avait gagné tellement d'argent qu'on avait l'impression qu'elle ne jouait plus dans la même cour que les autres, le marché obligataire avait été l'endroit où on s'en mettait plein les poches. « C'était la règle d'or, dit Eisman. Les gens qui possèdent l'or font la loi. »

La plupart des gens ne comprenaient pas comment un simple boom de deux décennies sur le marché obligataire avait pu écraser tout le reste. Au début, Eisman ne l'avait pas compris non plus. Mais maintenant, si. Il devait en apprendre le plus possible sur le monde des valeurs à revenus fixes[1]. Car il avait des projets pour le marché obligataire. Ce qu'il ne savait pas, c'était que le marché obligataire avait aussi des projets pour lui : il était sur le point de créer une faille taillée sur mesure pour Eisman.

---

1. Titres dont le revenu, la date d'échéance et le prix de remboursement sont connus à l'avance.

2
Au royaume des aveugles

*Faire un chèque est ce qui différencie
un engagement d'une conversation.*

Warren BUFFETT

Au début de 2004, un autre investisseur sur le marché des actions, Michael Burry, se plongea pour la première fois dans le marché obligataire. Il apprit tout ce qu'il put sur la manière dont l'argent était emprunté et prêté en Amérique. Il ne parlait à personne de sa nouvelle obsession, il restait juste seul dans son bureau de San Jose, Californie, à lire des livres et des articles et des classements financiers. Il voulait comprendre, en particulier, le fonctionnement des obligations hypothécaires subprime. Une quantité incalculable de prêts individuels était empilée et formait une tour. Les étages du haut récupéraient leur argent en premier et se voyaient donc octroyer les meilleures notations par Moody's et S&P. Les étages du bas récupéraient leur argent en dernier, ils étaient les premiers à essuyer des pertes, et ils étaient les plus mal notés par Moody's et S&P. Comme ils prenaient un risque plus grand, les investisseurs des étages du bas recevaient un taux d'intérêt plus élevé que les investisseurs du haut. Les investisseurs devaient donc décider à quel étage de la tour ils voulaient investir, mais tel n'était pas le but de Michael Burry. Il se demandait comment spéculer sur la baisse des obligations hypothécaires subprime.

Chaque obligation hypothécaire était accompagnée d'un prospectus de 130 pages ennuyeux à mourir. Et si vous le lisiez dans le détail, vous vous aperceviez que chaque obligation était une petite société à elle seule. Burry passa la fin de 2004 et le début de 2005 à en parcourir des centaines et à en lire dans la totalité des dizaines. Il était certain d'être le seul à le faire

– si l'on exceptait les avocats qui les avaient rédigés – même si tous ces documents pouvaient être obtenus pour 100 dollars par an auprès du site 10KWizard.com. Comme il l'expliqua dans un e-mail : « Donc vous prenez quelque chose comme NovaStar, qui était un établissement de crédit qui faisait de l'*originate and sell*, un archétype à l'époque. Les noms [des obligations] seraient NHEL 2004-1, NHEL 2004-2, NHEL 2004-3, NHEL 2005-1, etc. NHEL 2004-1, par exemple, serait composé des prêts datant des premiers mois de 2004 et des derniers mois de 2003, et 2004-2 serait composé des prêts du milieu de l'année, et 2004-3 correspondrait à la fin de 2004. Vous pouviez jeter un coup d'œil à ces prospectus et rapidement prendre le pouls de ce qui se passait dans la portion subprime de l'industrie *originate and sell*. Et vous voyiez que les prêts à taux variable in fine 2/28[1] représentaient seulement 5,85 % de l'ensemble début 2004, mais 17,48 % fin 2004, et 25,34 % à la fin de l'été 2005. Pourtant le score FICO moyen [crédit à la consommation], le pourcentage de no docs[2] ["menteur"], les ratios prêt/valeur et d'autres indicateurs étaient plutôt stables... En fait, ces mesures pouvaient rester à peu près stables, mais l'ensemble des crédits qui étaient émis, assemblés et revendus, empirait en qualité, car pour le même score FICO moyen ou le même ratio prêt/valeur moyen, vous aviez un plus grand pourcentage de prêts in fine. »

Dès 2004, en regardant les chiffres, on pouvait clairement constater le déclin des critères de prêts. D'après Burry, ces critères n'avaient pas seulement diminué, ils avaient touché le fond. Le fond avait même un nom : le prêt subprime in fine à amortissement négatif et à taux variable. Vous, l'acheteur d'une maison, vous voyiez offrir la possibilité de ne rien payer du tout, et de transférer les intérêts que vous deviez à la banque

---

1. Deux ans écoulés et vingt-huit à courir.
2. No doc, pour « no documentation », prêt accordé sans étude de dossier.

dans une balance principale plus élevée. Il n'était pas difficile de deviner qui pourrait désirer un tel prêt : une personne sans revenus. Ce que Burry ne comprenait pas, c'était pourquoi une personne qui prêtait de l'argent voudrait proposer un tel prêt. « Ce qu'il faut observer, ce sont les prêteurs, pas les emprunteurs, dit-il. Les emprunteurs seront toujours prêts à en prendre autant que possible. C'est le rôle des prêteurs de placer des limites, et quand ils perdent la tête, attention. » Dès 2003, il avait su que les emprunteurs avaient perdu la tête. Au début de 2005, il comprit que les prêteurs l'avaient eux aussi perdue.

De nombreux managers de hedge funds prenaient le temps de discuter avec leurs investisseurs et traitaient les lettres trimestrielles qu'ils leur adressaient comme une formalité. De son côté, Burry n'aimait pas parler en face à face et considérait ces lettres comme le meilleur moyen d'informer ses investisseurs de ce qu'il faisait. Dans ses lettres trimestrielles, il inventa une expression pour décrire ce qui selon lui se passait : « l'extension du crédit par instrument ». À savoir, nombre de personnes n'avaient pas les moyens de rembourser leurs emprunts de la bonne vieille manière, alors les prêteurs pondaient de nouveaux instruments pour justifier le fait qu'ils leur accordaient plus d'argent. « C'était le signe clair que les prêteurs avaient perdu la tête, ils dégradaient constamment leurs propres critères pour accroître le volume de prêts », explique Burry. Et il comprenait pourquoi ils faisaient ça : ils ne conservaient pas les prêts, mais les vendaient à Goldman Sachs, Morgan Stanley, Wells Fargo et les autres, qui les assemblaient alors sous forme d'obligations et les revendaient à leur tour. Les acheteurs finaux étaient juste des pigeons. Il se pencherait aussi sur leur cas, mais plus tard.

Il était désormais confronté à un problème tactique d'investissement. Les divers étages, ou tranches, des obligations subprime avaient tous une chose en commun : il était impossible de les vendre à découvert. Pour vendre une action ou une obligation à découvert, il fallait l'emprunter, et ces tranches d'obligations hypothécaires étaient minuscules et impossibles à trouver. Vous pouviez les acheter ou non, mais vous ne pouviez pas explicitement parier contre : il n'y avait tout simplement pas de place dans le marché des obligations subprime pour leurs détracteurs. Vous pouviez être parfaitement certain que le marché des obligations subprime était condamné, mais vous ne pouviez rien y faire. Vous ne pouviez pas vendre des maisons à découvert. Vous pouviez vendre à découvert les actions des sociétés qui construisaient les maisons – Pulte Homes, par exemple, ou Toll Brothers – mais c'était onéreux, indirect, et dangereux. Si le prix des actions montait trop longtemps, Burry ne serait plus solvable.

Deux ans plus tôt, il avait découvert les credit default swaps, ou CDS[1]. Les credit default swaps étaient particulièrement troublants parce que ce n'étaient pas du tout des *swaps* (des échanges). C'étaient des polices d'assurance, généralement sur des obligations de société, avec des paiements de primes semestrielles et une échéance fixe. Par exemple, vous pouviez payer 200 000 dollars par an pour acheter un CDS de dix ans sur 100 millions de dollars d'obligations General Electric. Le maximum que vous pouviez perdre, c'était 2 millions de dollars (200 000 dollars par an sur dix ans). Le maximum que vous pouviez gagner, c'était 100 millions de dollars, si General Electric échouait à rembourser sa dette au cours des dix années suivantes et que les porteurs d'obligations ne recevaient rien. C'était un pari à somme nulle : si vous gagniez 100 millions de dollars, le type qui vous avait vendu le credit default swap perdait la même somme. C'était aussi un pari asymétrique, comme miser de l'argent sur un numéro à la

---

1. Credit default swap : contrat de protection financière entre acheteurs et vendeurs. L'acheteur de protection verse une prime *ex ante* annuelle calculée sur le montant notionnel de l'actif (souvent dit de référence ou sous-jacent) au vendeur de protection qui promet de compenser *ex post* les pertes de l'actif de référence en cas d'événement de crédit précisé dans le contrat. C'est donc, sur le plan des flux financiers, comme un contrat d'assurance et, sur la finalité, comme une option de vente.

roulette. Le maximum que vous pouviez perdre, c'était les jetons que vous mettiez sur la table ; mais si votre numéro sortait, vous gagniez trente, quarante, voire cinquante fois votre mise. « Les credit default swaps ont résolu pour moi le problème du risque illimité, affirme Burry. Si j'achetais un credit default swap, mes pertes potentielles étaient définies et certaines, et mes gains potentiels considérablement supérieurs. »

Il était déjà sur le marché des CDS de société. En 2004, il avait commencé à acheter des assurances sur des sociétés dont il estimait qu'elles souffriraient lors d'une chute de l'immobilier : émetteurs de prêts immobiliers, assureurs hypothécaires, et ainsi de suite. Mais ça ne le satisfaisait pas totalement. Un effondrement du marché de l'immobilier pouvait faire perdre de l'argent à ces sociétés ; mais il n'y avait aucune garantie qu'elles feraient faillite. Il voulait un outil plus direct pour parier contre les prêts subprime. Le 19 mars 2005, alors qu'il était seul dans son bureau, porte fermée et stores baissés, en train de lire un manuel abscons sur les dérivés de crédit, Michael Burry eut une idée : des CDS sur les obligations hypothécaires subprime.

L'idée lui vint alors qu'il lisait un livre sur l'évolution du marché obligataire américain et la création, au milieu des années 1990, chez J. P. Morgan, des premiers credit default swaps de sociétés. Il tomba sur un passage qui expliquait pourquoi les banques estimaient avoir besoin de ces CDS. Ce n'était à première vue pas évident – après tout, le meilleur moyen d'éviter le risque que General Electric échoue à rembourser sa dette était de ne pas lui prêter. Au début, les credit default swaps avaient donc été un outil qui permettait de se couvrir : une banque avait prêté plus qu'elle ne l'aurait voulu à General Electric parce que GE l'avait demandé et qu'elle craignait de s'aliéner un client de longue date ; alors qu'une autre banque s'était ravisée, estimant qu'il ne valait mieux pas prêter à GE. Très vite, cependant, les nouveaux dérivés étaient devenus des outils de spéculation : nombre de gens voulaient parier sur la probabilité de la défaillance de GE. Et Burry comprit soudain : Wall Street finirait par faire la même chose avec les obligations hypothécaires subprime. Étant donné ce qui se passait sur le marché immobilier – et vu ce que les prêteurs de subprimes faisaient – nombre de types perspicaces voudraient faire des paris parallèles sur les obligations hypothécaires subprime. Et le seul moyen de le faire, ce serait d'acheter des credit default swaps.

Les CDS résoudraient le gros problème inhérent à la grande idée de Burry : le timing. Les prêts subprime accordés début 2005 étaient, il le sentait, presque sûrs de mal tourner. Mais comme leur taux d'intérêt était fixé artificiellement bas, et qu'il ne serait pas relevé avant deux ans, il faudrait attendre deux ans avant que ça se produise. Les prêts immobiliers subprime avaient presque toujours des taux d'intérêt flottants, mais la plupart commençaient par un taux d'appel fixe pendant les deux premières années. Ainsi, un prêt immobilier créé en 2005 pouvait avoir un taux d'appel fixe de 6 % qui, en 2007, bondirait à 11 % et provoquerait une vague de défauts de paiement. Le tic-tac des bombes à retardement que constituaient ces prêts était encore à peine audible, mais il deviendrait plus fort avec le temps, et beaucoup de gens finiraient par l'entendre. Et alors, personne ne serait plus disposé à vendre des assurances sur les obligations hypothécaires subprime. Il devait placer ses jetons sur la table dès maintenant et attendre que le casino se réveille et change la règle du jeu. Un CDS sur une créance hypothécaire à trente ans était un pari censé durer trente ans, en théorie. Mais Burry devinait qu'il suffirait de trois ans pour que ça paye.

Le seul problème, c'était que, manifestement, les CDS sur les obligations hypothécaires subprime n'existaient pas. Il devrait gentiment inciter les grosses boîtes de Wall Street à les créer. Mais lesquelles ? S'il voyait juste et que le marché de l'immobilier s'effondrait, ces sociétés qui se trouvaient au cœur du marché perdraient à coup sûr beaucoup d'argent. Il ne servait à rien d'acheter des assurances auprès d'une banque qui ferait faillite à l'instant où les assurances prendraient de la valeur. Il ne prit donc même pas la peine d'appeler Bear Stearns et Lehman Brothers, puisqu'elles étaient plus exposées au marché des obligations hypothécaires que les autres banques. Goldman Sachs, Morgan Stanley, Deutsche Bank, Bank of America, UBS, Merrill Lynch et Citigroup étaient, dans son esprit, celles qui avaient le plus de chances de survivre à un krach. Il les appela toutes. Cinq d'entre elles n'avaient pas la moindre idée de ce dont il parlait ; deux le rappelèrent et déclarèrent que, si le marché n'existait pas pour le moment, peut-être qu'il existerait un jour. Trois ans plus tard, les CDS sur les obligations hypothécaires subprime constitueraient un marché de plusieurs milliers de milliards de dollars et engendreraient des centaines de milliards de pertes pour les grands noms de Wall Street. Pourtant, lorsque Michael Burry harcela ces sociétés au début de 2005, seules Deutsche Bank et Goldman Sachs virent un intérêt à poursuivre la conversation. Apparemment, personne à Wall Street ne voyait ce que lui voyait.

Il avait senti qu'il était différent des autres avant de savoir pourquoi. À 2 ans, il avait développé une forme de cancer rare, et l'opération pour ôter la tumeur lui avait coûté son œil gauche. Un garçon avec un seul œil ne voit pas le monde comme les autres, mais Mike Burry ne mit pas longtemps à considérer sa différence physique en termes plus psychologiques. Les adultes insistaient constamment pour qu'il regarde les gens dans les yeux, surtout quand il leur parlait. « Ça me pompait toute mon énergie de regarder quelqu'un dans les yeux, explique-t-il. Si je vous regarde, alors je sais que je ne vous écouterai pas. » Son œil gauche n'était pas dans l'axe de son interlocuteur ; quand il se retrouvait en société à essayer de faire la conversation, les gens à qui il parlait se déportaient constamment sur la gauche. « Je ne sais pas vraiment comment empêcher ça, dit-il, alors les gens continuent de se décaler sur la gauche, et moi, j'essaie de ne plus tourner la tête. Je finis par rester immobile et par regarder vers la gauche avec mon œil valide, par-dessus mon nez. »

Il supposait que c'était à cause de son œil de verre que chaque fois qu'il rencontrait quelqu'un, ça se terminait mal pour lui. Il avait un mal de chien à lire les signes non verbaux de ses interlocuteurs ; et quand il les lisait, il les prenait trop au pied de la lettre. Plus il faisait d'efforts, plus il s'emmêlait les pinceaux. « Mes compliments avaient tendance à sortir de travers, dit-il. J'ai appris tôt que si vous faites un compliment à quelqu'un il sera mal interprété. *Pour votre taille, vous êtes pas mal. Votre robe est vraiment jolie : c'est vous qui l'avez faite ?* » Il attribuait à son œil de verre son incapacité à se mêler aux autres. L'œil suintait et pleurait et nécessitait une attention permanente. Et ce n'était pas le genre de choses que les autres gamins le laissaient oublier. Ils le traitaient de bigleux, même s'il ne l'était pas. Chaque année ils le suppliaient de sortir son œil de son orbite – mais quand il s'exécutait, l'œil s'infectait et devenait dégoûtant, ce qui lui valait d'être encore plus ostracisé.

Son œil de verre lui servait aussi à expliquer d'autres traits particuliers de sa personnalité. Comme son obsession de l'impartialité. Quand il remarqua que les joueurs de basket professionnels étaient moins susceptibles d'être pénalisés pour avoir marché que les joueurs de niveau inférieur, il ne se contenta pas de râler après les arbitres. Il cessa complètement de regarder les matches de basket ; l'injustice avait tué l'intérêt qu'il portait à ce sport. Il avait beau avoir un féroce esprit de compétition et être bien bâti, physiquement courageux, et bon athlète, il n'aimait pas les sports collectifs. Une fois encore, son œil lui fournissait une explication toute trouvée : c'étaient généralement des sports de ballon, et un garçon avec une faible perception de la profondeur et une vision périphérique limitée ne pouvait être doué pour ces sports. Il s'était essayé au football, à des postes où on n'avait pas trop souvent la balle, mais au moindre choc un peu fort, son œil sortait de son orbite.

Il avait du mal à voir où finissaient ses limites physiques et où commençaient ses limites psychologiques – il supposait que l'œil de verre était le fond du problème. Il ne supportait pas la partialité des entraîneurs qui favorisaient leurs propres enfants. Les arbitres qui ne sifflaient pas des fautes le rendaient dingue. Il préférait donc la natation, car c'était un sport solitaire. Pas de coéquipiers. Pas d'ambiguïtés. Vous faisiez votre temps, et soit vous gagniez, soit vous perdiez.

Au bout d'un moment, le fait qu'il passait l'essentiel de son temps seul cessa de le surprendre. À l'approche de la trentaine, il se considérait comme un solitaire invétéré. Au cours de ses études au lycée Santa Teresa de San Jose, puis à UCLA et à l'école de médecine de l'université Vanderbilt, il ne s'était jamais créé un seul lien durable. Ses uniques amitiés avaient été formées et entretenues par e-mail ; ça faisait de nombreuses années qu'il connaissait les deux seules personnes qu'il considérait comme de vrais amis, mais il ne les avait vues que huit fois en tout et pour tout. « Je ne suis pas fait pour avoir des amis, affirme-t-il. Je suis heureux dans ma tête. » Pourtant, il parvint à se marier deux fois. Sa première épouse était une femme d'origine coréenne qui finirait par déménager dans une autre ville (« Elle se plaignait souvent du fait que je semblais aimer l'idée d'une liaison plus que la liaison elle-même »), et sa seconde, à qui il est toujours marié, est une femme vietnamo-américaine qu'il rencontra sur le site Match.com. Dans son profil, il s'était décrit en toute franchise comme un « étudiant en médecine borgne, plus ou moins asocial, avec 145 000 dollars de prêt étudiant à rembourser ». Son obsession de l'honnêteté allait de pair avec son obsession de l'impartialité.

Un autre trait qui, selon lui, le distinguait était, justement, ce caractère obsessionnel. Son esprit n'était pas une zone tempérée : soit il était possédé par un sujet, soit il s'en désintéressait totalement. Il y avait un désavantage évident à cette qualité – il avait notamment plus de mal que la plupart des gens à feindre de se préoccuper des soucis et des passe-temps des autres – mais aussi un avantage. Même quand il était petit, il avait une capacité fantastique à se concentrer et à apprendre, avec ou sans professeur. Quand ça coïncidait avec ses intérêts, étudier était pour lui un jeu d'enfant – tant et si bien que, alors qu'il étudiait l'anglais et l'économie à UCLA, il trouva le moyen d'en apprendre assez durant son temps libre sur les formations médicales préparatoires pour se faire admettre dans les meilleures écoles de médecine du pays. Il attribuait ses inhabituelles facultés de concentration à son absence de goût pour les relations sociales, et son absence de goût pour les relations sociales... eh bien, il prétendait que, au fond, tout provenait, d'une manière ou d'une autre, de son œil de verre.

Cette capacité à travailler et à se concentrer le plaçait même à l'écart des autres étudiants en médecine. En 1998, alors qu'il était interne en neurologie à l'hôpital de Stanford, il raconta à ses supérieurs que, entre ses gardes de quatorze heures, il avait passé deux nuits blanches successives à démonter et remonter son ordinateur pour le rendre plus rapide. Ses supérieurs l'envoyèrent voir un psychiatre, qui diagnostiqua Mike Burry comme bipolaire. Mais il sut immédiatement que le diagnostic était faux : comment pouviez-vous être bipolaire si vous n'étiez jamais déprimé ? Ou, plutôt, si vous étiez seulement déprimé quand vous effectuiez la tournée des malades et faisiez semblant de vous intéresser à la pratique, plutôt qu'à l'étude de la médecine ? Il était devenu médecin non par goût de la science, mais parce que les études ne lui avaient pas semblé terriblement difficiles. En revanche, la pratique l'ennuyait, ou alors elle le dégoûtait. De sa première rencontre avec l'anatomie macroscopique, il déclare : « Quand j'ai vu des gens qui portaient des jambes sur leurs épaules jusqu'au lavabo pour nettoyer les matières fécales, ça m'a soulevé le cœur, et je ne suis pas allé plus loin. » Et de ses sentiments envers les patients : « Je voulais aider les gens – mais pas vraiment. »

Il était très intéressé par les ordinateurs, non pour ce qu'ils étaient, mais parce qu'il les mettait au service de l'une de ses obsessions de toujours : comprendre les rouages internes de la Bourse. Depuis le jour où, alors qu'il était encore à l'école primaire, son père lui avait montré les cours de la Bourse au dos du journal en lui expliquant que c'était un lieu de corruption dont il fallait se méfier et où il ne fallait surtout par investir, le sujet l'avait fasciné. Même enfant il avait voulu imposer une logique à ce monde de nombres, et le comprendre était devenu un passe-temps. Mais il s'était très vite rendu compte qu'il n'y avait pas la moindre logique dans les diagrammes, les graphiques, les courbes et le blablabla incessant de nombre des soi-disant pros du marché. Puis était survenue la bulle Internet, et soudain la Bourse dans son ensemble n'avait plus eu aucun sens. « À la fin des années 1990, j'ai presque été forcé de me considérer comme un investisseur *value*[1], car je me disais que ce que tous les autres faisaient était fou », déclare-t-il. Formalisée en tant que stratégie financière durant la Grande dépression par Benjamin Graham, l'approche *value* exigeait de rechercher constamment des sociétés si passées de mode ou si mal comprises qu'elles pouvaient être achetées pour moins que leur valeur de liquidation. Sous sa forme la plus simple, l'investissement *value* était une formule, mais celle-ci avait connu diverses transformations – il suffisait de voir ce que Warren Buffett, l'élève de Benjamin Graham, faisait de son argent.

De toute manière, Burry ne croyait pas qu'investir pouvait se réduire à une formule ou à l'imitation d'un modèle. Plus il étudiait le cas de Buffett, moins il pensait que celui-ci pouvait être copié ; de fait, la leçon de Buffett était : pour réussir spectaculairement, il fallait être spectaculairement atypique. « Si vous voulez être un grand investisseur, vous devez adapter votre

---

1. Méthode d'investissement consistant à chercher parmi les titres cotés en Bourse ceux qui s'échangent à un prix inférieur à leur valeur intrinsèque et présentent donc un potentiel de croissance important pour un faible risque.

style à votre personnalité, affirme Burry. À un moment, j'ai compris que Warren Buffett, même s'il avait eu tout avantage à apprendre de Ben Graham, ne copiait pas Graham, mais plutôt qu'il suivait sa propre voie et gérait son argent à sa manière, d'après ses propres règles... J'ai aussi immédiatement internalisé l'idée qu'aucune école ne pouvait vous apprendre comment être un grand investisseur. Sinon, ce serait l'école la plus prisée du monde, avec des frais d'inscription ridiculement élevés. Donc ça ne devait pas être vrai. »

Investir était une chose qu'il fallait apprendre à faire seul, à sa propre manière. Burry n'avait pas vraiment d'argent à investir, mais il s'était traîné son obsession tout au long de sa scolarité. À son arrivée à l'hôpital de Stanford, il n'avait jamais pris un seul cours de finance ou de comptabilité, et encore moins travaillé pour la moindre société de Wall Street. Il devait avoir 40 000 dollars à la banque, contre 145 000 dollars de prêt étudiant. Mais malgré sa charge de travail à l'école de médecine, il avait tout de même trouvé le temps de devenir une sorte d'expert financier. « Le temps est un continuum variable », écrivit-il dans un e-mail à l'un de ses amis, un dimanche matin de 1999.

> Un après-midi peut passer en coup de vent ou il peut durer cinq heures. Comme tu le fais probablement, je remplis productivement les vides que la plupart des gens considèrent comme des temps morts. Mon besoin d'être productif m'a probablement coûté mon premier mariage, et il y a quelques jours il a failli me coûter ma fiancée. Avant que j'entre à l'université, il y avait cette pub pour l'armée qui disait « nous faisons plus de choses avant 9 heures du matin que la plupart des gens en toute une journée », et je pensais, *et moi j'en fais plus que l'armée*. Comme tu le sais il y a quelques privilégiés qui ne trouvent une motivation que dans certaines activités qui supplantent TOUT le reste.

Il n'était pas bipolaire. Il vivait simplement en reclus, mais ne se sentait pour autant ni seul ni profondément malheureux. Il ne se considérait pas comme un cas désespéré ; il pensait, entre autres choses, que sa personnalité atypique lui permettait de se concentrer plus intensément que la plupart des gens. Tout cela découlait, dans son esprit, de sa vision faussée par son œil de verre. « C'est pour ça que je croyais que les gens me croyaient différent, dit-il. C'est pour ça que je me croyais différent. » Et comme il se croyait différent, sa rencontre avec Wall Street ne lui parut pas aussi bizarre qu'elle aurait dû.

Tard un soir de novembre 1996, alors qu'il effectuait une rotation au service cardiologie de l'hôpital Saint-Thomas, à Nashville, Tennessee, il se connecta à un ordinateur de l'hôpital et se rendit sur un forum appelé techstock.com. Puis il créa un fil de discussion intitulé « l'approche *value* ». Ayant lu tout ce qu'il y avait à lire sur le sujet, il avait décidé d'en apprendre un peu plus sur « les investissements dans le monde réel ». Une folie des actions Internet s'était emparée du marché. À cette époque, un site destiné aux valeurs technologiques n'était *a priori* pas un repaire naturel pour un investisseur sérieux. Pourtant, nombre d'entre eux venaient, et chacun avec une opinion. Quelques personnes rechignèrent à l'idée qu'un médecin pût avoir quoi que ce soit d'utile à dire sur les investissements, mais au fil du temps il en vint à dominer la discussion. Et le « Dr Mike Burry » – comme il signait chacun de ses messages – sentait que les autres membres du forum suivaient ses conseils et que ça leur rapportait de l'argent.

Lorsqu'il comprit qu'il n'avait plus rien à apprendre des personnes qui intervenaient sur le forum, il le quitta et créa ce qui serait plus tard appelé un blog, mais qui n'était à l'époque qu'une forme de communication bizarre. Il effectuait des gardes de seize heures à l'hôpital, et se consacrait à son blog principalement entre minuit et 3 heures du matin. Sur son blog, il postait ses opérations boursières et les raisons pour lesquelles il les avait effectuées. Les lecteurs affluèrent. Comme l'explique un gestionnaire de capital d'un important fonds de valeurs de Philadelphie : « La première chose que je me suis demandée, c'était : *Quand trouve-t-il le temps de faire ça ?* Ce type était interne en médecine. Je ne voyais que la partie non médicale de sa journée, et c'était tout simplement phénoménal. Il montrait ses opérations aux gens. Et les gens le suivaient en temps réel. Il faisait de l'investissement *value* – en plein pendant la bulle Internet. Il achetait des actions dépréciées, comme nous. Mais nous, nous perdions de l'argent. Nous perdions des clients. Et tout d'un coup ça a marché pour lui. Ses titres ont gagné 50 %. Il était hallucinant. Et nous n'étions pas les seuls à l'observer. »

Mike Burry ne savait pas exactement qui étaient les gens qui suivaient ses opérations financières, mais il pouvait voir de quels noms de domaine ils venaient. Au début, ses lecteurs venaient de Earthlink et AOL. Juste des individus arrivés là par hasard. Mais bientôt, ça changea. Les gens arrivaient sur son site depuis ceux de sociétés d'investissement comme Fidelity ou de grandes banques d'affaires de Wall Street comme Morgan Stanley. Un jour il s'attaqua à un fonds indiciel de Vanguard et reçut presque aussitôt une mise en demeure de la part des avocats de Vanguard. Burry soupçonna alors que des investisseurs sérieux devaient agir en fonction de ce qu'il postait sur son blog, mais il n'avait aucune idée claire de qui ils pouvaient être. « Le marché l'a trouvé, explique le manager du fonds d'investissement de Philadelphie. Il repérait des tendances que personne d'autre ne voyait. »

Lorsqu'il débuta son internat au service de neurologie de l'hôpital de Stanford en 1998, le travail qu'il accomplissait entre minuit et 3 heures du matin avait fait de lui une figure mineure mais significative du monde de l'investissement *value*. À cette époque, la folie des actions Internet était à son comble, et elle avait même contaminé la communauté médicale de l'université de Stanford. « Les internes en particulier, et certains professeurs, étaient captivés par la bulle Internet, explique Burry. Bon nombre d'entre eux achetaient et discutaient de tout et n'importe quoi – Polycom, Corel, Razorfish, Pets.com, Tibco, Microsoft, Dell, Intel sont ceux dont je me souviens spécifiquement, mais dans ma tête je me disais que la plupart de ces boîtes étaient des pièges à cons... Mais je la bouclais, parce que je ne voulais pas que les autres sachent à quoi j'occupais mon temps libre. Je supposais que je m'attirerais des ennuis si les médecins voyaient que je n'étais pas à 110 % dévoué à la médecine. »

Quand on s'inquiète de ne pas sembler suffisamment dévoué à la médecine, c'est qu'on ne l'est probablement pas. Plus il avançait dans sa carrière, plus Burry se sentait freiné par ses problèmes relationnels avec les vivants. Il tenta brièvement de dissimuler sa pathologie en travaillant là où les gens avaient la décence d'être morts, mais ça ne fonctionna pas. (« Des cadavres, des morceaux de cadavres. D'autres cadavres, d'autres morceaux de cadavres. Je me suis dit, je veux quelque chose de plus cérébral. »)

Après être retourné à San Jose, après avoir enterré son père, après s'être remarié et avoir été diagnostiqué à tort comme bipolaire par des experts, il décida de fermer son site Internet et annonça qu'il abandonnait la médecine pour devenir gestionnaire de fonds. Le président du service de neurologie de Stanford crut qu'il était devenu fou et lui conseilla de prendre une année sabbatique pour y réfléchir, mais c'était déjà tout réfléchi. « Je trouvais ça fascinant, déclare-t-il, et il me semblait possible, en gérant bien un portefeuille, de réussir dans la vie, et peu importait la perception que les autres avaient de moi, même si je me disais qu'au fond j'étais quelqu'un de bien. » Avec 40 000 dollars de capital contre 145 000 de prêt étudiant, la question était de savoir quel portefeuille il gérerait. Son père était mort suite à une autre erreur de diagnostic – un médecin n'avait pas vu une tumeur cancéreuse sur une radio – et la famille avait reçu quelques dommages et intérêts. Le père était opposé à la Bourse, mais c'est l'argent de son décès qui permit à son fils d'y faire ses premiers pas. Sa mère lâcha 20 000 dollars de ce qu'elle avait perçu, et ses trois frères, 10 000 dollars chacun. Ce qui permit au Dr Mike Burry d'ouvrir Scion Capital. (Enfant, il adorait le livre *The Scions of Shannara – Les Descendants de Shannara*.) Il concocta un communiqué pompeux pour faire sa publicité. « Le fonds est ouvert aux investisseurs dont la somme des actifs est au moins égale à 15 millions de dollars », annonçait-il, ce qui était intéressant puisque ça l'excluait non seulement lui, mais aussi toutes les personnes qu'il connaissait.

Tandis qu'il tentait péniblement de se trouver un bureau, de s'acheter des meubles, et d'ouvrir un compte chez un broker, il reçut quelques coups de fil surprenants. Le premier provint d'un gros fonds d'investissement de New York, Gotham Capital. Gotham avait été créé par un gourou de l'investissement *value* nommé Joel Greenblatt. Burry avait lu le livre de Greenblatt *You Can Be a Stock Market Genius*, littéralement *Vous pouvez être un génie du marché des actions*. (« Je détestais le titre mais j'aimais le livre. ») Les employés de Greenblatt l'informèrent qu'ils gagnaient de l'argent depuis quelque temps en exploitant ses idées et qu'ils voulaient continuer à le faire – Mike Burry envisagerait-il d'autoriser Gotham à investir dans son fonds ? Joel Greenblatt l'appela en personne et déclara : « J'attendais le moment où vous abandonneriez la médecine. » Gotham fit venir Burry et sa femme à New York – c'était la première fois que Michael venait à New York, et la première fois qu'il voyageait en première classe – et leur réserva une suite à l'hôtel Intercontinental.

En se rendant à son rendez-vous avec Greenblatt, Burry était torturé par l'angoisse qu'il éprouvait chaque fois qu'il devait rencontrer quelqu'un en chair et en os. Mais le fait que les gens de Gotham s'étaient intensément penchés sur ce qu'il avait écrit était rassurant. « Si vous commencez par me lire, puis que vous me rencontrez ensuite, alors ça va, explique-t-il. Mais si vous me rencontrez sans avoir lu ce que j'ai écrit... ça se passe mal presque à chaque fois. Même au lycée c'était comme ça – même avec les professeurs. » Burry était un test à l'aveugle ambulant : vous deviez vous faire votre opinion sur son compte avant de poser les yeux sur lui. Et dans ce cas précis, il avait un désavantage sérieux : il n'avait aucune idée de la manière dont les gestionnaires de fonds professionnels s'habillaient. « Il m'appelle la veille du rendez-vous, explique l'un de ses amis par e-mail, lui-même ancien gestionnaire de fonds professionnel. Et il me demande, "Qu'est-ce que je dois porter ?" Il ne possédait pas de cravate. Il avait une veste bleue, pour les enterrements. » C'était une autre des bizarreries de Mike Burry. Par écrit, il se présentait de façon formelle, voire ampoulée, mais il s'habillait comme pour aller à la plage. Tandis qu'il marchait vers les bureaux de Gotham, il fut pris de panique et s'engouffra chez Tie Rack pour s'acheter une cravate.

Il débarqua dans la grosse société de gestion de fonds de New York endimanché comme jamais, et trouva ses partenaires en T-shirts et pantalons de jogging. L'échange se passa à peu près comme suit :

« Nous aimerions vous donner un million de dollars.
– Pardon ?
– Nous voulons acheter un quart de votre nouveau hedge fund. Pour un million de dollars.
– Vraiment ?
– Oui. Nous offrons un million de dollars.
– Après impôts ! »

Pour une raison ou une autre, Burry s'était mis dans le crâne qu'un jour il voulait peser un million de dollars, après impôts. Quoi qu'il en soit, il avait juste lâché ça avant de pleinement prendre conscience de ce qu'ils voulaient. Ils allaient lui *donner* un million de dollars ! À cet instant, sur la base de ce qu'il avait écrit dans son blog, il passa du statut d'étudiant en médecine avec 145 000 dollars de dettes à celui de millionnaire avec quelques prêts à rembourser. Burry ne le savait pas, mais c'était la première fois que Greenblatt faisait ça. « C'était de toute évidence un type brillant, et ils ne sont pas nombreux », confie ce dernier.

Peu après cette étrange rencontre, il reçut un appel de la holding d'assurances White Mountains. White Mountains était dirigée par Jack Byrne, un des proches collaborateurs de Warren Buffett, et ils avaient eu des contacts avec Gotham Capital. « Nous ne savions pas que vous vendiez des participations dans votre société », annoncèrent-ils – et Burry expliqua qu'il n'était pas au courant non plus jusqu'à ce que, quelques jours auparavant, quelqu'un lui offre un million de dollars, après impôts. Il s'avérait qu'à White Mountains aussi on avait observé Michael Burry de près. « Ce qui nous intriguait plus que tout, c'était qu'il était interne en neurologie, explique Kip Oberting, qui travaillait alors pour White Mountains. Quand trouvait-il le temps de faire ça ? » De White Mountains, il obtint 600 000 dollars en échange d'une plus petite participation dans sa société, plus une promesse de 10 millions à investir. « Et oui, ajoute Oberting, c'est la seule personne que nous ayons démarchée après l'avoir découverte sur Internet et à qui nous avons donné de l'argent. »

Au cours de sa première année, le Dr Mike Burry eut quelques soucis avec la dimension sociale du métier. « Généralement vous ne levez pas de fonds sans rencontrer des gens, déclare-t-il, et en général je ne veux voir personne. Et les gens qui sont avec moi s'en aperçoivent. » Il se rendit à une conférence organisée par Bank of America pour présenter de nouveaux gestionnaires de fonds à de riches investisseurs, et toutes les personnes présentes s'en aperçurent en effet. Il prononça une allocution au cours de laquelle il affirma que leur manière d'évaluer le risque était complètement idiote. Ils mesuraient le risque en fonction de la volatilité : les variations d'une action ou d'une obligation au cours des dernières années. Mais le vrai risque n'était pas la volatilité : le vrai risque, c'était les décisions d'investissement stupides. « Globalement, comme il l'expliqua par la suite, les plus riches parmi les riches et leurs représentants ont accepté que la plupart des gestionnaires soient médiocres, et que les meilleurs d'entre eux soient capables d'obtenir des rendements médiocres en affichant une volatilité en dessous de la moyenne. Avec cette logique, un dollar qui se vend 50 cents un jour, 60 cents le lendemain, et 40 cents le surlendemain, finit par valoir moins qu'un dollar qui s'est vendu 50 cents trois jours consécutifs. J'expliquais que la possibilité d'acheter à 40 cents représentait une opportunité, et non un risque, et que le dollar valait toujours 1 dollar. » Ses propos furent accueillis en silence. Il déjeuna seul à l'une des grandes tables rondes et se contenta d'observer les gens qui jacassaient joyeusement aux autres tables.

Quand il parlait à des gens en chair et en os, il ne savait jamais ce qui les rebutait, son message ou sa personne. Il avait longuement étudié Warren Buffett, qui avait réussi à connaître une popularité à la hauteur de son succès. Buffett avait lui aussi eu du mal avec les gens, dans sa jeunesse. Et il s'était servi d'un cours de Dale Carnegie pour apprendre à avoir des rapports plus profitables avec ses congénères. Mais Mike Burry arrivait à une ère différente. Internet avait supplanté Dale Carnegie. Il n'avait besoin de rencontrer personne. Il pouvait rédiger ses pensées complexes et attendre que les gens les lisent et lui confient leur argent. « Buffett était trop populaire pour moi, dit Burry. Je ne serai jamais ce bon grand-père bienveillant. »

Cette manière de récupérer des fonds convenait à Mike Burry. Et surtout, ça fonctionnait. Il avait lancé Scion Capital avec un peu plus d'un million de dollars – l'argent de sa mère et de ses frères, et son million personnel, après impôts. Durant sa première année complète, 2001, l'indice S&P 500 chuta de 11,88 %, et Scion grimpa de 55 %. L'année suivante, le S&P 500 chuta de nouveau, cette fois de 22,1 %, et Scion continua de grimper : plus 16 %. En 2003, le marché des actions se releva finalement et gagna 28,69 %, mais Mike Burry le battit une fois de plus – ses investissements grimpèrent de 50 %. À la fin de 2004, Mike Burry gérait 600 millions de dollars et refusait de l'argent. « S'il avait utilisé son fonds pour maximiser le montant de l'argent sous sa gestion, alors il aurait géré plusieurs milliards de dollars, affirme le directeur d'un hedge fund de New York qui observait les performances de Burry avec une incrédulité croissante. Il avait conçu Scion de telle sorte que c'était une société mauvaise pour le business, mais bonne pour les investissements. »

« Si lever des fonds peut être un concours de popularité, investir de façon intelligente est exactement le contraire », écrivit Burry à l'intention de ses investisseurs, peut-être pour leur faire comprendre que ça n'avait pas d'importance qu'ils aiment ou non la personne qui gérait leur argent, ni même qu'ils la connaissent.

Warren Buffett avait un partenaire acerbe, Charlie Munger, qui, de toute évidence, se souciait beaucoup moins que Buffett d'être aimé. En 1995, Munger avait prononcé un discours à la Harvard Business School intitulé *La Psychologie de l'erreur de jugement humaine*. Si vous vouliez prédire le comportement des gens, affirmait Munger, vous n'aviez qu'à examiner leurs motivations. Ainsi, chez FedEx, l'équipe de nuit ne finissait jamais à temps ; on avait tout essayé pour accélérer les procédures, mais rien ne fonctionnait – jusqu'au jour où la direction avait cessé de payer les employés de nuit à l'heure pour les payer forfaitairement au service effectué. De son côté, la société Xerox avait créé une nouvelle machine, mais elle se vendait moins bien que les machines anciennes moins performantes – jusqu'au jour où on s'était aperçu que les vendeurs percevaient une commission plus élevée lorsqu'ils vendaient ces dernières. « Bon, vous pouvez dire "Tout le monde sait ça", disait Munger. Je pense avoir toute ma vie fait partie des personnes de ma tranche d'âge qui comprenaient le mieux le pouvoir de la motivation, et pourtant je l'ai toute ma vie sous-estimé. Et pas une année ne s'écoule sans que j'aie une nouvelle surprise qui repousse un peu plus loin ma limite. »

Les réflexions de Munger reprenaient en grande partie ce que Mike Burry pensait lui aussi des marchés et des personnes qui les composaient. « J'ai lu ce discours et j'ai pensé, je suis d'accord avec chacun de ces mots », déclare Burry, avant d'ajouter : « Munger a lui aussi un œil de verre. » Burry avait sa propre perception du même sujet, tirée de son expérience de la médecine. Même dans les situations de vie ou de mort, les médecins, les infirmières et les patients répondaient tous à de mauvaises motivations. Par exemple, dans les hôpitaux où les taux de remboursement pour les appendicectomies étaient plus élevés, les chirurgiens opéraient plus de l'appendicite. L'évolution de la chirurgie de l'œil était un autre exemple parlant. Dans les années 1990, les ophtalmologistes bâtissaient des carrières sur des opérations de la cataracte. Elles prenaient une demi-heure ou moins, et pourtant Medicare remboursait l'intervention 1 700 dollars. À la fin des années 1990, Medicare avait baissé les niveaux de remboursement à environ 450 dollars l'intervention, et les revenus des ophtalmologistes portés sur les interventions chirurgicales avaient baissé. À travers tout le pays, une procédure obscure et risquée appelée kératotomie radiaire avait alors été redécouverte, et il y avait eu un boom des opérations pour corriger les petites déficiences visuelles. La procédure, insuffisamment étudiée, avait été vendue comme un remède pour les personnes qui souffraient de devoir porter des lentilles de contact. « En réalité, explique Burry, la motivation était de préserver un revenu élevé, souvent de un ou deux millions de dollars, et la justification a suivi. L'industrie s'est dépêchée de proposer quelque chose de moins dangereux que la kératotomie radiaire, et le Lasik a fini par voir le jour. »

Aussi, lorsqu'il se lança dans les affaires, Mike Burry s'assura qu'il avait les bonnes motivations. Il réprouvait les pratiques typiques des gestionnaires de hedge funds. Prendre 2 % en amont, comme le faisaient la plupart d'entre eux, signifiait que le gestionnaire était payé simplement pour amasser de vastes quantités d'argent qui ne lui appartenaient pas. Scion Capital ne facturait ses investisseurs que sur ses dépenses réelles – qui d'ordinaire représentaient bien moins de 1 % des capitaux. Pour commencer à empocher quoi que ce soit, il devait faire fructifier l'argent des investisseurs. « Songez à la genèse de Scion, dit l'un de ses premiers investisseurs. Le type n'a pas d'argent et il choisit de renoncer à des commissions que n'importe quel autre hedge fund aurait considérées comme lui revenant de droit. C'était du jamais vu. »

Dès le début, Scion Capital connut une réussite folle, presque comique. À la mi-2005, au cours d'une période où l'indice général de la Bourse avait chuté de 6,84 %, le fonds de Burry avait grimpé de 242 % et refusait des investisseurs. Pour son public grandissant, peu importait que la Bourse monte ou descende ; Mike Burry trouvait toujours où investir son argent habilement. Il n'utilisait pas l'effet de levier, et évitait de parier sur la baisse des actions. Il ne faisait rien de plus prometteur qu'acheter des actions ordinaires, et rien de plus compliqué que rester enfermé dans une pièce à décortiquer des états financiers. Pour environ 100 dollars par an, il s'était inscrit à 10-K Wizard. Et l'appareil de décision de Scion Capital se limitait donc à un type seul dans une pièce, avec la porte fermée et les stores baissés, qui examinait des informations et des données disponibles à tous sur 10-K Wizard.com. Il cherchait des décisions de justice, des signatures de contrat, ou des changements de réglementation imposés par le gouvernement – tout ce qui pourrait modifier la valeur d'une société.

La plupart du temps, il dénichait ce qu'il appelait des investissements « beurk ». En octobre 2001, il expliqua le concept dans sa lettre à ses investisseurs : « Faire de l'investissement beurk, c'est analyser avec un intérêt particulier les actions qui inspirent une première réaction de révulsion. »

La société au nom inquiétant d'Avant! Corporation était un bon exemple. Il l'avait dénichée en cherchant le mot « accepté » dans les comptes rendus d'informations. Il savait que, comme il était un joueur de seconde zone, il devait trouver un moyen peu orthodoxe de faire basculer la partie à son avantage, ce qui signifiait trouver des situations inhabituelles dont le reste du monde n'avait pas pleinement conscience. « Je ne cherchais pas un article sur une arnaque ou une fraude à proprement parler, dit-il. Ça aurait été regarder en arrière, et je voulais anticiper les choses. Ce que je cherchais, c'était une dispute acceptée, un appel accepté, un accord accepté devant la cour. » Un tribunal avait accepté un appel d'une société de logiciels nommée Avant! Corporation. Avant! avait été accusée d'avoir volé à un concurrent le code source qui était à la base de son logiciel. La société avait 100 millions de dollars de liquidités à la banque, elle continuait de générer 100 millions de dollars de cash-flow disponible – et elle était cotée sur le marché à seulement 250 millions de dollars! Michael Burry commença à creuser; lorsqu'il eut fini, il en savait plus sur Avant! Corporation que n'importe quel autre homme sur terre. Et il devinait que si les cadres allaient en prison (comme ce fut le cas) et si les amendes étaient payées (comme ce fut aussi le cas), Avant! vaudrait beaucoup plus que ne le supposait pour le moment le marché. De plus, comme la plupart de ses ingénieurs étaient des citoyens chinois avec des visas de travail, ils étaient piégés – aucun risque que quiconque démissionne avant que tout ne soit réglé. Mais pour faire de l'argent avec le titre Avant! il allait probablement devoir essuyer des pertes à court terme, car les investisseurs, horrifiés par la publicité négative, se défaussaient de leurs actions.

Burry acheta ses premières actions Avant! en juin 2001 à 12 dollars l'unité. La direction d'Avant! fit alors la couverture d'un numéro de *Business Week* sous le titre *Le Crime paie-t-il?* L'action plongea; Burry en acheta davantage. La direction d'Avant! fut emprisonnée. L'action chuta un peu plus.

Mike Burry continua d'en acheter – jusqu'à 2 dollars l'unité. Il devint le plus gros actionnaire d'Avant! et demanda un changement de direction. « Maintenant que l'aura criminelle [de l'ancien P-DG] ne ternit plus le management opérationnel, écrivit-il aux nouveaux patrons, la société Avant! a une chance de prouver qu'elle se soucie des actionnaires. » En août, dans un autre e-mail, il écrivit : « Avant! continue de me donner l'impression que je couche avec la putain du village. Même si mes besoins sont parfaitement satisfaits, je doute que je m'en vanterai un jour. Le facteur "glauque" est faramineux. Je crains presque que si je pousse trop Avant! je vais finir par avoir la maffia chinoise sur le dos. » Quatre mois plus tard, Avant! était racheté à 22 dollars l'action. « C'était du Mike Burry tout craché, déclare l'un de ses investisseurs. Ça multiplie par 10, mais ça commence par chuter de moitié. »

Ce n'est pas le genre d'aventure que la plupart des investisseurs apprécient, mais c'était, selon Burry, l'essence même de l'investissement *value*. Son boulot était d'être fortement en désaccord avec l'opinion populaire. Et comme il ne pouvait pas le faire s'il était à la merci d'opérations de marché à court terme, il n'autorisait pas ses investisseurs à retirer leur argent rapidement, contrairement à la plupart des hedge funds. Si vous donniez à Scion de l'argent à investir, vous étiez coincé pour au moins un an. Burry avait aussi conçu son fonds pour attirer les gens qui voulaient être « long » – à savoir, qui voulaient spéculer sur la hausse des actions plutôt que sur leur baisse. « Je ne suis pas vendeur à découvert dans l'âme, déclare-t-il. En général, je ne creuse pas sur les sociétés intéressées surtout par le court terme. Je veux que le potentiel de hausse soit beaucoup plus important que le risque de baisse. » Il n'aimait pas non plus l'idée de vendre à découvert, car le risque était, théoriquement, illimité. Un titre ne pouvait tomber qu'à zéro, mais il pouvait monter à l'infini.

Les bénéfices d'un bon investissement devaient être à la hauteur du risque encouru. Mais de plus en plus, Burry estimait que ce n'était pas le cas. Le problème ne se confinait pas aux titres individuels. La bulle Internet avait explosé, et pourtant les prix de l'immobilier à San Jose, l'épicentre de la bulle, continuaient de monter. Il se pencha sur les actions des constructeurs de maisons, puis sur les titres des sociétés qui assuraient les emprunts hypothécaires, comme PMI. À l'un de ses amis – un gros investisseur immobilier de la côte est – il écrivit en mai 2003 que la bulle immobilière gonflait de plus en plus à cause du comportement irrationnel des prêteurs qui accordaient des crédits faciles. « Il suffit de chercher le niveau auquel, même avec un crédit illimité ou sans précédent, le marché [immobilier] cessera de grimper, écrivait-il. Je suis extrêmement pessimiste, et je pense que ça pourrait très facilement conduire à une chute de 50 % de l'immobilier résidentiel aux États-Unis... Une grande portion de la demande [de maisons] actuelle aux prix actuels disparaîtrait si seulement les gens étaient persuadés que les prix n'augmentent pas. Les dégâts collatéraux pourraient atteindre une magnitude que personne n'imagine à ce jour. »

Lorsqu'il entreprit de spéculer contre le marché des obligations hypothécaires subprime au début 2005, le premier gros problème qu'il rencontra fut que les banques d'investissement de Wall Street qui pouvaient lui vendre des credit default swaps ne partageaient pas son sens de l'urgence. Mike Burry estimait qu'il devait placer son pari *immédiatement*, avant que le marché immobilier américain ne se réveille et ne retrouve la raison. « Je ne m'attendais pas à ce que la détérioration des assemblages d'emprunts sous-jacents atteigne un niveau critique avant au moins deux ans », explique-t-il – quand les taux d'appel disparaîtraient et que les remboursements mensuels s'envoleraient en flèche. Mais il se disait que le marché verrait inévitablement ce que lui avait vu, et qu'il s'ajusterait. Quelqu'un à Wall Street remarquerait la hausse fantastique du risque lié à ces crédits subprime, et le prix pour les assurer augmenterait en conséquence. « Ça va exploser avant que je ne puisse faire mes opérations », écrivit-il dans un e-mail.

Comme Burry vivait sa vie par e-mail, il conserva malgré lui un compte rendu de la naissance d'un nouveau marché du point de vue de son premier client. Et avec le recul, le plus stupéfiant est la rapidité avec laquelle les sociétés de Wall Street – qui n'avaient pas la moindre idée de ce que Mike Burry racontait quand il les avait appelées pour se renseigner sur les credit default swaps sur les obligations hypothécaires – se réorganisèrent de sorte à placer le nouveau dérivé pile au cœur de leur business. Le marché des obligations hypothécaires original avait vu le jour à peu près de la même manière, dans le désordre, grâce à l'intérêt extrême d'une petite poignée de gens en marge de la haute finance. Mais il avait mis des années à arriver à maturité. Alors que le nouveau marché serait fonctionnel, avec des dizaines de milliards de dollars de risques échangés, au bout de quelques mois seulement.

La première chose dont Michael avait besoin, s'il voulait acheter une assurance sur une grosse pile d'obligations subprime, c'était de créer une sorte de contrat standard, largement accepté. Quiconque lui vendrait un CDS sur une obligation subprime lui devrait un jour beaucoup d'argent. Et il soupçonnait que les vendeurs risquaient de chercher à ne pas le payer. Avec un contrat, ils auraient plus de mal à se défiler, et ce serait aussi plus facile pour lui de revendre à un trader ce qu'il avait acheté auprès d'un autre – et donc de comparer les prix. Une organisation nommée l'International Swaps and Derivative Association (ISDA) avait la tâche de formaliser les termes des nouveaux produits*. L'ISDA avait déjà instauré une série de

---

*L'ISDA avait été créée en 1996 par mes patrons chez Salomon Brothers afin de résoudre le problème immédiat posé par une innovation nommée swap de taux d'intérêt. Ce qui semblait une opération simple pour les personnes qui l'effectuaient – je te paye un taux d'intérêt fixe et en échange tu me paies un taux d'intérêt flottant – nécessita finalement une avalanche de réglementations.

réglementations pour gouverner les CDS sur les obligations de société, mais assurer des obligations de société était une tâche plutôt simple. Il y avait cet événement, appelé « défaut », qui se produisait ou non. La société ne remboursait pas un intérêt, vous deviez trouver un arrangement. L'acquéreur de l'assurance ne récupérait peut-être pas exactement 100 cents par dollar – tout comme le porteur de l'obligation ne perdait pas 100 cents par dollar, puisque les actifs de la société avaient de la valeur – mais un juge indépendant pouvait décider, d'une manière qui était généralement juste et satisfaisante, à combien s'élèverait le remboursement. Si le porteur du titre récupérait 30 cents par dollar – essuyant donc une perte de 70 % – celui qui avait acheté le CDS obtenait 70 cents.

Acheter une assurance sur un assemblage d'emprunts hypothécaires américains était plus compliqué, car tous les emprunts ne défaillaient pas en même temps ; les propriétaires échouaient à rembourser leur prêt les uns après les autres. Les fournisseurs – menés par Deutsche Bank et Goldman Sachs – trouvèrent une solution maligne : le credit default swap *pay-as-you-go*. L'acheteur du swap – l'acheteur de l'assurance – ne serait pas payé d'un seul coup si tout un assemblage d'emprunts hypothécaires se dégradait, mais petit à petit, à mesure que les emprunteurs défaillaient.

Il fallut des mois de négociations entre les avocats et les traders des grandes banques de Wall Street, qui dirigeraient le marché, pour obtenir l'accord de l'ISDA. L'avocat de Burry, Steve Druskin, fut curieusement autorisé à assister aux entretiens téléphoniques – et même à intervenir de temps en temps pour offrir le point de vue d'un client de Wall Street. Historiquement, les banques de Wall Street se souciaient de la solvabilité de leurs

---

Ces réglementations cachaient la simple crainte que la partie adverse d'un swap de taux d'intérêt fasse faillite et échoue à rembourser ses dettes. Le swap de taux d'intérêt, comme le credit default swap, exposait les sociétés de Wall Street à des risques inédits.

clients, alors que les clients avaient foi en la capacité du casino de payer les gagnants. Mais Mike Burry n'avait pas cette foi. « Je ne pariais pas contre une obligation, dit-il. Je pariais contre un système. » Il ne voulait pas prendre une assurance inondation auprès de Goldman Sachs pour découvrir, quand l'inondation se produisait, que Goldman Sachs avait été balayée par les eaux et ne pouvait plus le payer. À mesure que la valeur du contrat d'assurance changeait – disons, quand les eaux approchaient, mais avant qu'elles n'aient effectivement tout détruit sur leur passage – il voulait que Goldman Sachs et Deutsche Bank fournissent un collatéral, pour refléter l'augmentation de la valeur de ce qu'il possédait.

Le 19 mai 2005 – un mois avant la finalisation des termes de l'accord –, Mike Burry effectua ses premières opérations. Il acheta pour 60 millions de dollars de credit default swaps chez Deutsche Bank – sur six obligations différentes de 10 millions chaque. On les appelait les « titres références ». Vous n'achetiez pas une assurance sur la totalité du marché des obligations hypothécaires, mais sur une obligation particulière, et Burry s'était évertué à dénicher exactement celles contre lesquelles parier. Il avait lu des douzaines de prospectus, en avait parcouru des centaines d'autres, en quête des assemblages d'emprunts les plus douteux, et il était toujours quasiment certain (plus tard il en serait absolument sûr) d'être le seul humain sur terre à le faire, si l'on exceptait les avocats qui les rédigeaient. Par la même occasion, il devint aussi probablement le seul investisseur à effectuer le genre d'analyse à l'ancienne qui aurait dû être effectuée avant que les prêts ne soient accordés. Il était cependant le contraire d'un banquier à l'ancienne. Ce qu'il cherchait, ce n'étaient pas les meilleurs prêts, mais les pires – pour pouvoir parier contre.

Il analysait l'importance relative des ratios prêt/valeur des emprunts immobiliers, les prêts de « deuxième rang » sur les maisons, l'absence de documentation et de preuve des revenus de l'emprunteur ainsi qu'une douzaine d'autres facteurs, afin de déterminer la probabilité qu'un emprunt immobilier accordé aux États-Unis aux alentours de 2005 ne serait pas remboursé. Puis il cherchait les obligations adossées aux pires prêts. Il fut surpris de s'apercevoir que Deutsche Bank semblait se moquer de savoir contre quelles obligations il décidait de spéculer. À leurs yeux, manifestement, toutes les obligations hypothécaires subprime étaient les mêmes. Le prix de l'assurance était déterminé non suite à une analyse indépendante, mais d'après les notes accordées aux obligations par les agences de notation Moody's et Standard and Poor's*. S'il voulait acheter une assurance sur la tranche soi-disant sans risque, la triple-A, il pouvait payer 20 points de base (0,20 %); pour des tranches plus risquées, notées A, il pouvait payer 50 points de base (0,50 %); et pour des tranches encore moins sûres, les triple-B, 200 points de base (soit 2 %). (Un point de base représente un centième d'un point de pourcentage.) Les tranches triple-B – celles qui vaudraient zéro si l'assemblage des prêts qui les constituaient essuyait une perte de juste 7 % – étaient ce qu'il cherchait. Il se disait qu'il jouait sur du velours, surtout grâce à ses analyses. Il suffisait de jeter un coup d'œil aux prospectus pour s'apercevoir qu'il y avait

---

*Les deux principales agences de notation utilisent une terminologie sensiblement différente pour exprimer la même idée. Par exemple, ce que Standard and Poor's désigne par AAA, Moody's le désigne par Aaa, mais les deux termes décrivent une obligation dont on estime qu'elle a le moins de risque de défaillir. Par souci de simplicité, nous n'utiliserons dans ce texte que les termes de S&P, et AAA sera appelé « triple-A », et ainsi de suite.
En 2008, lorsque les notations d'une gigantesque pile d'obligations liées à des crédits subprime s'avérèrent aberrantes, on débattit avec virulence de la signification exacte de ces notes. Les investisseurs de Wall Street les interprétaient depuis longtemps comme une évaluation des risques de défaillance. Par exemple, une obligation notée triple-A avait moins de 1 chance sur 10 000 de défaillir durant sa première année d'existence. Une obligation notée double-A – la deuxième note la plus élevée – avait moins de 1 chance sur 1 000 de défaillir, et une obligation notée triple-B, moins de 1 chance sur 500. Mais en 2008, les agences de notation affirmèrent que leurs notes n'avaient jamais été conçues comme des mesures aussi précises. Elles étaient juste une tentative de classer par ordre les risques.

de nombreuses différences cruciales entre deux obligations triple-B – le pourcentage de prêts in fine qu'elles renfermaient, par exemple. Il commença à sélectionner une à une celles qui étaient les pires, craignant un peu que les banques d'investissement comprennent sa stratégie et décident d'ajuster leurs prix.

Mais une fois de plus, elles le stupéfièrent et le ravirent : Goldman Sachs lui envoya par e-mail une longue liste d'obligations hypothécaires merdiques pour qu'il choisisse celles qu'il voulait. « J'étais vraiment sidéré, déclare-t-il. Le prix de chacune était fixé d'après la note la plus basse de l'une des trois grandes agences de notation. » Il pouvait faire son choix sans que les banques se doutent de ce qu'il savait vraiment. C'était comme acheter une assurance inondation pour une maison au fond d'une vallée au même prix que pour une maison au sommet d'une montagne.

Le marché n'avait aucune logique, mais ça n'empêcha pas les autres banques de s'y mettre à leur tour, en partie parce que Mike Burry n'arrêtait pas de les harceler. Des semaines durant, il tarabusta les gens de Bank of America, jusqu'à ce qu'ils acceptent de lui vendre pour 5 millions de CDS. Vingt minutes après qu'ils eurent envoyé un e-mail confirmant la transaction, Burry leur écrivit : « Alors on peut recommencer ? » En quelques semaines, Mike Burry acheta pour plusieurs centaines de millions de dollars de CDS à une demi-douzaine de banques, par paquets de 5 millions. Aucun des vendeurs ne semblait beaucoup se soucier des obligations qu'ils assuraient. Il dénicha un assemblage d'emprunts qui était à 100 % à taux flottant et à amortissement négatif – les emprunteurs pouvaient choisir l'option de ne pas payer le moindre intérêt et simplement accumuler une dette de plus en plus importante jusqu'à ce que, vraisemblablement, ils ne puissent plus la rembourser. Non seulement Goldman Sachs lui vendit l'assurance pour cette obligation, mais il reçut un petit mot le félicitant d'être la première personne, à Wall Street ou ailleurs, à acheter une assurance sur ce type de produit. « Je suis en train d'éduquer les experts », fanfaronna Burry dans un e-mail.

Il ne perdait pas de temps à se demander pourquoi ces banquiers soi-disant perspicaces étaient enclins à lui vendre des assurances à si bas prix. Sa crainte principale, c'était que d'autres comprennent son manège et que l'opportunité s'envole. « Je jouais pas mal à l'imbécile, explique-t-il, en leur faisant croire que je ne savais pas vraiment ce que je faisais. Je demandais : "Comment ça marche encore ?" ou "Oh, où pourrais-je trouver cette information ?" ou alors je disais : "Vraiment ?" chaque fois qu'ils me disaient quelque chose de vraiment évident. » C'était l'un des avantages qu'il y avait à avoir vécu pendant tant d'années quasiment à l'écart du monde qui l'entourait : il n'avait aucun mal à croire qu'il avait raison et que le reste du monde avait tort.

Plus les sociétés de Wall Street se lançaient sur ce marché, plus il devint facile pour Mike de placer ses paris. Pendant les premiers mois, il pouvait acheter des CDS sur au maximum 10 millions de dollars à la fois. Puis, fin juin 2005, il reçut un coup de fil de quelqu'un chez Goldman Sachs qui lui demanda s'il aimerait passer à 100 millions de dollars par transaction. « Ce qu'il faut garder à l'esprit, écrivit-il le lendemain, après avoir accepté, c'est qu'il s'agit de 100 millions de dollars. C'est une somme d'argent hallucinante. Et on vous balance ça comme si c'était un nombre à trois chiffres au lieu de neuf. »

Fin juillet, il possédait des credit default swaps sur 750 millions de dollars d'obligations hypothécaires subprime, et il s'en vantait en privé. « Je crois qu'aucun autre hedge fund sur la planète ne possède ce genre d'investissement, du moins pas à un tel niveau, comparé à la taille du portefeuille », écrivit-il à l'un de ses investisseurs, qui avait eu vent de la stratégie innovatrice de son gestionnaire de fonds. Maintenant, il ne pouvait s'empêcher de se demander qui était de l'autre côté de ses transactions – quel fou pouvait bien lui vendre autant d'assurances sur des obligations qu'il avait minutieusement choisies pour qu'elles se désintègrent ? Le CDS était un jeu à somme nulle. Si Mike Burry gagnait 100 millions, quelqu'un perdait 100 millions. Goldman Sachs avait clairement affirmé n'être qu'un intermédiaire entre l'acheteur d'assurances et le vendeur, tout en prélevant une commission au passage.

Le fait que quelqu'un était disposé à lui vendre des quantités aussi énormes d'assurances bon marché donna à Mike Burry une autre idée : créer un fonds qui ne ferait rien d'autre qu'acheter des assurances sur des obligations hypothécaires subprime. Pour un fonds de 600 millions de dollars censé opérer sur le marché des actions, sa mise était déjà colossale ; mais s'il pouvait lever des capitaux expressément dans ce but, il pouvait gagner des milliards supplémentaires. En août, il écrivit une lettre proposant la création d'un fonds qu'il avait baptisé Milton's Opus, et l'envoya à ses investisseurs. (« La première question était toujours, "C'est quoi, Milton's Opus ?" Il répondait : "*Le Paradis perdu*", mais ça soulevait généralement une autre question. ») La plupart d'entre eux ne se doutaient nullement que leur champion de l'investissement s'était à ce point détourné vers ces contrats d'assurance ésotériques nommés credit default swaps. Et la plupart d'entre eux ne voulurent pas en entendre parler ; quelques-uns se demandèrent si c'était déjà ce à quoi il utilisait leur argent.

Au lieu de lever de l'argent pour acheter des CDS sur des obligations subprime, il se retrouva à devoir se battre pour conserver ceux qu'il possédait déjà. Ses investisseurs étaient ravis de le laisser choisir des actions en leur nom, mais ils doutaient presque unanimement de sa capacité à anticiper de grosses tendances macroéconomiques. Et ils ne voyaient vraiment pas pourquoi il comprendrait mieux que les autres un marché des obligations hypothécaires subprime qui valait plusieurs billions de dollars. Milton's Opus fut aussitôt enterré.

En octobre 2005, dans sa lettre à ses investisseurs, Burry vida finalement complètement son sac et leur fit savoir qu'ils possédaient pour au moins 1 milliard de dollars de credit default swaps sur des obligations hypothécaires subprime. « Parfois les marchés se trompent sacrément », écrivait-il.

Les marchés se sont trompés quand ils ont donné à America Online l'argent pour acheter Time Warner. Ils se sont trompés quand ils ont parié contre George Soros et pour la livre sterling. Et ils se trompent en ce moment même en continuant de faire comme si la bulle de crédit la plus importante que l'histoire ait jamais connue n'existait pas. Les opportunités sont rares, et les grandes opportunités qui permettent de miser un capital presque illimité pour générer des retours potentiels colossaux sont encore plus rares. Spéculer à la baisse en sélectionnant aujourd'hui les titres adossés aux emprunts les plus problématiques représente exactement une telle opportunité.

Au cours du deuxième quart de 2005, le nombre de défauts de paiement de cartes de crédit atteignit un record historique – et ce, malgré un boom de l'immobilier. C'est-à-dire que, même s'ils pouvaient mettre leur maison en gage, les Américains peinaient plus que jamais à rembourser leurs dettes. La Réserve fédérale avait relevé les taux d'intérêt, mais les taux des crédits immobiliers diminuaient – parce que Wall Street ne cessait de trouver des combines pour permettre aux gens d'emprunter de l'argent. Burry avait déjà misé un milliard de dollars, et il ne pourrait pas aller beaucoup plus haut à moins de lever beaucoup plus d'argent. Il annonça donc la couleur à ses investisseurs : le marché américain des obligations hypothécaires était énorme, plus gros que le marché des bons du Trésor. Toute l'économie était fondée sur sa stabilité, et sa stabilité dépendait de la poursuite de la hausse des prix de l'immobilier. « Il est ridicule de croire que les bulles sur les actifs ne peuvent être identifiées qu'*a posteriori*, écrivit-il. Il y a des marqueurs spécifiques qui sont tout à fait identifiables durant l'inflation de la bulle. Un signe caractéristique de cet emballement est l'augmentation rapide du nombre et de la complexité des fraudes... Le FBI rapporte que les fraudes liées à l'emprunt hypothécaire sont cinq fois plus nombreuses qu'en 2000. » La malhonnêteté n'était plus à la frange d'une économie par ailleurs saine, elle en était son trait principal. « La spécificité essentielle de la fraude liée à l'immobilier de nos jours est qu'elle fait partie intégrante des institutions de la nation », ajoutait-il.

Ça ne différait pas tant que ça de ce qu'il avait dit dans ses lettres trimestrielles à ses investisseurs au cours des deux dernières années. En juillet 2003, il avait écrit un long essai sur les causes et les conséquences de ce qu'il considérait comme un krach probable de l'immobilier : « Alan Greenspan nous assure que le prix des maisons n'est pas sujet aux bulles – ni aux baisses de prix majeures – à l'échelle nationale. C'est ridicule, naturellement... En 1933, pendant la quatrième année de la Grande dépression, les États-Unis se sont retrouvés au milieu d'une crise immobilière avec des mises en chantier à 10 % du niveau de 1925. Environ la moitié de la dette hypothécaire était en défaut de remboursement. Durant les années 1930, le prix des maisons s'est effondré à travers tout le pays d'environ 80 %. » Il avait rabâché le même thème en janvier 2004, puis de nouveau en janvier 2005 : « Vous voulez emprunter un million de dollars pour 25 dollars par mois ? Quicken Loans a désormais introduit un crédit immobilier in fine à taux variable qui accorde à l'emprunteur six mois sans paiement à 0,03 % d'intérêt, nul doute par solidarité avec cette brave tranche de la population américaine : les accédants à la propriété avec des problèmes de liquidités à court terme. »

Lorsque ses investisseurs apprirent où leur gestionnaire de fonds avait placé leur argent, ils ne furent pas vraiment ravis. Comme l'exprime l'un d'eux, « Mike est le meilleur de tous pour choisir des actions. Et il fait... quoi ? » Certains étaient furieux que le type qu'ils avaient engagé pour investir sur le marché des actions soit à la place allé investir dans des obligations hypothécaires pourries ; certains se demandaient pourquoi Goldman Sachs vendait ces CDS s'ils étaient une tellement bonne affaire ; certains remettaient en cause la sagesse qu'il y avait à prédire la fin d'un cycle immobilier vieux de soixante-dix ans ; certains ne comprenaient pas exactement ce qu'était un credit default swap, ni comment il fonctionnait. « L'expérience m'a appris que les prévisions apocalyptiques sur les marchés financiers américains se réalisent rarement dans un horizon limité, écrivit à Burry l'un de ses investisseurs. Il y a eu de bonnes raisons d'annoncer l'apocalypse durant l'essentiel de ma carrière. Mais elle ne s'est généralement pas produite. » Burry répondit que s'il était vrai qu'il prédisait un désastre, il ne misait pas dessus. C'était ça, la beauté des credit default swaps : il suffisait qu'une fraction minuscule de ces assemblages d'emprunts douteux se dégrade pour qu'il gagne une fortune.

Sans le vouloir, il avait lancé un débat entre lui et ses investisseurs – l'une des activités qu'il aimait le moins. « Je détestais discuter avec les investisseurs, déclare-t-il, parce qu'alors je devenais le Défenseur de l'Idée, et ça influence votre manière de penser. » Une fois que vous deveniez le défenseur d'une idée, il devenait plus difficile de changer d'avis. Mais il n'avait pas le choix : les gens qui lui confiaient leur argent étaient de toute évidence sceptiques à propos de sa soi-disant réflexion macroéconomique. Ils pouvaient comprendre que ce type très intelligent qui passait son temps à farfouiller dans des états financiers puisse tomber sur de petites sociétés auxquelles personne d'autre ne prêtait attention. Mais ils ne voyaient pas pourquoi il aurait une meilleure compréhension des tendances et des forces globales que n'importe quel Américain qui regardait les informations à la télé. « J'ai entendu dire que White Mountains préférerait que je m'en tienne à ce que je sais faire, écrivit-il avec irritation à son soutien des premiers jours, même si je ne sais pas clairement ce que White Mountains entend par là. » Personne ne semblait capable de voir ce qui lui crevait les yeux à lui : ces

CDS faisaient partie de sa quête globale de valeur. « Je ne prends pas de pause dans ma quête de valeur, écrivit-il à l'intention de White Mountains. Il n'y a pas de golf ni d'autre hobby pour me distraire. Chercher de la valeur, c'est tout ce que je fais. »

Quand il avait lancé Scion, il avait expliqué à ses investisseurs que, puisqu'il faisait des paris atypiques, ils allaient devoir l'évaluer sur le long terme – disons, cinq ans. Mais il était désormais évalué à chaque instant. « Au début, les gens ont investi en moi à cause de mes lettres, déclare-t-il. Et puis, après avoir investi, ils ont cessé de les lire. » Ses fantastiques succès attiraient des tas de nouveaux investisseurs, mais ceux-ci étaient moins intéressés par l'esprit de son entreprise que par la quantité d'argent qu'il pouvait leur rapporter rapidement. Tous les trimestres, il leur annonçait ce qu'il avait gagné ou perdu sur le marché des actions. Maintenant, il devait leur expliquer qu'ils devaient déduire de ce chiffre ces... primes d'assurance sur des obligations hypothécaires subprime. L'un de ses investisseurs de New York l'appela et déclara d'un ton menaçant : « Vous savez que beaucoup de gens envisagent de récupérer les fonds qu'ils vous ont confiés. »

Mais comme leurs fonds étaient contractuellement bloqués par Scion Capital pour quelque temps, le seul recours des investisseurs était de lui envoyer des e-mails inquiets en lui demandant de justifier sa stratégie. « Les gens paniquent à cause de la différence entre + 5 % et – 5 % sur deux ans, répondit Burry à l'un de ses investisseurs qui avait protesté contre sa nouvelle stratégie, quand la véritable question est : sur dix ans, qui fait annuellement 10 points de mieux ? Et je crois fermement que pour parvenir à ce bénéfice sur une base annuelle, je dois être en mesure de voir au-delà des deux prochaines années... Je dois être inflexible face au mécontentement général si c'est ce que me disent les fondamentaux. » Depuis cinq ans qu'il avait commencé, le S&P 500, l'indice par rapport auquel il était évalué, avait baissé de 6,84 %. Sur la même période, rappelait-il à ses investisseurs, Scion Capital avait gagné 242 %. Il supposait qu'on ferait désormais confiance à ses instincts. Il avait tort. « Je bâtis des châteaux de sable époustouflants, écrivit-il, mais rien n'empêche la marée de venir encore et encore. »

Bizarrement, à mesure que les investisseurs de Mike Burry s'agitaient, ses homologues à Wall Street recommençaient à s'intéresser jalousement à ce qu'il faisait. À la fin octobre 2005, un trader de Goldman Sachs l'appela pour lui demander pourquoi il achetait des CDS sur des tranches aussi spécifiques des obligations hypothécaires. Le trader lâcha par inadvertance qu'un certain nombre de hedge funds avaient appelé Goldman pour demander « comment jouer la baisse du marché immobilier comme le fait Scion ». Parmi eux se trouvaient des gens que Burry avait sollicités pour Milton's Opus – des gens qui avaient initialement exprimé un grand intérêt. « Ces gens dans l'ensemble ne savaient absolument pas comment s'y prendre et s'attendaient à ce que Goldman réplique ma stratégie, écrivit Burry dans un e-mail à son directeur financier. Je soupçonne Goldman de les avoir aidés, bien qu'elle nie l'avoir fait. » Au moins, il comprenait désormais pourquoi il n'avait pas pu lever de capitaux pour Milton's Opus. « Si je décris suffisamment ce que je fais, ça semble irréfutable, et les gens pensent pouvoir faire la même chose, écrivit-il à un confident par e-mail. Si je ne le décris pas assez, ça semble effrayant et binaire, et je ne peux pas lever de capital. » Il n'avait aucun talent pour la vente.

Le marché des obligations hypothécaires subprime semblait désormais se dénouer. Et tout d'un coup, le 4 novembre, Burry reçut un e-mail du responsable des subprimes chez Deutsche Bank, un certain Greg Lippmann. De fait, cette banque avait rompu les relations avec Mike Burry au mois de juin précédent, après que Burry avait été, manifestement, ouvertement agressif dans ses demandes d'assurances. Et maintenant ce type l'appelait et annonçait qu'il souhaiterait racheter les six CDS que Scion avait achetés en mai. Comme les 60 millions de dollars ne représentaient qu'une partie infime du portefeuille de Burry, et comme ce dernier ne souhaitait pas plus avoir affaire à Deutsche Bank que Deutsche Bank ne souhaitait avoir affaire à lui, il les revendit, avec un profit. Suite à quoi Greg Lippmann se hâta de lui écrire, erreurs de grammaire incluses : « Aimeriez-vous nous donner d'autres obligations que nous pouvons vous dire combien nous vous les paierons. »

Greg Lippmann de Deutsche Bank voulait lui acheter ses milliards de dollars de credit default swaps ! « Merci de l'intérêt Greg, répondit Burry. Mais on est bons pour le moment. » Il signa son message, songeant : *Comme c'est bizarre. Je n'ai pas négocié avec Deutsche Bank depuis cinq mois. Comment Greg Lippmann est-il au courant que je possède cette gigantesque pile de credit default swaps ?*

Trois jours plus tard, c'est Veronica Grinstein, la directrice des ventes de Goldman Sachs, qui le contacta. Elle appelait depuis son téléphone portable, ce qui signifiait qu'elle voulait discuter sans être enregistrée. (Les banques de Wall Street enregistraient désormais tous les appels passés depuis leurs bureaux de trading). « J'aimerais que vous me rendiez un grand service », annonça-t-elle. Elle aussi voulait lui acheter des credit default swaps. Elle expliqua que la direction était inquiète car elle craignait que les traders aient vendu toutes ces assurances sans être en mesure de les racheter. Est-ce que Mike Burry accepterait de leur vendre pour 25 millions de dollars d'assurances sur des obligations subprime de son choix, à des prix très généreux ? « Juste histoire d'apaiser la direction de Goldman, vous comprenez ? », ajouta-t-elle. Il raccrocha, puis appela instinctivement Bank of America pour voir s'ils accepteraient de lui en vendre plus. Il essuya un refus. Eux aussi voulaient acheter. Puis ce fut au tour de Morgan Stanley – qui appela également sans prévenir. Il n'avait pas fait beaucoup d'affaires avec Morgan Stanley, mais, de toute évidence, eux aussi étaient intéressés par ce qu'il avait. Il ne savait pas exactement pourquoi toutes ces banques étaient soudain si désireuses d'acheter des assurances sur des obligations hypothécaires subprime, mais il y avait une raison évidente : les prêts commençaient à se détériorer à une vitesse alarmante. En mai, Mike Burry misait sur sa théorie du comportement humain : les prêts étaient structurés pour se dégrader. Et maintenant, en novembre, sa prédiction se réalisait.

Le lendemain matin, en ouvrant le *Wall Street Journal*, Burry tomba sur un article qui expliquait qu'un pourcentage sans précédent d'emprunteurs à taux variable parmi les plus récents échouait à payer ses échéances, et ce dès les neuf premiers mois. La classe moyenne américaine était fauchée. Il y avait même un petit graphique pour expliquer le phénomène aux lecteurs qui n'avaient pas le temps de lire l'article. La mèche est vendue, songea-t-il. Le monde est sur le point de changer. Les prêteurs vont élever leurs critères ; les agences de notation vont y regarder à deux fois ; et aucun trader sain d'esprit ne vendra plus d'assurances sur les obligations subprime au prix auquel ils les vendaient jusqu'alors. « Je me disais que la lumière allait s'allumer et qu'un responsable de crédit plus intelligent que les autres allait dire, "Sortez de ces transactions !" » explique-t-il. La plupart des traders de Wall Street étaient sur le point de perdre beaucoup d'argent – à l'exception peut-être de l'un d'entre eux. Mike Burry venait de recevoir un autre e-mail, de l'un de ses propres investisseurs, qui suggérait que Deutsche Bank avait pu être influencée par sa vision oblique des marchés financiers : « Greg Lippmann, le trader en chef [d'obligations subprime] chez Deutsche Bank[,] était ici l'autre jour. Il nous a expliqué qu'il était short d'un milliard de dollars de ces trucs, et qu'il allait gagner des "océans" d'argent (ou quelque chose du genre). Son exubérance était un peu effrayante. »

3
« Comment un type qui ne parle pas anglais pourrait-il mentir ? »

Lorsque Greg Lippmann arriva dans la salle de conférence de FrontPoint en février 2006, Steve Eisman en savait assez sur le marché obligataire pour être sur ses gardes, et Vincent Daniel pour estimer qu'il ne fallait faire confiance à aucune des personnes qui y étaient impliquées. Un investisseur qui passait du marché des actions au marché obligataire était comme une petite créature à poils née sur une île sans prédateurs qui se retrouvait jetée dans une fosse pleine de pythons. Il était possible de se faire arnaquer par les grandes banques de Wall Street sur le marché des actions, mais il fallait vraiment y mettre du sien. Comme toutes les transactions apparaissaient sur écran, vous aviez constamment une vision claire du prix de l'action de n'importe quelle société donnée. Le marché des actions était non seulement transparent, mais aussi fortement surveillé. Vous ne pouviez pas attendre d'un trader de Wall Street qu'il vous dévoile tout le mal qu'il pensait des entreprises cotées, mais vous pouviez supposer qu'il ne vous mentirait pas effrontément pour vous rouler, ou qu'il n'utiliserait pas ouvertement des informations confidentielles pour jouer contre vous, principalement parce qu'il risquait de se faire attraper s'il le faisait. La présence de millions de petits investisseurs avait politisé le marché des actions, et des règles avaient été instaurées pour au moins donner une impression d'équité.

Le marché obligataire, puisqu'il était principalement constitué de gros investisseurs institutionnels, n'avait connu aucune pression politique populiste équivalente. Même à mesure qu'il éclipsait le marché des actions, il avait échappé à toute régulation sérieuse. Les vendeurs d'obligations pouvaient dire et faire n'importe quoi sans crainte d'être dénoncés à quelque autorité que ce soit. Les traders d'obligations pouvaient exploiter des informations confidentielles sans risquer de se faire prendre. Les techniciens d'obligations pouvaient concocter de nouveaux véhicules de plus en plus complexes sans trop se soucier des régulations gouvernementales – c'est l'une des raisons pour lesquelles tant de produits dérivés découlaient, d'une manière ou d'une autre, d'obligations. La partie la plus importante et la plus liquide du marché – le marché des bons du Trésor, par exemple – s'échangeait sur écran, mais, dans bien des cas, le seul moyen de savoir si le prix que vous avait donné un trader était à peu près juste était de vous renseigner autour de vous dans l'espoir de trouver un autre trader qui spéculerait précisément sur le même titre obscur. L'opacité et la complexité du marché obligataire constituaient, pour les grandes banques de Wall Street, un énorme avantage. Le client vivait dans la crainte perpétuelle de ce qu'il ne savait pas. Et si les départements obligataires étaient de plus en plus la poule aux œufs d'or de Wall Street, c'était en partie pour la raison suivante: sur le marché obligataire, il était toujours possible de gagner de grosses sommes d'argent en misant sur la peur et l'ignorance des clients.

Ainsi, le mur de suspicion auquel Greg Lippmann se heurta lorsqu'il pénétra dans le bureau de Steve Eisman ne lui était pas personnellement destiné. «Moïse aurait pu franchir la porte, et s'il avait dit qu'il venait du marché obligataire, Vinny ne lui aurait pas fait confiance», déclare Eisman.

Cependant, si une équipe d'experts avait décidé de créer l'être humain le plus à même de terrifier un client de Wall Street, sa créature aurait pu ressembler à Lippmann. Il négociait des obligations pour Deutsche Bank, mais, comme la plupart des traders d'obligations de Deutsche Bank – ou du Crédit Suisse ou d'UBS ou de l'une des autres grandes banques étrangères qui s'étaient implantées à Wall Street –, il était américain. Il était mince, nerveux, et parlait trop vite pour qu'on suive exactement ce qu'il racontait. Il avait les cheveux plaqués en arrière, à la manière de Gordon Gekko, et de longs favoris, façon compositeur romantique des années 1820 ou acteur porno des années 1970. Il portait des cravates criardes, et tenait des propos outranciers, sans jamais sembler s'apercevoir de l'effet qu'ils risquaient de produire sur les autres. Par exemple, il émaillait sa conversation de références cryptiques à la quantité d'argent qu'il avait gagnée, alors que les gens de Wall Street avaient depuis longtemps appris que leurs bonus étaient la dernière chose dont ils devaient parler avec les gens de l'extérieur. « Disons qu'ils m'ont payé 6 millions l'année dernière, pavoisait Lippmann. Je ne dis pas que c'est le cas. C'était moins que ça. Mais je ne dis pas combien. » Et vous n'aviez pas le temps de protester – *Mais je n'ai pas demandé à le savoir!* – qu'il ajoutait : « Avec l'année que j'ai eue, impossible qu'ils m'aient payé moins de 4 millions. » Alors maintenant vous étiez là à vous dire : *Le nombre se situe donc entre 4 et 6 millions*. Vous aviez pu commencer en discutant du New York City Ballet, et vous finissiez par jouer à la bataille navale. Lippmann passait son temps à vous donner des coordonnées, jusqu'à ce que vous soyez presque forcé d'identifier l'emplacement du navire – précisément la chose que n'importe quel autre trader aurait cherché à éviter.

Autre transgression du code, Lippmann n'hésitait pas à faire savoir que ce qu'il avait été payé par son employeur ne correspondait en rien à sa valeur. « Le boulot de la direction, c'est de payer les gens, disait-il. S'ils entubent une centaine de types de 100 000 dollars chacun, alors ça fait 10 millions de plus pour leur pomme. Ils ont quatre catégories : heureux, satisfait, insatisfait, dégoûté. Si vous êtes heureux, c'est qu'ils ont merdé : ils ne veulent jamais que vous soyez heureux. D'un autre côté, ils ne veulent pas que vous soyez dégoûté au point de démissionner. Ce qu'ils cherchent, c'est que vous soyez quelque part entre insatisfait et dégoûté. » À un moment, entre 1986 et 2006, une note avait circulé à Wall Street, qui disait que si vous vouliez continuer de vous enrichir en refourguant des bouts de papier sans la moindre utilité sociale apparente, alors vous feriez bien de dissimuler votre vraie nature. Mais Greg Lippmann était incapable de se travestir ni de travestir ses motifs. « Je n'ai aucune allégeance particulière à Deutsche Bank, disait-il. J'y travaille simplement. » Ce n'était pas en soi une attitude inhabituelle. Ce qui était inhabituel, c'était qu'il le disait.

Le moins qu'on pouvait dire, c'était que Lippmann ne faisait pas l'unanimité. Ce n'était pas juste un bon trader d'obligations, c'était un fantastique trader d'obligations. Il n'était pas cruel. Il n'était même pas grossier, du moins pas volontairement. Il éveillait simplement des sentiments extrêmes chez les autres. Un trader qui travailla pendant des années à ses côtés l'appelait « le connard connu sous le nom de Greg Lippmann ». Et lorsqu'on lui demandait pourquoi, il répondait : « Il poussait tout trop loin. »

« J'adore Greg, déclare l'un de ses patrons à Deutsche Bank. Je n'ai rien de mal à dire à son sujet sauf que c'est un putain de cinglé. » Mais en y regardant de plus près, vous vous aperceviez qu'on lui reprochait principalement deux choses simples. La première était qu'il était effrontément intéressé et enclin à l'autocélébration. La seconde, qu'il percevait immédiatement chez les autres ce même goût pour l'intérêt personnel et l'autocélébration. Il avait un don presque surnaturel pour repérer les motifs cachés. Si vous veniez de donner 20 millions de dollars à votre université et que, disons, vous vous flattiez de votre dévouement désintéressé à une si grande cause, Lippmann était le premier à vous demander : « Alors tu as filé 20 millions parce que c'est le minimum pour donner ton nom à un bâtiment, exact ? »

Ce personnage débarqua donc de nulle part pour exposer à Steve Eisman ce qu'il prétendait être sa propre idée géniale pour parier contre le marché des obligations hypothécaires subprime. Il présenta ses arguments, s'appuyant sur une présentation complexe longue de quarante-deux pages : au cours des trois dernières années, les prix de l'immobilier avaient grimpé beaucoup plus rapidement qu'au cours des trente précédentes ; ils n'avaient pas encore chuté, mais avaient désormais cessé de grimper ; quoi qu'il en soit, la proportion de prêts qui se dégradaient dès leur première année augmentait à une vitesse ahurissante – on était passé de 1 % à 4 %. Qui empruntait de l'argent et échouait à rembourser ses échéances en moins de douze mois ?

Il continua pendant un moment, puis montra à Eisman un petit graphique qu'il avait composé et qui, affirmait-il, était la raison qui l'avait poussé à s'intéresser à ce marché. Il illustrait un fait étonnant : depuis 2000, les propriétaires d'une maison dont la valeur avait augmenté entre 1 et 5 % étaient presque quatre fois plus susceptibles d'échouer à rembourser leurs échéances que les propriétaires d'une maison dont la valeur avait augmenté de plus de 10 %. Des millions d'Américains étaient incapables de rembourser leur emprunt à moins que la valeur de leur maison n'augmente spectaculairement, car, dans ce cas, ils pouvaient emprunter encore plus.

En résumé, l'idée était la suivante : les prix de l'immobilier n'avaient même pas besoin de chuter. Il suffisait qu'ils cessent d'augmenter aussi rapidement qu'au cours des dernières années pour qu'une multitude d'Américains échouent à rembourser leur emprunt immobilier.

Lippmann avait intitulé sa présentation *Shorter les tranches les plus risquées des obligations subprime*. Ce qui était juste une façon pompeuse de décrire l'idée de Mike Burry pour parier contre les prêts immobiliers américains : acheter des credit default swaps sur les tranches triple-B les plus pourries des obligations hypothécaires subprime. Lippmann avait lui-même décrit avec moins de ménagements son idée à un collègue de Deutsche Bank qui avait vu la présentation et l'avait traité de catastrophiste. « Va te faire foutre, avait répliqué Lippmann, je suis short de ta maison ! »

La beauté des CDS, c'était qu'ils résolvaient le problème du timing. Eisman n'avait plus besoin de deviner exactement quand le marché des subprimes s'effondrerait. Ils lui permettaient aussi de placer son pari sans avancer d'argent, et le mettaient en position de gagner considérablement plus que ce qu'il risquait de perdre. Pire scénario : les Américains non solvables trouvaient le moyen de rembourser leur prêt subprime, et vous vous retrouviez à devoir payer une prime d'assurance d'environ 2 % par an pendant six ans au plus – la durée de vie maximum attendue des soi-disant prêts sur trente ans.

L'empressement avec lequel les emprunteurs subprime remboursaient leur prêt était un autre aspect étrange de ce marché en plein boom. Cet empressement était dû à la structure même des prêts, qui avaient un taux d'appel fixe artificiellement bas pendant deux ou trois ans, avant de passer à la case taux flottant beaucoup plus élevé. « Ils proposaient aux gens les plus démunis des prêts avec un taux d'appel alors qu'ils savaient qu'ils ne pourraient pas payer le taux suivant, explique Eisman. Leur but, c'était que, à la fin de la période de taux d'appel, ils soient obligés de refinancer leur prêt, comme ça les prêteurs se faisaient encore plus d'argent sur leur dos. » Les prêts sur trente ans étaient donc conçus pour être remboursés au bout de quelques années. Au pire, si vous achetiez des CDS sur 100 millions de dollars d'obligations hypothécaires subprime, vous risquiez de vous retrouver à débourser une prime sur six ans – disons 12 millions de dollars. Au mieux, le taux de défaut de remboursement des prêts passait du 4 % actuel à 8 %, et vous gagniez 100 millions de dollars. Les bookmakers vous annonçaient des cotes situées entre 6 contre 1 et 10 contre 1 quand il y avait en fait plutôt 1 chance sur 2 que ça marche. Si votre boulot était de faire des paris intelligents, c'était une opportunité à côté de laquelle vous ne pouviez pas passer.

L'atout imparable de Lippmann, c'était son équipe de support technique, qui n'était constituée que d'un seul homme. Son nom était Eugene Xu, mais ceux qui avaient entendu le laïus de Lippmann l'appelaient généralement « le Technicien chinois de Lippmann ». Xu était un analyste employé par Deutsche Bank, mais Lippmann donnait à tout le monde l'impression qu'il le gardait attaché comme un petit chien face à son terminal Bloomberg. Il était véritablement chinois – pas sino-américain – et ne parlait apparemment pas un mot d'anglais. Son langage, c'était les nombres. Il y avait en Chine, expliquait Lippmann, un concours de mathématiques, auquel Eugene avait fini deuxième. *Deuxième de toute la Chine !* Eugene Xu était responsable de toutes les données brutes qui figuraient dans la présentation de Lippmann. Et dès qu'Eugene entrait dans l'équation, plus personne ne remettait en doute ni les calculs ni les données de Lippmann. Comme il le disait lui-même : « Comment un type qui ne parle pas anglais pourrait-il mentir ? »

Mais ça ne se limitait pas à ça. Lippmann se répandait en détails fascinants : sur le comportement historique du propriétaire américain ; sur l'idiotie et la corruption des agences de notation, Moody's et S&P, qui collaient des notes triple-B à des obligations subprime qui tournaient mal quand les pertes des assemblages de prêts immobiliers sous-jacents atteignaient simplement 8 %* ; sur les fraudes généralisées sur le marché des crédits immobiliers ; sur la folie des investisseurs subprime, dont une grande partie semblait vivre en Allemagne, à Düsseldorf. « Dès qu'on lui demandait qui achetait cette merde, affirme Vinny, il répondait simplement, "Düsseldorf". » Qu'importait

---

*Ces pertes dépendaient non seulement du nombre d'emprunteurs qui défaillaient, mais aussi du coût de chaque défaut de paiement. Après tout, le prêteur détenait le collatéral de la maison. Et en règle générale, en cas de défaut, le prêteur récupérait à peu près 50 cents par dollar. Il suffisait donc qu'à peu près 16 % des emprunteurs d'un assemblage de crédits hypothécaires défaillent pour que l'ensemble subisse une perte de 8 %.

que Düsseldorf achetât des obligations hypothécaires subprime ou vendît des CDS sur ces mêmes obligations, puisque ça revenait au même : jouer la hausse.

Lippmann faisait aussi du Lippmann. Il laissait entendre qu'Eisman pourrait devenir si riche qu'il pourrait s'acheter l'équipe des Los Angeles Dodgers (« Je ne dis pas que vous pourrez vous acheter les Los Angeles Dodgers ») ou bien que toutes les stars d'Hollywood seraient folles de son corps (« Je ne dis pas que vous sortirez avec Jessica Simpson »). D'une main, Lippmann présentait les faits ; de l'autre, il sondait à n'en plus finir, tel un sourcier cherchant un puits dissimulé au plus profond de la personnalité d'Eisman.

Vincent Daniel, qui observait Greg Lippmann d'un œil et Steve Eisman de l'autre, s'attendait presque à ce que la pièce explose. Mais Steve Eisman ne voyait absolument rien de répréhensible en Greg Lippmann. *Un chouette type !* D'ailleurs, il n'avait que deux questions à poser. *Primo* : Rappelez-moi comment fonctionne un credit default swap ? *Secundo* : Pourquoi me demandez-vous de spéculer contre des obligations que votre propre société crée en s'arrangeant pour que les agences de notations les surévaluent ? « De toute ma vie, je n'ai jamais vu un vendeur arriver et dire, "Pariez contre mon marché" », explique Eisman. En fait, Lippmann n'était même pas un vendeur d'obligations ; c'était un trader dont on aurait pu s'attendre à ce qu'il mise sur la hausse des obligations hypothécaires subprime. « Je ne me méfiais pas de lui, ajoute Eisman. Mais je ne le comprenais pas. C'était Vinny qui était certain qu'il allait nous baiser d'une manière ou d'une autre. »

Eisman n'avait aucun scrupule à spéculer contre les subprimes. De fait, peu de choses auraient pu lui procurer autant de plaisir que l'idée d'aller au lit chaque soir, peut-être pendant les six années à venir, en sachant qu'il jouait contre un marché financier qu'il avait appris à connaître et dont il était certain qu'il se désintégrerait. « Quand il a débarqué et annoncé qu'on pouvait gagner de l'argent en pariant contre les titres subprime, c'était comme s'il m'avait mis un top model nu devant les yeux, déclare Eisman. Ce que je ne comprenais pas, c'était pourquoi il voulait que ce soit moi qui le fasse. » Il s'avéra que cette question était plus intéressante qu'il ne le soupçonnait.

Le marché des subprimes générait 500 milliards de dollars de nouveaux prêts par an, mais le cercle des gens qui redistribuaient le risque d'effondrement du marché dans sa totalité était minuscule. Quand la vendeuse de Goldman Sachs avait appelé Mike Burry pour lui dire que sa société serait ravie de lui vendre des CDS par paquets de 100 millions, Burry avait à juste titre deviné que, au bout du compte, Goldman ne se trouvait pas de l'autre côté de ses paris. Goldman ne serait jamais assez stupide pour parier d'énormes sommes sur le fait que des millions d'Américains non solvables rembourseraient leur emprunt immobilier. Il ne savait ni qui, ni pourquoi, ni combien, mais il savait qu'une institution gigantesque notée triple-A était en train de vendre des CDS sur des obligations hypothécaires subprime. Car seule une société triple-A pouvait supporter un tel risque, sans demander de garantie, ni poser de questions. Une fois de plus, Burry avait raison, mais il mettrait trois ans à savoir qui était derrière tout ça. La contrepartie qui se trouvait de l'autre côté de son pari contre les obligations hypothécaires subprime était la compagnie d'assurances triple-A AIG – American International Group, Inc. Ou, plutôt, un département d'AIG nommé AIG FP.

AIG Financial Products avait été créé en 1987 par des réfugiés du département obligataire de Michael Milken chez Drexel Burnham, menés par un trader nommé Howard Sosin, qui prétendait avoir un meilleur modèle pour échanger et évaluer les swaps de taux d'intérêt. Les innovations financières des années 1980 eurent toutes sortes de conséquences, dont l'une fut une explosion du nombre de transactions entre grosses sociétés financières qui obligeaient chacune à assumer les risques de crédit de l'autre. Les swaps de taux d'intérêt – qui permettaient à une partie d'échanger un taux d'intérêt flottant contre le taux d'intérêt fixe d'une autre partie – étaient l'une de ces innovations. Autrefois, Chrysler émettait une obligation à travers Morgan Stanley, et les seules personnes qui se retrouvaient à assumer le risque de crédit étaient les investisseurs qui achetaient l'obligation Chrysler. Chrysler pouvait vendre ses obligations et en même temps entrer dans un swap de taux d'intérêt de dix ans avec Morgan Stanley – et juste comme ça, les sociétés Chrysler et Morgan Stanley se retrouvaient exposées l'une à l'autre. Si Chrysler faisait faillite, les porteurs de son titre perdaient naturellement ; mais en fonction de la nature de l'échange, et du mouvement des taux d'intérêt, Morgan Stanley pouvait aussi être perdant. Si Morgan Stanley se cassait la figure, Chrysler, de même que tous ceux qui avaient conclu des swaps de taux d'intérêt avec Morgan Stanley, risquaient de souffrir. Le risque financier avait été créé à partir de rien, et il ne demandait qu'à être soit honnêtement pris en compte, soit déguisé.

Arrive Sosin, avec son nouveau modèle de swap de taux d'intérêt soi-disant amélioré – bien qu'à l'époque Drexel Burnham ne fût pas l'un des principaux acteurs du marché des swaps de taux d'intérêt. Il était naturel qu'une grosse société phare avec la plus haute notation financière se place au milieu du marché des swaps, des options à long terme, et des autres innovations à haut risque. Pour cela, il fallait que cette société ne soit pas une banque – qu'elle ne soit donc pas soumise aux régulations bancaires, ni au besoin de mettre du capital en face des actifs risqués – et qu'elle soit disposée et capable de camoufler les risques exotiques dans son bilan. Elle devait être en mesure d'assurer pour 100 milliards de dollars de crédits hypothécaires subprime, par exemple, sans que quiconque sache ce qu'elle avait fait. Cette société n'était pas forcément AIG ;

ce pouvait être n'importe quelle société triple-A avec un gros bas de bilan. Berkshire Hathaway, par exemple, ou General Electric. AIG était juste arrivée la première.

Dans un système financier qui générait rapidement des risques compliqués, AIG FP se mit à les engloutir à la pelle. Au début, c'était sans doute comme être payé pour assurer des événements qui avaient très peu de chances de se produire, ce qui était vrai. Et le succès d'AIG inspira des imitateurs : Zurich Re FP, Swiss Re FP, Credit Suisse FP, Gen Re FP (« Re » signifiant réassurance). Tous ces établissements jouèrent un rôle central dans ce qui se produisit au cours des deux dernières décennies ; sans eux, les nouveaux risques qui étaient créés n'auraient trouvé nulle part où se dissimuler et les régulateurs bancaires ne les auraient jamais perdus de vue. Tous ces établissements, lorsque surviendrait la crise, seraient montrés du doigt, mais il y avait eu un moment où leur existence avait semblé nécessaire au monde financier. Et AIG FP avait servi de modèle à tous.

Les quinze premières années de la division furent invariablement, incroyablement profitables – rien n'indiquait qu'AIG FP prenait des risques qui lui feraient perdre de l'argent, encore moins qui ébranleraient sa gigantesque maison mère. En 1993, lorsqu'il quitta la société, Howard Sosin emporta près de 200 millions de dollars, sa part de ce qui semblait une fantastique machine à gagner de l'argent. En 1998, AIG FP se lança dans le nouveau marché des credit default swaps de société en vendant aux banques des assurances contre le risque de défaillance d'une multitude de sociétés de premier rang cotées en Bourse. Les CDS venaient d'être inventés par les banquiers de J. P. Morgan, qui s'étaient alors mis en quête d'une société triple-A disposée à en vendre – et ils avaient trouvé AIG FP*. Le marché avait débuté de façon on ne peut plus innocente, pour Wall Street.

---

*L'histoire du comment et du pourquoi ils firent cela a été minutieusement décrite par la journaliste du *Financial Times* Gillian Tett dans son livre *Fools Gold*.

Il y avait en effet peu de risques que toutes ces sociétés réputées sûres issues de pays divers et d'industries diverses échouent toutes en même temps à rembourser leurs dettes. Les CDS vendus par AIG FP qui assuraient des assemblages de ce genre de crédits s'avérèrent donc rentables. Et en 2001, on pouvait compter qu'AIG FP, désormais dirigée par un certain Joe Cassano, générerait 300 millions de dollars, soit 15 % des profits d'AIG.

Mais alors, au début des années 2000, les marchés financiers effectuèrent, en deux temps, un fantastique tour de passe-passe. Le premier temps consista à appliquer une formule qui avait été conçue pour le risque de crédit d'entreprise au risque de crédit à la consommation. Les banques qui utilisaient AIG FP pour assurer des piles de prêts à IBM et GE lui demandèrent désormais d'assurer des piles beaucoup plus hétéroclites qui incluaient des dettes de cartes de crédit, des prêts étudiants, des prêts auto, des crédits immobiliers *prime*, des leasings d'avion, ainsi qu'à peu près tout ce qui pouvait générer un cash-flow. Comme il y avait différents types de prêts, accordés à différents types de personnes, la logique qui s'appliquait aux entreprises semblait aussi s'appliquer à eux : ils étaient suffisamment divers pour qu'il y ait peu de risques qu'ils se dégradent tous en même temps.

Le deuxième temps, qui débuta fin 2004, consista à remplacer les prêts étudiants, les prêts auto et tout le reste par de plus grosses piles constituées uniquement de prêts immobiliers subprime américains. « Le problème, comme l'exprime un trader d'AIG FP, c'est que quelque chose de nouveau est arrivé, et nous avons cru que c'était la même chose que ce que nous faisions avant. » Les piles de « prêts à la consommation » que les banques de Wall Street, Goldman Sachs en tête, demandaient à AIG d'assurer n'étaient plus composées à 2 % de crédits subprime, mais à 95 %. En quelques mois, AIG FP acheta de fait pour 50 milliards de dollars d'obligations hypothécaires subprime triple-B en les assurant contre le défaut de paiement. Et pourtant personne n'y trouvait rien à redire – ni le P-DG d'AIG, Martin Sullivan, ni le directeur d'AIG FP, Joe Cassano, ni Al Frost, le type du bureau d'AIG FP dans le Connecticut qui était chargé de vendre les CDS de sa boîte aux grandes banques de Wall Street. Les opérations, au dire de tous, étaient validées sans discussion au sein d'AIG FP, puis approuvées sans plus de difficultés par les grands pontes d'AIG. Tous les individus concernés supposaient apparemment qu'on leur payait des primes d'assurance pour prendre le même genre de risque que ceux qu'ils avaient pris pendant près d'une décennie. À tort. Ils étaient désormais, de fait, les plus grands détenteurs au monde d'obligations hypothécaires subprime.

Greg Lippmann voyait que ses homologues à Goldman Sachs avaient trouvé un pigeon disposé à vendre d'énormes quantités d'assurances bon marché sur des obligations hypothécaires subprime, et il devina presque aussitôt l'identité du vendeur. La rumeur se répandit comme une traînée de poudre dans le petit monde des créateurs et traders d'obligations subprime : AIG FP vendait désormais des CDS sur des obligations subprime triple-A pour une prime dérisoire de 0,12 % par an. Douze points de base ! Lippmann ne savait pas exactement comment Goldman Sachs avait persuadé AIG FP de proposer le même service sur le marché en plein essor des subprimes que sur le marché des crédits d'entreprise. Tout ce qu'il savait, c'était que, coup sur coup, Goldman avait créé un paquet de contrats de plusieurs milliards de dollars qui transféraient à AIG la responsabilité de toutes les pertes à venir sur des obligations hypothécaires subprime triple-B d'une valeur de 20 milliards de dollars. C'était incroyable : en échange de quelques millions par an, cette société d'assurances courait le véritable risque de voir 20 milliards de dollars se volatiliser. Il avait fallu à Goldman quelques mois pour effectuer ces opérations, grâce aux efforts cumulés d'une poignée de techniciens dans une de ses salles des marchés et d'un vendeur nommé Andrew Davilman, qui, en récompense de ses services, serait bientôt promu directeur général. Les traders de Goldman avaient enregistré des profits situés entre 1,5 et 3 milliards de dollars – une somme ahurissante, même pour le marché obligataire.

En même temps, Goldman Sachs avait créé un titre si opaque et si complexe qu'il demeurerait à jamais incompris des investisseurs et des agences de notation : le CDO synthétique adossé à des obligations hypothécaires subprime. Comme le credit default swap, le CDO[1] avait été inventé pour redistribuer le risque de défaut des obligations de société ou d'État, et il avait désormais été bricolé pour déguiser le risque des crédits hypothécaires subprime. Sa logique était exactement la même que celle des obligations hypothécaires originales. Dans une obligation hypothécaire, vous rassembliez des milliers de prêts et, comme vous supposiez qu'il était extrêmement peu probable qu'ils se dégradent tous en même temps, vous érigiez des tours d'obligations, dans lesquelles aussi bien le risque que les bénéfices diminuaient à mesure que vous montiez. Dans un CDO vous rassembliez cent obligations hypothécaires différentes – généralement les étages inférieurs et plus risqués de la tour originale – et vous vous en serviez pour bâtir une nouvelle tour d'obligations. L'observateur innocent est en droit de se demander : Mais pourquoi utiliser les étages d'une tour de dettes simplement pour créer une nouvelle tour de dettes ? La réponse courte est que ces étages sont trop près du sol. Comme ils sont plus sujets aux inondations – ce sont les premiers à essuyer les pertes – ils ont une notation plus faible : triple-B. Et les obligations triple-B étaient plus difficiles à vendre que les triple-A, situées aux étages supérieurs et plus sûrs de l'édifice.

---

1. Collateralized debt obligation : obligation adossée à des actifs. Un CDO regroupe en général des titres issus de 120 à 250 actifs différents pour un montant allant de un à plusieurs milliards de dollars. Les CDO sont des structures créées sur mesure par les banques à destination d'investisseurs.

La réponse longue était qu'il y avait d'énormes sommes d'argent à gagner, si vous parveniez à les faire réévaluer en triple-A, diminuant ainsi le risque perçu, aussi malhonnête et artificiel que ce fût. Mais c'est ce que Goldman Sachs avait eu l'intelligence de faire. Leur habile solution – qui serait bientôt celle de tout le monde – au problème des étages inférieurs difficiles à vendre semble, avec le recul, presque magique. Ayant rassemblé 100 rez-de-chaussée de 100 tours de subprimes différentes (100 obligations triple-B différentes), ils persuadèrent les agences de notation que ces étages n'étaient pas, contrairement aux apparences, exactement les mêmes. Ils constituaient un autre portefeuille d'actifs diversifiés ! C'était absurde. Les 100 tours étaient bâties dans la même plaine inondable ; en cas d'inondation, les 100 rez-de-chaussée étaient tous aussi exposés les uns que les autres. Mais qu'importait : les agences de notation, qui touchaient de grosses commissions de Goldman Sachs et d'autres banques de Wall Street pour chaque titre qu'elles évaluaient, décidèrent que 80 % de la nouvelle tour de dettes était triple-A.

Le CDO était, de fait, un service de blanchiment de crédit pour les Américains des classes modestes. Et pour Wall Street, c'était une machine qui transformait le plomb en or.

Dans les années 1980, l'objectif avoué des obligations adossées à des emprunts hypothécaires avait été de redistribuer le risque associé aux prêts immobiliers. Les prêts immobiliers pouvaient finir entre les mains des investisseurs du marché obligataire disposés à payer le plus pour les avoir. Le taux d'intérêt payé par l'emprunteur chutait alors. Le but de l'innovation, pour faire bref, était de rendre les marchés financiers plus efficaces. Dorénavant, d'une certaine façon, le même esprit d'innovation servait un but contraire : dissimuler le risque en le rendant plus complexe. Le marché payait les traders d'obligations de Goldman Sachs pour qu'ils rendent le marché moins efficace. Avec les salaires qui stagnaient et la consommation en plein boom, les masses américaines à court d'argent étaient quasiment prêtes à accepter n'importe quel prêt, mais leur capacité à les rembourser était incertaine. Leur chance, du point de vue des ingénieurs de Wall Street, c'était qu'on pouvait faire croire que leurs destinées financières n'étaient pas liées les unes aux autres. En supposant qu'une pile de prêts subprime n'était pas exposée aux mêmes forces qu'une autre – qu'une obligation hypothécaire subprime avec des prêts fortement concentrés en Floride n'était pas exactement la même chose qu'une obligation hypothécaire subprime plutôt concentrée en Californie – les ingénieurs créaient une illusion de sécurité. Et AIG FP accepta cette illusion comme une réalité.

Les gens qui travaillaient dans la salle des marchés compétente chez Goldman Sachs étaient tous extrêmement intelligents. Ils avaient tous accompli des études remarquables dans l'une des grandes universités privées du Nord-Est. Mais pas la peine d'être un génie pour voir la fortune qu'on pouvait gagner en maquillant des obligations triple-B en triple-A. Ce qui demandait du génie, en revanche, c'était de trouver 20 milliards de dollars d'obligations triple-B à maquiller. Dans les tours de prêts originales – les obligations hypothécaires originales – seul un minuscule étage était noté triple-B. Ainsi, sur un milliard de dollars de prêts immobiliers pourris, il y avait peut-être tout juste 20 millions de tranches triple-B encore plus pourries. Ce qui revient à dire que, pour créer un CDO d'un milliard de dollars composé uniquement d'obligations hypothécaires subprime triple-B, il fallait émettre pour 50 milliards de dollars de prêts. Ce qui demandait du temps et des efforts. En revanche, un credit default swap ne demandait ni l'un ni l'autre.

L'achat d'un milliard de dollars de CDS par Mike Burry pouvait être envisagé de plusieurs manières. On pouvait tout d'abord considérer ça comme un contrat d'assurance tout simple, voire innocent. Burry payait ses primes semestrielles et, en échange, il recevait une protection contre le défaut d'un milliard de dollars d'obligations. Si les obligations triple-B qu'il avait assurées s'avéraient fiables, il ne toucherait rien, si elles se dégradaient, il toucherait un milliard de dollars. Mais naturellement Mike Burry ne possédait pas d'obligations hypothécaires subprime triple-B, ni quoi que ce soit de tel. Il n'avait pas de propriété à « assurer »; c'était comme s'il avait acheté une assurance incendie pour un taudis qui avait déjà été plusieurs fois réduit en cendres. À ses yeux, comme à ceux de Steve Eisman, un CDS n'était absolument pas une assurance, mais un pari purement spéculatif contre le marché – et c'était la deuxième manière d'envisager les choses.

Il y avait aussi une troisième manière, encore plus ahurissante, d'envisager ce nouvel instrument : on pouvait considérer que c'était une réplique presque parfaite d'une obligation hypothécaire subprime. Les cash-flows des CDS de Mike Burry répliquaient les cash-flows des obligations triple-B contre lesquelles il pariait. La prime de 2,5 % par an que Mike Burry payait reproduisait l'écart que les obligations subprime triple-B rapportaient à leurs investisseurs au-dessus du LIBOR*. Le milliard de dollars que risquait de perdre la personne qui avait vendu à Mike Burry son CDS – si les obligations se dégradaient – répliquait les pertes potentielles du détenteur des obligations.

En surface, le marché en plein essor des paris parallèles sur les obligations subprime semblait être l'équivalent financier du football virtuel : une imitation d'investissement inoffensive, quoique un peu idiote. Hélas, il y avait une différence entre le football virtuel et la finance virtuelle : quand un joueur de football virtuel engage Peyton Manning dans son équipe, il ne crée pas un second Peyton Manning. Alors que quand Mike Burry achetait un CDS basé sur une obligation adossée à un subprime de Long Beach Savings, il permettait à Goldman Sachs de créer

---

*London Interbank Offered Rate – le taux d'intérêt auquel les banques se prêtent de l'argent. Autrefois considéré comme plus ou moins sans risque, il est aujourd'hui considéré comme plus ou moins risqué.

une autre obligation identique en tout point à l'originale, sauf un : elle ne reposait sur aucun prêt immobilier ni propriétaire réel. Seuls les gains et les pertes des paris parallèles sur les obligations étaient réels.

Ainsi, pour générer 1 milliard de dollars d'obligations triple-B, Goldman Sachs n'avait pas besoin d'émettre 50 milliards de dollars de prêts immobiliers. Il lui suffisait d'inciter Mike Burry, ou quelque autre personne qui ne croyait pas à l'avenir du marché, à choisir 100 obligations triple-B différentes et à acheter pour 10 millions de dollars de CDS sur chacune d'elles. Une fois que cet assemblage était constitué (on appelait ça un « CDO synthétique », à savoir, un CDO uniquement composé de CDS), on le présentait à Moody's et Standard & Poor's. « Les agences de notation n'avaient pas vraiment leur propre modèle de CDO, explique un ancien trader de Goldman. Les banques envoyaient leurs propres modèles à Moody's en demandant, "Vous en pensez quoi ?" » Bizarrement, environ 80 % des anciennes obligations triple-B à haut risque avaient désormais l'air d'obligations triple-A. Les 20 % restant, qui avaient des notes inférieures, étaient généralement plus difficiles à vendre, mais, ô merveille, il suffisait de les mettre dans une autre pile et de les transformer une fois de plus en nouvelles obligations triple-A. La machine qui transformait 100 % de plomb en un alliage composé à 80 % d'or et à 20 % de plomb récupérait le plomb résiduel et en transformait de nouveau 80 % en or.

Les détails étaient compliqués, mais la mécanique générale de cette nouvelle machine à fabriquer de l'argent ne l'était pas : elle transformait un tas de prêts risqués en une pile d'obligations, dont la plupart étaient triple-A, puis elle prenait les obligations les plus mal notées et en transformait la plupart en CDO triple-A. Et alors – comme elle ne pouvait pas consentir de prêts immobiliers assez vite pour créer suffisamment d'obligations mal notées – elle se servait des CDS pour répliquer les pires obligations existantes, encore et encore. Goldman Sachs se tenait entre Michael Burry et AIG. Michael Burry déboursait 250 points de base (2,5 %) pour acquérir des CDS sur les obligations triple-B les plus pourries, et AIG payait simplement 12 points de base (0,12 %) pour vendre des CDS sur ces mêmes obligations, filtrées à travers un CDO synthétique, et notées triple-A. Il y avait d'autres détails pas très clairs* – une partie du plomb était vendue directement à des investisseurs allemands à Düsseldorf – mais, au bout du compte, Goldman Sachs avait pris environ 2 % en amont, sans risque, et enregistré à l'avance tous les profits. Aucun des parieurs – long ou short – n'avait besoin que de l'argent change de mains. Ils pouvaient faire affaire avec Goldman Sachs en signant un bout de papier. Les prêts immobiliers originaux sur le sort desquels les deux parties pariaient n'avaient aucune importance. Étrangement, ils n'existaient que pour que l'on puisse parier dessus.

Le marché des produits dits « synthétiques » levait toute contrainte de taille quant au risque associé aux prêts subprime. Pour faire un pari d'un milliard de dollars, plus besoin

---

*Cher lecteur, si tu as suivi cette histoire jusqu'ici, tu mérites non seulement une médaille, mais aussi la réponse à une question compliquée : si Mike Burry était le seul à acheter des CDS sur des obligations subprime, et s'il n'en a acheté que pour un milliard de dollars, alors qui a pris les autres 19 milliards – à peu près – pour shorter le marché contre AIG ? La réponse est, tout d'abord, que Mike Burry a bientôt été rejoint par d'autres, dont Goldman Sachs elle-même – et Goldman a donc été en position de vendre à ses clients des obligations créées par ses propres traders, afin de parier contre. Deuxièmement, il y avait un substitut grossier, embrouillé, lent, mais acceptable aux CDS de Mike Burry ; les obligations elles-mêmes. D'après un ancien trader de dérivés de chez Goldman, Goldman achetait la tranche triple-A d'un CDO, la couplait aux CDS qu'AIG vendait à Goldman pour assurer la tranche (à un prix bien en dessous du rendement de la tranche), déclarait l'assemblage sans risque, et ne l'incluait pas dans son bilan. Bien entendu, l'opération n'était pas sans risque : si AIG coulait, l'assurance ne valait rien, et Goldman pouvait tout perdre. Aujourd'hui, Goldman Sachs n'est – c'est le moins qu'on puisse dire – pas coopérative quand on lui demande d'expliquer ce qu'elle a fait, et ce manque de transparence s'étend à ses actionnaires. « Si une équipe d'experts-comptables se penchaient sur les comptes de Goldman, ils seraient sidérés de voir à quel point Goldman est douée pour la dissimulation », affirme un ancien employé d'AIG FP, qui a aidé à y voir clair dans ce fouillis, et qui connaissait bien ses homologues chez Goldman.

d'accumuler pour un milliard de dollars d'obligations hypothécaires. Il suffisait de trouver quelqu'un sur le marché qui serait disposé à parier contre vous.

Pas étonnant dans ces conditions que Goldman Sachs ait soudain été si prompte à vendre à Mike Burry des CDS par gigantesques paquets de 100 millions de dollars, ou que le trader de Goldman se soit moqué de savoir contre quelles obligations subprime Mike Burry pariait. L'assurance que Mike achetait était insérée dans un CDO synthétique et refourguée à AIG. Les quelque 20 milliards de CDS vendus par AIG à Goldman Sachs représentaient environ 400 millions de dollars de profits sans risque pour Goldman Sachs. *Chaque année.* Le contrat durait aussi longtemps que les obligations sous-jacentes, qui avaient une durée de vie attendue de six ans, ce qui, si on fait le calcul, équivalait à 2,4 milliards de profits pour le trader de Goldman.

La nouvelle technique de Wall Street pour tirer des profits des marchés obligataires aurait dû soulever quelques interrogations. Pourquoi les traders soi-disant avertis d'AIG FP faisaient-ils ça ? Si les CDS étaient des assurances, pourquoi n'étaient-ils pas régulés comme tels ? Pourquoi, par exemple, n'exigeait-on pas d'AIG qu'elle réserve du capital pour les couvrir ? Et pourquoi, tant qu'on y est, Moody's et Standard & Poor's étaient-elles prêtes à accorder leur bénédiction à 80 % d'un assemblage de prêts douteux en leur attribuant la même note triple-A qu'aux dettes du Trésor américain ? Pourquoi personne au sein de Goldman Sachs ne s'élevait-il contre cette pratique en déclarant : « C'est obscène, les agences de notation, qui sont censées fixer le prix de tous ces prêts subprime, ne comprennent clairement pas le risque, et leur idiotie nous mène droit à la catastrophe » ? Mais apparemment aucune de ces questions ne vint à l'esprit des initiés du marché. Au contraire, leur principal souci semblait être de faire eux aussi la même chose que Goldman Sachs. À Deutsche Bank, surtout, on avait un peu honte que Goldman Sachs ait été la première banque à découvrir ce filon. Avec

Goldman, Deutsche Bank était le principal créateur d'obscurs dérivés hypothécaires. Düsseldorf jouait aussi un rôle dans ce nouveau marché. S'il y avait des Allemands assez idiots pour acheter des dérivés hypothécaires subprime, Deutsche Bank aurait dû les trouver en premier.

Mais de toute évidence, rien de tout ça ne préoccupait Greg Lippmann. Il ne dirigeait pas le département CDO de Deutsche Bank – c'était un certain Michael Lamont qui en était à la tête. Lippmann était simplement le trader chargé d'acheter et de vendre des obligations hypothécaires subprime et, par extension, des CDS sur les obligations subprime. Mais comme les investisseurs prêts à parier directement contre le marché des obligations subprime étaient rares, ses supérieurs demandèrent à Lippmann de le faire au nom de l'équipe : de fait, ils lui demandèrent d'être la doublure de Mike Burry, et de parier explicitement contre le marché. Si Lippmann achetait des CDS au département CDO de Deutsche Bank, eux aussi pourraient faire affaire avec AIG, avant qu'AIG ne se réveille et n'arrête tout. « Greg a été forcé de miser contre les CDO, déclare un ancien membre senior de l'équipe CDO de Deutsche Bank. Je dis forcé, mais on ne peut pas vraiment forcer Greg à faire quoi que ce soit. » Il y eut quelques tensions avec les personnes qui géraient les opérations CDO de la société, mais Lippmann se retrouva malgré lui à miser contre les obligations hypothécaires subprime.

Lippmann avait au moins une bonne raison de ne pas opposer trop de résistance : il y avait un marché fantastiquement rentable qui attendait d'être créé. Les marchés financiers sont une collection d'avis contraires. Moins le marché est transparent, plus les titres sont compliqués, et plus ça peut rapporter d'argent aux salles des marchés des grandes banques de Wall Street. Les différences de vue permanentes sur la valeur des actions de quelque importante société cotée en Bourse n'apportent pas grand-chose, puisque aussi bien l'acheteur que le vendeur peuvent voir le juste prix de l'action sur leur écran, et que la commission du broker a été réduite sous l'effet de la concurrence. En revanche, les différents avis sur la valeur des CDS sur les obligations subprime – des titres complexes dont la valeur avait été dérivée de celle d'autres titres complexes – pouvaient être une mine d'or. Comme le seul autre opérateur sérieusement impliqué dans les CDS était Goldman Sachs, il y avait, au début, peu de concurrence sur les prix. L'offre, grâce à AIG, était virtuellement illimitée. Le problème était la demande : à savoir, les investisseurs prêts à faire la même chose que Mike Burry. Chose incroyable, à ce point crucial de l'histoire financière, qui précéda tant de chamboulements, la seule contrainte du marché des subprimes était le manque de personnes disposées à parier contre.

Pour convaincre les investisseurs de parier contre les obligations hypothécaires subprime – à savoir, d'acheter sa pile de CDS – Greg Lippmann avait besoin d'un nouvel et meilleur argument. C'est alors que le génial Technicien chinois entre en scène. Lippmann demanda à Eugene Xu d'étudier l'impact de l'évaluation des prix de l'immobilier sur les prêts subprime. Eugene Xu s'en alla faire ses calculs de deuxième homme le plus intelligent de Chine, puis il revint avec un graphique illustrant les taux de défaut de paiement en fonction de divers scénarios : prix de l'immobilier à la hausse, prix de l'immobilier stable, prix de l'immobilier à la baisse. Lippmann y jeta un coup d'œil... puis un autre. Même lui fut stupéfait par ce qu'il découvrit. Il n'était même pas nécessaire que les prix s'écroulent ; il suffisait simplement qu'ils cessent de grimper aussi vite. Ils continuaient de grimper, et pourtant le taux de défauts approchait des 4 % ; s'ils atteignaient ne serait-ce que 7 %, les obligations les moins bien notées (les triple-B-moins) tomberaient à zéro. S'ils atteignaient 8 %, ce serait au tour des suivantes (les triple-B) de tomber à zéro.

À cet instant – en novembre 2005 – Greg Lippmann comprit que posséder une pile de CDS sur des obligations hypothécaires subprime était ce qu'il fallait. Ce n'étaient pas des assurances ;

c'était un pari; et les probabilités lui convenaient. Il *voulait* jouer la baisse.

C'était une nouveauté. Depuis 1991, quand il avait eu son diplôme de l'université de Pennsylvanie et accepté un job au Crédit Suisse, Greg Lippmann avait échangé des obligations adossées à divers prêts à la consommation – prêts auto, cartes de crédit, créances hypothécaires. Il n'avait jusqu'alors jamais été en mesure de les vendre à découvert, parce qu'elles étaient impossibles à emprunter. Le seul choix que les traders comme lui avaient, c'était soit d'aimer ces obligations, soit de les adorer. Mais il n'avait jamais servi à rien de les détester. Or, maintenant, il pouvait les détester, et c'était ce qu'il faisait, même si cela le plaçait dans une situation à part – ce qui représentait, pour Greg Lippmann, un nouveau risque du point de vue professionnel. Comme il le dit lui-même : « Si vous êtes dans une situation où vous ne pouvez faire qu'une seule chose et que celle-ci ne marche pas, les patrons ne peuvent pas vraiment vous tomber dessus. » Or, il avait désormais le choix : il pouvait parier contre les obligations hypothécaires subprime. Mais s'il se trompait, ses patrons n'auraient aucun scrupule à lui tomber dessus.

Armé du sentiment de légitimité de celui qui connaît une vérité dérangeante, Greg Lippmann s'en alla voir les investisseurs institutionnels avec sa présentation sous le bras. Il avait commencé à se pencher sur le marché des subprimes tel un vendeur de Wall Street en quête moins de vérité que d'un argumentaire convaincant. Mais maintenant, le plus étonnant, c'est qu'il croyait avoir un plan ingénieux pour rendre ses clients riches. Il se ferait payer grassement pour les aider à acquérir des CDS puis à les revendre, naturellement, mais ces commissions seraient des broutilles comparées aux fortunes que eux gagneraient. Il n'était plus un vendeur ; il était un bon samaritain. *Regardez le cadeau que je vous fais !*

Les investisseurs institutionnels ne surent que penser de lui, du moins au début. « Je crois qu'il est atteint d'une sorte de trouble narcissique », dit un gestionnaire de fonds qui entendit le topo de Lippmann mais ne le suivit pas. « Il nous a foutu une de ces trouilles, déclare un autre. Il débarque et il décrit ce coup génial. Tout coule sous le sens. Pour nous, le risque, c'était, on le fait, ça marche, et après qu'est-ce qui se passe ? Comment on se retire ? C'est lui qui contrôle le marché ; il est peut-être le seul à qui on peut revendre. Et lui, il dit, "Je suis votre seul moyen de vous en sortir, et quand vous ferez appel à moi, je vous arracherai les yeux." Il a vraiment dit ça, qu'il allait nous arracher les yeux. Ce type disait tout ce qu'il pensait. »

Ils adoraient l'idée, dans un sens, mais n'étaient pas excités à l'idée de se faire arracher les yeux. « Le problème de Greg, ajoute ce même gestionnaire de fonds, c'est qu'il était trop franc. »

Lippmann se heurta aux objections habituelles – « Si ce coup est si génial que ça, pourquoi vous me le proposez ? » – mais aussi à d'autres, plus inhabituelles. Acheter des CDS signifiait payer des primes d'assurance pendant peut-être un an en attendant que les Américains échouent à rembourser leur prêt. Les investisseurs du marché obligataire, tout comme les traders du marché obligataire, étaient viscéralement hostiles à toute opération qui impliquait de débourser de l'argent, et ils cherchaient instinctivement celles qui rapportaient sans qu'ils aient besoin de se fouler. (Un important investisseur du marché obligataire baptisa son yacht *Portage Positif*[1].) Les affaires où il fallait allonger 2 % par an rien que pour en être étaient une abomination. D'autres sortes d'investisseurs trouvaient encore d'autres sortes d'objections. « Je ne peux pas expliquer les credit default swaps à mes investisseurs » était une réponse fréquente à l'argumentaire de Greg Lippmann. Ou : « J'ai un cousin qui travaille chez Moody's et il dit que ce truc [les obligations subprime] est excellent. » Ou : « J'ai parlé à Bear Stearns et ils affirment que vous êtes cinglé. »

---

1. Situation dans laquelle le coût de financement d'un investissement est inférieur aux profits qu'il entraîne.

Lippmann passa vingt heures avec un investisseur d'un hedge fund et crut l'avoir convaincu, jusqu'à ce que celui-ci appelle son colocataire du temps de la fac – un type qui travaillait désormais pour une société qui construisait des maisons – et change d'avis.

Cependant, la réponse la plus fréquente était : « Je suis convaincu. Vous avez raison. Mais ce n'est pas mon boulot de parier contre le marché des subprimes.

– C'est pour ça que cette opportunité existe, répliquait Lippmann. Ce n'est le boulot de personne. »

Ce n'était pas non plus celui de Lippmann. Il était censé être au péage, à soutirer un peu d'argent aux acheteurs et aux vendeurs qui passaient par son intermédiaire. Mais sa relation à son marché et à son employeur était désormais différente, plus personnelle. La position short de Lippmann lui avait certes été imposée, mais, à la fin de 2005, il se l'était appropriée, et elle atteignait désormais un milliard de dollars. Seize étages au-dessus de lui, au siège de Deutsche Bank à Wall Street, plusieurs centaines d'employés grassement payés achetaient des prêts subprime, les assemblaient sous forme d'obligations, et les revendaient. Un autre groupe transformait les tranches les plus repoussantes et invendables de ces obligations, ainsi que des CDS sur ces obligations, en CDO. Mais plus il augmentait sa position short, plus Lippmann méprisait absolument ces gens et leur industrie – une industrie qui devenait rapidement le secteur le plus rentable de Wall Street. Les frais de fonctionnement de Lippmann – les primes qu'il payait – s'élevaient à des dizaines de millions de dollars, et ses pertes semblaient plus importantes encore. Les acheteurs de CDS acceptaient de payer une prime pour la durée de vie de l'obligation hypothécaire sous-jacente. Tant que les obligations sous-jacentes n'étaient pas payées, aussi bien l'acheteur que le vendeur des CDS étaient obligés de mettre une garantie en face, en réponse aux mouvements du prix des obligations. Étonnamment, le prix des obligations subprime montait. Au bout de quelques mois, la position en CDS de

Greg Lippmann dut être évaluée 30 millions moins cher. Ses supérieurs ne cessaient de lui demander d'expliquer pourquoi il faisait ce qu'il faisait. « Beaucoup de gens se demandaient si c'était le meilleur moyen d'utiliser le temps de Greg et notre argent », affirme un haut responsable de Deutsche Bank qui observa le conflit.

Mais plutôt que de céder à la pression, Lippmann eut une idée pour la faire disparaître : tuer le nouveau marché. AIG était à peu près l'unique acheteur de CDO triple-A (c'est-à-dire, d'obligations subprime triple-B transformées en CDO triple-A). AIG était, au bout du compte, la contrepartie qui se trouvait de l'autre côté des CDS que Mike Burry achetait. Si AIG cessait d'acheter des obligations (ou, plus exactement, si AIG cessait de les assurer contre un défaut de paiement), tout le marché des obligations subprime pouvait s'effondrer, et les CDS de Lippmann vaudraient une fortune. Fin 2005, Lippmann se rendit à Londres pour parvenir à ses fins. Il rencontra un employé d'AIG FP nommé Tom Fewings, qui travaillait directement pour le directeur d'AIG FP, Joe Cassano. Lippmann, qui passait son temps à enrichir de nouvelles données sa présentation, produisit sa dernière version de *Shorter les tranches les plus risquées des obligations subprime*, et présenta son argumentaire à Fewings. Ce dernier n'émit pas d'objections sérieuses, et Lippmann quitta le bureau d'AIG à Londres avec le sentiment que Fewings avait été converti à sa cause. Et en effet, peu après la visite de Lippmann, AIG FP cessa de vendre des CDS. Mieux : les gens d'AIG FP laissèrent entendre qu'ils aimeraient en fait en *acheter*. Prévoyant qu'il allait leur vendre des CDS, Lippmann en accumula encore plus.

Pendant une brève période, il crut qu'il avait changé le monde, à lui seul. Il était allé à Londres et avait fait comprendre aux gens d'AIG que Deutsche Bank, de même que toutes les autres banques de Wall Street, les prenait pour des imbéciles, et ils avaient compris.

4
Comment récolter un travailleur immigré ?

En fait, ils n'avaient pas compris. Enfin, pas vraiment. La première personne au sein d'AIG FP à prendre conscience de la folie des agissements de sa société, et à tirer la sonnette d'alarme, ne fut pas Tom Fewings, qui oublia bien vite sa rencontre avec Lippmann, mais Gene Park. Park travaillait à la branche du Connecticut d'AIG FP et était assez proche des traders de credit default swaps pour avoir une idée générale de ce qu'ils faisaient. À la mi-2005, il lut un article à la une du *Wall Street Journal* sur l'organisme de crédits immobiliers New Century. Il nota que son dividende était élevé et se demanda s'il devait acheter des actions de la société. Cependant, en creusant un peu, il découvrit que New Century possédait une quantité considérable de crédits subprime – et il vit dans ses états financiers que la qualité de ces prêts était effroyablement faible. Peu après avoir mené sa petite enquête privée, Park reçut un coup de fil d'un ancien camarade d'université sans emploi et sans le sou à qui plusieurs banques avaient offert des prêts pour acheter une maison qu'il n'avait pas les moyens de s'offrir. C'est alors que ça fit tilt : Park avait remarqué que son collègue, Al Frost, affirmait vendre de plus en plus de CDS à de grandes banques de Wall Street. Un an plus tôt, Frost effectuait peut-être une opération d'un milliard de dollars par mois ; il en effectuait désormais vingt, chacune d'entre elles assurant des piles de prêts à la consommation prétendument diversifiés. « Nous vendions à chaque banque de Wall Street, sauf Citigroup, affirme un trader. Citigroup avait décidé que le risque était bon à prendre, et elle le conservait dans ses books. Nous prenions tout le reste. » Comme l'explique l'un des traders, quand on demandait à Frost pourquoi Wall Street montrait soudain un tel empressement à faire des affaires avec AIG, « il expliquait qu'ils nous appréciaient parce que nous réagissions vite ». Park tira les conclusions qui s'imposaient et devina que la nature des piles de prêts à la consommation assurées par AIG FP était en train de changer, qu'elles contenaient beaucoup plus de crédits subprime qu'on ne le soupçonnait, et que si le nombre de propriétaires américains qui échouaient à rembourser leur prêt augmentait rapidement, AIG serait loin d'avoir le capital nécessaire pour couvrir les pertes. Quand il évoqua la question lors d'une réunion, sa récompense fut d'être entraîné dans une pièce séparée par Joe Cassano, le patron d'AIG FP, qui se mit à lui hurler dessus en affirmant qu'il ne savait pas de quoi il parlait.

Le fait que Joe Cassano ait été le fils d'un agent de police et qu'il avait étudié les sciences politiques à Brooklyn College semble, rétrospectivement, avoir beaucoup moins pesé dans la balance que son caractère autoritaire et son besoin d'exercer un contrôle total. Il avait passé l'essentiel de sa carrière, tout d'abord chez Drexel Burnham, puis chez AIG FP, non pas en tant que trader d'obligations, mais au back-office. Chez AIG FP, l'opinion sur le boss était remarquablement unanime : Cassano était un type pas très doué pour évaluer les risques financiers, mais très fort pour persécuter les gens qui doutaient de lui.

« AIG FP est devenue une dictature, affirme un trader de Londres. Joe harcelait les gens. Il les humiliait puis essayait de leur passer de la pommade en leur donnant d'énormes sommes d'argent. »

« Un jour, il m'a téléphoné et il était furax à cause d'une opération qui avait perdu de l'argent, explique un trader du Connecticut. Il m'a dit : "Quand tu perds du fric, c'est mon putain de fric. Dis-le." J'ai demandé : "Quoi ?" Il a répété : "Dis,

Joe, c'est ton putain de fric!" Alors j'ai dit : "C'est ton putain de fric, Joe." »

« La culture avait changé, déclare un troisième trader. Le niveau de peur était si élevé que quand on avait ces réunions le matin, on se contentait de présenter ce qui ne le contrarierait pas. Et si on critiquait l'organisation, c'était l'enfer. »

Un quatrième : « Joe disait tout le temps : "C'est ma société. Tu bosses pour ma société." S'il vous voyait avec une bouteille d'eau, il venait et il vous disait : "Cette eau est à moi." Le déjeuner était gratuit, mais Joe vous donnait toujours l'impression que c'était lui qui l'avait payé de sa poche. »

Et un cinquième : « Sous Joe, les débats et les discussions qui étaient fréquents sous Tom [Savage, le précédent P-DG] ont cessé. Je pouvais dire [à Tom] la même chose que ce que je vous dis. Mais pas à Joe. »

Un sixième : « Avant de parler à Joe, il fallait toujours commencer par dire : "Tu as raison, Joe." »

Même si le sale caractère des méchants de Wall Street finit toujours par être exagéré pour être à la hauteur de leurs méfaits, Cassano, dans la bouche des autres, devint un monstre de dessin animé. « Un jour, il a vu que quelqu'un avait laissé les haltères sur le banc de musculation, dans la salle de gym, relate une septième source du Connecticut. Il a littéralement fait le tour des lieux à la recherche des types baraqués. Et il hurlait : "Qui a laissé les putains d'haltères sur le putain de banc ? Qui a laissé les putains d'haltères sur le putain de banc ?" »

Bizarrement, Cassano était tout aussi susceptible de s'en prendre aux traders rentables qu'à ceux qui ne l'étaient pas, car ce qui le mettait en colère, ce n'était pas la perte d'argent, mais le moindre relent d'insurrection. Plus bizarre encore, sa colère n'avait aucune conséquence apparente sur la feuille de paie de ses cibles ; un trader pouvait être régulièrement persécuté par son patron et être ravi de son bonus de fin d'année, qui était déterminé par ce même patron. L'une des raisons pour lesquelles aucun trader d'AIG FP n'en colla jamais une à Cassano avant de prendre la porte était tout simplement qu'ils gagnaient trop bien leur vie. Un homme qui s'attachait avant tout à la loyauté et à l'obéissance ne pouvait les obtenir que grâce à l'argent. L'argent fonctionnait donc comme un outil de management, mais seulement dans une certaine mesure. Si vous deviez conclure une opération avec Goldman Sachs, vous aviez intérêt à savoir quelle était, exactement, l'intention de Goldman Sachs. AIG FP avait les moyens d'attirer des gens extrêmement intelligents, parfaitement capables de se montrer à la hauteur de leurs homologues de Goldman Sachs. Mais ils étaient entravés par un boss qui ne comprenait pas parfaitement les nuances de son propre business, et dont le jugement était troublé par son sentiment d'insécurité.

Vers la fin 2005, Cassano promut Al Frost, puis se mit en quête de quelqu'un qui le remplacerait en tant qu'ambassadeur auprès des salles de marché obligataire de Wall Street. Le boulot, de fait, consistait à dire « oui » chaque fois qu'un trader de Wall Street demandait à l'ambassadeur s'il souhaitait assurer – et donc, dans les faits, acheter – une pile d'un milliard de dollars d'obligations adossées à des prêts à la consommation. Pour diverses raisons, Gene Park était un bon candidat, et il décida donc d'examiner d'un peu plus près ces prêts qu'AIG FP assurait. Il fut sidéré de voir à quel point la situation avait été comprise de travers : ces piles soi-disant diversifiées de prêts à la consommation étaient désormais presque exclusivement composées de prêts immobiliers subprime américains. Park mena une enquête privée. Il demanda aux personnes plus directement impliquées dans la vente des CDS sur des prêts à la consommation quel pourcentage représentaient les crédits subprime. Il demanda à Gary Gorton, un professeur à Yale qui avait conçu le modèle dont se servait Cassano pour fixer le prix des CDS : Gorton supposa que les subprimes ne devaient pas représenter plus de 10 % de ces piles. Il demanda à un analyste risque de Londres, qui répondit

20 %. « Aucun d'entre eux ne savait qu'ils représentaient 95 %, déclare un trader. Et je suis sûr que Cassano ne le savait pas non plus. » Avec le recul, leur ignorance semble incroyable – mais il faut se souvenir que tout un système financier reposait sur leur ignorance, et que ce même système les payait pour leur inculture.

Lorsque Joe Cassano invita Gene Park à Londres pour la réunion au cours de laquelle il serait « promu » au poste où il aurait la charge de créer encore plus de ces bombes à retardement, Park savait qu'il ne voulait pas du boulot. Si on le forçait à accepter, expliqua-t-il, il démissionnerait. Ce qui, naturellement, mit Joe Cassano hors de ses gonds. Il accusa Park d'être un fainéant, de s'inventer des raisons pour ne pas avoir à effectuer des opérations qui exigeraient des paperasses compliquées. Et lorsqu'il fut placé devant le fait que sa société était « longue » de 50 milliards de dollars d'obligations hypothécaires subprime triple-B déguisées en assemblages diversifiés de prêts à la consommation triple-A, Cassano chercha tout d'abord à se justifier. Il estimait clairement que ce qu'il recevait en échange d'assurances sur des obligations très bien notées, c'était de l'argent facilement gagné. Pour que les obligations défaillent, disait-il, il faudrait que les prix de l'immobilier américain dégringolent, et Joe Cassano ne croyait pas que les prix de l'immobilier pouvaient chuter partout dans le pays au même moment. Après tout, Moody's et S&P avaient l'une comme l'autre attribué des triple-A à ces machins !

Cassano accepta néanmoins de rencontrer toutes les grandes banques de Wall Street pour discuter de la logique de leurs opérations – pour apprendre comment des paquets de prêts douteux pouvaient être transformés en obligations triple-A. Accompagné de Gene Park et de quelques autres, il rencontra divers traders de Deutsche Bank, Goldman Sachs, et ainsi de suite, qui prétendirent tous qu'il était fort improbable que les prix de l'immobilier chutent partout en même temps. « Ils ont tous dit la même chose, déclare l'un des traders présents. Ils remontaient l'historique des prix de l'immobilier sur soixante ans et disaient qu'ils n'avaient jamais chuté à travers tout le pays, tous ensemble. » (Deux mois après leur rencontre avec les gens de Goldman Sachs, l'un des traders d'AIG FP tomba par hasard sur le type de Goldman qui avait présenté cet argument, et ce dernier déclara : « Entre nous, tu as raison. Ces trucs vont se désintégrer. ») Les traders d'AIG FP furent choqués de constater que la machine à subprimes avait donné lieu à si peu de réflexion ou d'analyse : on s'était contenté de parier que les prix de l'immobilier ne s'effondreraient jamais. Lorsqu'il comprit cela – et lorsqu'il parvint à se convaincre qu'il avait eu cette idée tout seul –, Joe Cassano changea d'avis. Début 2006, il fit ouvertement savoir qu'il était d'accord avec Gene Park : AIG FP devait cesser d'assurer ces créances – mais la division continuerait d'assurer celles qu'elle assurait déjà.

À l'époque, chez AIG FP, cette décision ne semblait pas si importante que ça. La division générait près de 2 milliards de dollars par an de profits. Et à son apogée, le business des CDS n'avait représenté que 180 millions de ceux-ci. Cassano avait été furieux après Park, et s'il avait mis longtemps à changer d'avis, c'était, apparemment, principalement parce que Park avait osé le contredire.

De son côté, Greg Lippmann, le seul trader de Wall Street à avoir tenté de persuader AIG FP d'arrêter de parier sur le marché des obligations subprime, ignorait tout de ces manœuvres politiques internes. Il supposait simplement que la force de ses arguments les avait convaincus – jusqu'à ce qu'il s'aperçoive que non. Il ne comprit jamais pourquoi AIG FP changea d'avis tout en demeurant si exposée. La division ne vendait plus de CDS à Wall Street, mais elle ne faisait rien pour compenser les 50 milliards de dollars de CDS qu'elle avait déjà vendus.

D'après Lippmann, rien que ça pouvait suffire à faire s'effondrer le marché. Si AIG FP refusait de jouer la hausse, estimait-il, personne d'autre ne le ferait, et ce serait la fin du marché des obligations subprime. Mais – et ce fut le commencement d'un grand mystère – le marché ne connut pas le moindre tressaillement. Les banques de Wall Street trouvaient de nouveaux acheteurs de CDO subprime triple-A – de nouveaux endroits où refourguer les tranches triple-B les plus risquées des obligations subprime – même si, pendant un moment, personne ne sut vraiment qui ils étaient, pas même Greg Lippmann.

La machine à subprimes continuait de fonctionner à plein régime. Les prêts accordés aux futurs propriétaires étaient de plus en plus pourris, mais, bizarrement, le prix de leur assurance – le prix à payer pour acheter des CDS – diminuait. En avril 2006, les supérieurs de Lippmann à Deutsche Bank lui demandèrent de justifier son pari farfelu. Ils voulaient qu'il gagne de l'argent en se positionnant simplement au milieu du marché, comme Goldman Sachs, à la croisée des acheteurs et des vendeurs. Ils parvinrent néanmoins à un accord : Lippmann pourrait conserver son onéreuse position short tant qu'il pourrait prouver que, s'il devait vendre, il n'aurait aucune peine à trouver rapidement un investisseur disposé à le débarrasser de ses CDS. En d'autres mots, il devait rendre le marché plus actif ; s'il voulait conserver son pari, il devait trouver d'autres personnes prêtes à jouer son jeu.

Pendant l'été 2006, Greg Lippmann se mit à envisager la situation comme une épreuve de tir à la corde. La machine à subprimes dans son ensemble – y compris son propre employeur, Deutsche Bank – tirait d'un côté, tandis que lui, Greg Lippmann, tirait dans le sens opposé. Il avait besoin que d'autres se joignent à lui. Ils tireraient tous ensemble. Ses coéquipiers lui verseraient une commission pour qu'il soit de leur côté, mais eux aussi deviendraient riches.

Lippmann ne tarda pas à découvrir que les personnes qu'il croyait le plus à même de percevoir l'horrible vérité du marché des subprimes – celles qui dirigeaient les fonds spécialisés dans les obligations hypothécaires – n'arrivaient pas à voir autre chose que ce qu'elles voyaient depuis des années. Étrangement, plus vous étiez proche du marché, plus il vous était difficile de voir sa folie. Comprenant cela, Lippmann se mit en quête d'investisseurs du marché des actions très exposés à une chute des prix de l'immobilier, ou du prix des actions immobilières, et il leur présenta son idée comme une protection. *Écoutez, vous gagnez une fortune pendant que ces machins montent. Pourquoi ne pas dépenser un peu pour vous couvrir en cas d'effondrement ?* La cupidité n'avait pas fonctionné, alors il essayait la peur. Il se procura une liste de tous les actionnaires de New Century, un important émetteur de prêts subprime. L'un des principaux actionnaires était un hedge fund nommé FrontPoint Partners. Il demanda à un vendeur de Deutsche Bank de lui arranger un rendez-vous. Mais le vendeur ne remarqua pas que FrontPoint ne consistait pas en un seul et unique hedge fund – c'était un agglomérat de plusieurs hedge funds indépendamment gérés – et que le fonds qui possédait des actions New Century était un petit groupe basé sur la côte ouest.

Lorsque Greg Lippmann arriva dans la salle de conférence de Steve Eisman dans Midtown, il fut surpris d'entendre ce dernier annoncer : « Nous ne sommes pas le FrontPoint qui possède des actions New Century. » Eisman pariait déjà contre les actions des sociétés qui émettaient des prêts subprime, telles que New Century et IndyMac Bank, ainsi que contre celles des sociétés qui construisaient les maisons achetées avec ces prêts, comme Toll Brothers. Mais il n'était pas totalement satisfait car il ne pariait pas contre ces sociétés, mais contre le sentiment du marché envers ces sociétés. De plus, ces paris lui coûtaient cher. Les sociétés payaient de gros dividendes, et leurs actions étaient souvent coûteuses à emprunter : New Century, par exemple, payait un dividende de 20 %, et ses actions coûtaient 12 % par an à l'emprunt. Pour s'offrir le plaisir de vendre à découvert pour 100 millions de dollars d'actions New Century, Steve Eisman déboursait 32 millions de dollars par an.

Dans sa quête d'investisseurs qu'il pourrait terrifier avec son scénario apocalyptique, Lippmann avait touché le gros lot : il était tombé par hasard sur un investisseur du marché des actions qui avait une vision des subprimes encore plus sombre que lui. Eisman en savait plus sur ce marché, ses acteurs et ses perversions que toutes les personnes à qui Lippmann avait parlé jusqu'alors. D'après lui, si quelqu'un était prêt à faire un pari spectaculaire contre les subprimes, c'était bien Eisman – aussi fut-il déconcerté lorsque Eisman n'en fit rien. Et il le fut encore plus lorsque, plusieurs mois plus tard, le nouveau trader en chef d'Eisman, Danny Moses, et son analyste, Vinny Daniel, lui demandèrent de revenir pour tout leur expliquer de nouveau.

Le problème avec quelqu'un qui privilégie si manifestement son intérêt personnel, c'est qu'on ne sait jamais clairement jusqu'où il est prêt à aller pour préserver cet intérêt. Dès le premier coup d'œil, Danny s'était méfié de Lippmann. D'ailleurs, il l'appelait « ce putain de Lippmann ». Comme quand il disait, « Ce putain de Lippmann ne vous regarde jamais dans les yeux quand il vous regarde. Ça a le don de me taper sur les nerfs. » Vinny n'arrivait pas à croire que Deutsche Bank laissait les coudées franches à ce type et l'autorisait à torpiller son marché. Ou alors, c'était parce que ça devait servir les petits intérêts de Deutsche Bank. Aux yeux de Danny et Vinny, Greg Lippmann était la parfaite incarnation du marché obligataire : il avait été placé sur terre pour arnaquer le client.

À trois reprises en autant de mois, Danny et Vinny l'appelèrent, et Lippmann revint – et ce seul fait ne les rendait que plus méfiants. Il ne faisait pas le trajet de Wall Street à Midtown pour promouvoir la paix dans le monde. Alors pourquoi était-il là ? Chaque fois, Lippmann parlait à cent à l'heure, et Danny et Vinny l'observaient avec étonnement. Leurs rendez-vous commençaient à ressembler à une énigme littéraire postmoderne : l'histoire semblait vraie alors même que le narrateur ne semblait absolument pas fiable. À chacune de ces sessions,

Vinny finissait par l'interrompre et par demander : « Greg, j'essaie de comprendre pourquoi vous êtes ici. » C'était le signal à partir duquel ils se mettaient à bombarder Lippmann de questions accusatrices :

« Si c'est une idée si géniale, pourquoi ne quittez-vous pas Deutsche Bank pour créer votre propre hedge fund et faire fortune ?

– Il me faudrait six mois pour monter un hedge fund. Le monde risque de se rendre compte de cette folie la semaine prochaine. Je dois faire avec les cartes qui m'ont été distribuées.

– Si c'est une idée si géniale, pourquoi l'abandonnez-vous à notre profit ?

– Je n'abandonne rien. L'offre est infinie.

– Soit. Mais pourquoi même prendre la peine de nous en parler ?

– Je prélèverai une commission. J'ai besoin de payer mes factures d'électricité.

– C'est un pari à somme nulle. Qui est de l'autre côté ? Qui est le pigeon ?

– Düsseldorf. Des idiots d'Allemands. Ils prennent les agences de notation au sérieux. Ils croient aux règles.

– Pourquoi Deutsche Bank vous autorise-t-elle à démolir un marché dont elle est l'un des principaux acteurs ?

– Je n'ai aucune allégeance particulière à Deutsche Bank... J'y travaille simplement.

– Conneries. Ils vous payent. Comment savons-nous que les gens qui dirigent votre machine à CDO ne se servent pas de votre enthousiasme pour shorter votre propre marché et nous exploiter ?

– Avez-vous rencontré les gens qui dirigent notre machine à CDO ? »

Au bout d'un moment, Danny et Vinny cessèrent même de faire semblant de chercher des informations sur les CDS et les obligations subprime. Ils espéraient juste que Lippmann se trahirait d'une manière ou d'une autre et confirmerait qu'il était bien le baratineur de Wall Street pour lequel ils le prenaient. « Nous essayions de comprendre quelle était notre place là-dedans, explique Vinny. Je ne croyais pas qu'il avait besoin de nous parce qu'il avait trop de ces trucs. Alors pourquoi est-ce qu'il faisait ça ? » Lippmann, pour sa part, avait l'impression d'être un témoin soumis à un interrogatoire : ces types essayaient de le percer à jour ! Quelques mois plus tard, il exposerait son idée à Phil Falcone, qui dirigeait un gigantesque hedge fund nommé Harbinger Capital. Falcone achèterait pour des milliards de dollars de CDS quasiment sur-le-champ. Il ne savait qu'un dixième de ce que Danny et Vinny savaient sur le marché des subprimes, mais, contrairement à eux, il faisait confiance à Lippmann. Lors de leur dernière rencontre, Vinny n'y alla pas par quatre chemins : « Greg, ne prenez pas ça mal. Mais j'essaie juste de comprendre comment vous allez me baiser. »

Ils n'eurent cependant pas le loisir d'achever leur examen de l'âme de Greg Lippmann, car ils furent interrompus par deux nouvelles urgentes. La première survint en mai 2006 : Standard & Poor's annonçait qu'elle allait changer le modèle qui servait à évaluer les obligations hypothécaires subprime. Le changement serait effectif au 1er juillet 2006, expliquait le communiqué, mais toutes les obligations subprime émises avant cette date seraient notées d'après l'ancien modèle *a priori* moins rigoureux. Aussitôt, la création de nouvelles obligations subprime connut un essor fulgurant. « Ils s'engouffraient dans la brèche, affirme Vinny. Ils émettaient le plus possible de ces saloperies pour qu'elles soient notées d'après l'ancien modèle. » Cette crainte de nouvelles notations plus fiables était le signe que même les grandes banques de Wall Street savaient que les obligations qu'elles avaient créées avaient été surévaluées.

L'autre nouvelle concernait les prix de l'immobilier. Eisman parlait souvent à une analyste du marché immobilier du Crédit

Suisse nommée Ivy Zelman. Selon elle, le seul outil qui permettait d'évaluer la santé du marché de l'immobilier, c'était le ratio du prix moyen des maisons par rapport aux revenus. Historiquement, aux États-Unis, il se situait aux alentours de 3 pour 1 ; à la fin 2004, il avait grimpé au niveau national à 4 pour 1. « Il y avait un tas de gens qui affirmaient qu'il était presque aussi élevé dans certains autres pays, déclare Zelman. Mais le problème n'était pas simplement qu'il était de 4 pour 1. À Los Angeles, il était de 10 pour 1, et à Miami, de 8,5 pour 1. Et alors, vous ajoutiez à ça les acheteurs. Ce n'étaient pas de vrais acheteurs. C'étaient des spéculateurs*. » Le nombre de pancartes À vendre avait commencé à croître à la mi-2005, et cette croissance n'avait pas été endiguée. À l'été 2006, l'indice Case-Schiller des prix de l'immobilier atteignit son plus haut niveau, puis le prix des maisons commença à dégringoler à travers tout le pays. Sur la totalité de l'année, il chuterait, au niveau national, de 2 %.

Ces deux nouvelles – l'amélioration des critères de notation et la chute des prix de l'immobilier – auraient dû perturber le marché des obligations subprime et faire monter le prix des assurances sur ces obligations. Mais à la place, le prix des assurances chuta. Assurer la tranche triple-B la plus pourrie d'une obligation subprime coûtait désormais moins de 2 % par an. « Nous avons fini par faire affaire avec Lippmann, déclare Eisman. Et c'est seulement après que nous avons essayé de comprendre ce que nous avions fait. »

Dès l'instant où ils conclurent leur première affaire, ils s'inscrivirent sur la mailing list de plus en plus étoffée de Greg

---

*Son pessimisme valut à Zelman de se mettre son employeur à Wall Street à dos, et elle finit par démissionner et par monter sa propre société de consulting. « Quand on y repense, ce n'était pas si difficile que ça à voir, déclare-t-elle. Ce qui était difficile, c'était de savoir quand ça s'arrêterait. » Zelman parlait de temps en temps avec Eisman, et si ces conversations la confortaient dans son point de vue, elles l'inquiétaient aussi quant à l'état du monde. « Il fallait de temps en temps avoir la confirmation qu'on n'était pas cinglés », déclare-t-elle.

Lippmann. Jusqu'à l'effondrement, celui-ci les bombarderait d'agit-prop sur le marché immobilier, et de recommandations sur les obligations subprime contre lesquelles ils feraient à son avis bien de parier. « Chaque fois que Lippmann nous offrait un titre, Vinny et moi, on se regardait et on répondait non », explique Danny. Ils suivaient les conseils de Lippmann, mais jusqu'à un certain point. Ils n'arrivaient toujours pas à faire confiance à un type issu d'un département obligataire de Wall Street ; et puis, c'était leur boulot, pas celui de Lippmann, d'évaluer les diverses obligations.

Si Michael Burry se concentrait de manière abstraite sur la structure des prêts, pariant sur des assemblages avec de fortes concentrations de prêts dont il pensait qu'ils étaient voués à ne pas être remboursés, Eisman et ses partenaires s'intéressaient de façon concrète aux emprunteurs et aux prêteurs. Le marché des subprimes s'adressait à un segment de la population américaine qui, d'ordinaire, n'avait rien à voir avec Wall Street : la tranche située entre le 5e et le 29e centile de l'indice de solvabilité. C'est-à-dire qu'on prêtait à des gens qui étaient moins solvables que 71 % de la population. Lesquels de ces Américains pauvres étaient susceptibles de faire n'importe quoi avec leur argent ? De combien le prix de leur maison devait-il chuter pour que leur prêt explose ? Quels émetteurs de prêts immobiliers étaient les plus corrompus ? Quelles banques de Wall Street créaient les obligations hypothécaires les plus malhonnêtes ? Quel type de personnes, dans quelles régions du pays, faisait preuve du plus haut degré d'irresponsabilité financière ? Le taux de défaut de paiement en Géorgie était cinq fois plus élevé qu'en Floride, et pourtant les deux États avaient le même taux de chômage. Pourquoi ? L'Indiana avait un taux de défaut de 25 %, mais il n'était que de 5 % en Californie, alors même que les Californiens étaient, à première vue, bien moins responsables avec leur argent. Pourquoi ? Vinny et Danny se rendirent à Miami, où ils arpentèrent des quartiers déserts bâtis à coups de prêts subprime, et ils virent de leurs yeux à quel point la situation était désastreuse. « Ils m'appelaient et ils disaient : "Oh mon Dieu, c'est une vraie calamité, ici" », se souvient Eisman.

En bref, ils effectuaient le type d'analyse de crédit concrète que les organismes de prêts auraient dû effectuer avant même d'accorder les prêts. Ils se mirent ensuite à chercher les escrocs et les idiots. « L'instant où j'ai compris à quel point c'était grave, déclare Eisman, c'est quand j'ai demandé à Lippmann, "Envoyez-moi une liste des titres de 2006 avec une forte concentration de prêts no docs." » Eisman, prédisposé à soupçonner une fraude dans le marché, voulait parier contre les Américains à qui on avait prêté de l'argent sans leur demander de produire de preuves de revenus ou d'emploi. « Je me disais que Lippmann allait m'envoyer des titres avec 20 % de no docs. Mais quand il nous a envoyé la liste, aucun d'entre eux n'était à moins de 50 %. »

Ils appelèrent les salles de marché de Wall Street et demandèrent des listes d'obligations subprime, afin de choisir les plus pourries et d'acheter les meilleures assurances. Les obligations les plus juteuses – celles constituées des prêts les plus susceptibles de ne pas être remboursés – avaient plusieurs caractéristiques. Premièrement, les prêts sous-jacents étaient fortement concentrés dans ce que les gens de Wall Street appelaient désormais les *sand states*, les États sablonneux : Californie, Floride, Nevada et Arizona. C'était dans ces États que le prix des maisons avait grimpé le plus vite durant le boom, et c'était donc là qu'ils étaient susceptibles de chuter le plus vite en cas d'effondrement – et alors, le taux de défaut de paiement encore bas en Californie grimperait en flèche. Deuxièmement, les prêts avaient été accordés par les organismes de crédit les plus louches. Long Beach Savings, qui appartenait intégralement à Washington Mutual, était un parfait exemple d'incompétence financière. Ç'avait été la première société à pratiquer le modèle *originate and sell*, et elle jetait son argent par les fenêtres en le prêtant au premier venu, sans trop poser de questions. Troisièmement, les assemblages comportaient un nombre de prêts low docs ou no docs au-dessus de la moyenne – à savoir, des prêts qui étaient plus que probablement frauduleux. Pour Eisman et ses partenaires, c'était comme si Long Beach Savings s'était fait une spécialité de demander aux personnes insolvables et sans preuve de revenus d'accepter des prêts immobiliers à taux flottant. Pas d'apport, remboursement des intérêts repoussé sur demande. Les blogs immobiliers du sud de la Californie regorgeaient de récits d'arnaques financières rendues possibles par ces soi-disant ARM (prêts immobiliers à taux flottant) avec options de paiement sur trente ans. Ainsi, à Bakersfield, Californie, un cueilleur de fraises mexicain qui gagnait 14 000 dollars par an et ne parlait pas un mot d'anglais s'était vu prêter 724 000 dollars pour s'acheter une maison.

Plus ils examinaient les obligations au cas par cas, plus ils distinguaient dans les prêts des caractéristiques qui pouvaient être exploitées à profit. Comme la tendance récente à prêter d'énormes sommes d'argent à des immigrants pauvres. Un jour, la femme de ménage d'Eisman, une Sud-Américaine, vint le voir et l'informa qu'elle prévoyait d'acheter une maison dans le Queens. « Le prix était absurde, et on lui offrait un prêt sans apport à taux flottant », raconte Eisman, qui la convainquit d'opter pour un prêt conventionnel à taux fixe. Après quoi ce fut au tour de la nourrice qu'il avait embauchée en 2003 pour s'occuper de ses jumelles de l'appeler. « C'était une femme adorable originaire de Jamaïque, dit-il. Elle m'annonce qu'elle et sa sœur possèdent six maisons dans le Queens. Je lui demande : "Corinne, comment c'est arrivé ?" » C'était arrivé parce que, après qu'elles avaient acheté la première et que sa valeur avait monté, les prêteurs leur avaient suggéré de refinancer et d'accepter 250 000 dollars – qu'elles avaient utilisés pour acheter une deuxième maison. Puis le prix de celle-là aussi avait monté, et elles avaient répété l'expérience. « Au bout du compte, elles avaient six maisons sur les bras, le marché chutait, et elles étaient incapables de rembourser. »

Le fait que sa nourrice était soudain en mesure d'obtenir des prêts n'était pas fortuit : comme à peu près tout ce qui se passait entre les emprunteurs et les émetteurs de prêts subprime, il était la conséquence des défauts du modèle utilisé pour évaluer les obligations hypothécaires subprime par les deux principales agences de notation, Moody's et Standard & Poor's.

Les grandes banques de Wall Street – Bear Stearns, Lehman Brothers, Goldman Sachs, Citigroup, et d'autres – avaient le même objectif que n'importe quelle société industrielle : payer le moins cher possible pour les matières premières (les prêts immobiliers) et facturer le plus possible pour le produit fini (les obligations hypothécaires). Le prix du produit fini dépendait cependant des notes que lui attribuaient les modèles de Moody's et S&P. Et les mécanismes internes de ces modèles étaient, officiellement, un secret : Moody's et S&P prétendaient qu'ils étaient infaillibles. Mais tout le monde à Wall Street savait que les gens qui géraient ces modèles étaient faciles à prendre en défaut. Comme le dit un trader de Goldman Sachs devenu gestionnaire de hedge fund : « Les types qui ne trouvent pas de boulot à Wall Street vont bosser chez Moody's. » À l'intérieur des agences de notation, il y avait une autre hiérarchie, encore moins flatteuse pour les personnes chargées d'évaluer les obligations subprime. « Dans les agences de notation, les types qui s'occupent du crédit d'entreprise sont les moins pires, déclare un technicien qui élabora des obligations hypothécaires pour Morgan Stanley. Ensuite il y a les gens chargés des prêts immobiliers *prime*. Puis viennent ceux qui s'occupent de titres adossés à des actifs, qui sont pour ainsi dire des abrutis finis*. » Les salles

---

*Une chose qui prête à confusion est que les obligations hypothécaires subprime sont classées non pas parmi les obligations hypothécaires, mais – de même que les prêts de carte de crédit, les prêts auto et d'autres collatéraux plus farfelus encore – parmi les « titres adossés à des actifs ».

de marché obligataire de Wall Street, remplies de personnes qui gagnaient chaque année des montants à sept chiffres, décidèrent donc d'embobiner lesdits abrutis, qui ne gagnaient que des montants à cinq chiffres, pour qu'ils accordent la note la plus haute possible aux pires prêts imaginables. Et ils s'attelèrent à cette tâche avec une minutie et une efficacité redoutables.

Ils ne mirent pas longtemps à comprendre, par exemple, que non seulement les gens de chez Moody's et S&P n'évaluaient pas individuellement les prêts immobiliers, mais qu'ils ne les regardaient même pas. Tout ce que eux et leurs modèles voyaient, et évaluaient, c'étaient les caractéristiques générales des assemblages de prêts.

Leur utilisation des scores FICO était un autre exemple. Les scores FICO – ainsi nommés parce qu'ils avaient été inventés, dans les années 1950, par une société nommée la Fair Isaac Corporation – prétendaient mesurer la solvabilité des emprunteurs individuels. Le score FICO le plus élevé était de 850 ; le plus bas, de 300 ; la moyenne américaine était à 723. Mais les scores FICO étaient simplistes. Par exemple, ils ne prenaient pas en compte les revenus de l'emprunteur. Et ils pouvaient être bidouillés. Ainsi, un emprunteur potentiel pouvait augmenter son score FICO en acceptant un prêt de carte de crédit et en le remboursant immédiatement. Mais qu'importait : l'ineptie des scores FICO était une broutille comparée à la mauvaise utilisation qu'en faisaient les agences de notation. Moody's et S&P demandaient aux traders qui assemblaient les prêts non pas le score FICO de chaque emprunteur, mais le score FICO *moyen* de l'assemblage dans sa totalité. Et pour répondre aux critères des agences – et maximiser le pourcentage d'obligations triple-A créées à partir de n'importe quel assemblage de prêts – le score FICO moyen des emprunteurs devait se situer aux alentours de 615. Il y avait plusieurs moyens de parvenir à cette moyenne. Et c'était là que résidait la grande opportunité. Un assemblage de prêts accordés à des emprunteurs qui avaient tous un score

FICO de 615 présentait beaucoup moins de risque d'essuyer de lourdes pertes qu'un assemblage de prêts accordés à des emprunteurs dont une moitié avait un score de 550, et l'autre, de 680. Quelqu'un avec un score FICO de 550 était quasiment certain de ne pas pouvoir rembourser, et personne n'aurait dû lui prêter d'argent. Mais la faille dans les modèles des agences de notation permettait l'émission de ces prêts, tant qu'un emprunteur avec un score de 680 pouvait être trouvé pour rétablir l'équilibre et maintenir la moyenne à 615.

Où trouver des emprunteurs avec des scores FICO élevés ? Ici encore les salles de marché obligataire de Wall Street exploitèrent une faille des modèles des agences de notation. Apparemment, les agences ne saisissaient pas la différence entre un « score FICO avec un dossier mince » et un « score FICO avec un dossier épais ». Un dossier mince impliquait, comme son nom l'indiquait, un historique de crédit limité. En effet, le dossier était mince parce que la personne n'avait pas souvent emprunté. Les immigrés qui n'avaient jamais échoué à rembourser une dette, pour la simple et bonne raison qu'on ne leur avait jamais accordé le moindre crédit, avaient souvent des scores étonnamment élevés et des dossiers minces. Moyennant quoi une nourrice jamaïquaine ou un cueilleur de fraises mexicain avec des revenus de 14 000 dollars qui cherchait à emprunter trois quarts de million de dollars, lorsqu'ils étaient filtrés à travers les modèles de Moody's et S&P, se retrouvaient soudain utiles. Ils pouvaient améliorer la qualité apparente des assemblages de prêts et augmenter le pourcentage d'entre eux qui seraient déclarés triple-A. Le Mexicain récoltait des fraises ; Wall Street récoltait son score FICO.

Les modèles utilisés par les agences de notation étaient truffés de failles de ce genre. L'astuce était de les détecter avant les autres – de découvrir, par exemple, que Moody's aussi bien que S&P préféraient les prêts à taux flottant avec des taux d'appel bas aux prêts à taux fixe. Ou que les agences se moquaient de savoir si les prêts étaient accordés sur un marché immobilier en expansion ou sur un marché calme. Ou qu'elles fermaient manifestement les yeux devant la fraude implicite que constituaient les prêts no docs. Ou qu'elles ne voyaient pas les « secondaires silencieuses* » – ces hypothèques de deuxième rang qui ne laissaient au propriétaire aucun capital dans sa maison et, en conséquence, aucune raison financière pour ne pas donner les clés à la banque et vider les lieux. Chaque fois que, à Wall Street, un type astucieux dont le boulot était d'assembler les prêts immobiliers sous forme d'obligations découvrait un nouvel exemple de l'idiotie ou de la négligence des agences de notation, il avait un avantage sur le marché, car plus les assemblages de prêts étaient pourris, moins ils coûtaient cher. Les assemblages de prêts les plus différents possibles, composés principalement de scores FICO très bas et très élevés, étaient une aubaine comparée aux assemblages au sein desquels les scores se concentraient autour d'une moyenne de 615 – du moins jusqu'à ce que le reste de Wall Street s'aperçoive de la stupidité des agences de notation et fasse monter les prix. Mais avant ça, la société qui l'avait compris bénéficiait d'un monopole pervers. Elle appelait un émetteur de prêts et disait : « Ne dites rien à personne, mais si vous m'apportez une pile de prêts avec des scores FICO élevés et des dossiers minces, je vous paierai plus que n'importe qui d'autre. » Plus les erreurs des agences de notation étaient énormes, plus il y avait d'opportunités à saisir pour les salles de marché de Wall Street.

À la fin de l'été 2006, Eisman et ses partenaires ne savaient rien de tout ça. Tout ce qu'ils savaient, c'était que les banques d'investissement de Wall Street employaient apparemment

---

*Une secondaire silencieuse est un second prêt immobilier utilisé, lors de l'achat d'une maison, pour complémenter le premier prêt immobilier. Le prêt est silencieux seulement pour la boîte qui a émis le premier prêt, et qui est moins susceptible d'être remboursée, puisque l'emprunteur est moins susceptible d'avoir le moindre apport personnel dans sa propre maison.

des gens dont la seule mission était de tromper les modèles des agences de notation. Sur un marché rationnel, les obligations adossées à des assemblages de prêts boiteux auraient dû coûter moins cher que les obligations adossées à des prêts sûrs. Mais le prix des obligations subprime était fixé en fonction des notes attribuées par Moody's. Les tranches triple-A s'échangeaient à un certain prix, les triple-B à un autre, bien qu'il y eût d'importantes différences d'une tranche triple-B à une autre. Et comme le prix dépendait des notes de Moody's, les obligations les plus surévaluées étaient celles qui avaient été notées de la manière la plus inepte. Ainsi, si les obligations étaient notées de manière absurde, c'était parce que les banques de Wall Street dupaient les agences de notation. « Je n'en reviens pas qu'ils aient le droit de faire ça ! C'est ce que j'ai dû me dire mille fois », se souvient Eisman.

Il ne savait pas exactement comment les agences de notation s'étaient fait berner. Mais à partir de là, son équipe passa des mois à identifier les obligations les plus surévaluées d'un marché composé d'obligations surévaluées. Au bout d'un mois environ, après qu'ils eurent acheté leurs premiers CDS à Lippmann, Vincent Daniel et Danny Moses se rendirent à Orlando pour assister à un congrès consacré aux obligations subprime. L'événement portait un nom opaque – ABS East – mais il était en fait destiné à une industrie de niche : les types qui émettaient des prêts subprime, les sociétés de Wall Street qui les assemblaient et vendaient des obligations subprime, les gestionnaires de fonds qui investissaient exclusivement dans les obligations adossées à des prêts subprime, les avocats qui faisaient allez savoir quoi. Daniel et Moses croyaient donc rendre une visite de courtoisie à une industrie relativement limitée, mais ils découvrirent exactement le contraire. « Cette industrie faisait vivre tant de gens, explique Daniel. C'est à ce moment que nous avons compris que les départements obligataires des sociétés de courtage avaient été bâtis dessus. »

C'est aussi à cette occasion qu'ils eurent leur premier contact en face à face avec les agences de notation. Les associés de Greg Lippmann leur avaient arrangé un rendez-vous, sous réserve qu'ils ne révèlent pas qu'ils pariaient contre les obligations hypothécaires subprime. « Ce que nous étions censés dire, raconte Moses, c'était : "Nous sommes ici pour acheter des titres." Et eux étaient censés penser : "Oh, ils cherchent à acheter des titres parce qu'ils atteignent des niveaux si attractifs." » Dans une petite salle de l'hôtel Ritz-Carlton d'Orlando, ils rencontrèrent donc les gens de Moody's et S&P. Vinny et Danny soupçonnaient déjà que le marché des subprimes avait sous-traité ses analyses de crédits à des gens qui ne les effectuaient même pas. Et rien de ce qu'ils apprirent ce jour-là ne dissipa leurs soupçons. Les gens de S&P étaient sur la défensive, mais la femme de chez Moody's s'avéra étonnamment franche. Elle leur expliqua, par exemple, que bien qu'elle fût chargée d'évaluer les obligations hypothécaires subprime, ses patrons ne l'autorisaient pas à déprécier celles qui, selon elle, méritaient de l'être. Elle soumettait une liste d'obligations qu'elle considérait comme surévaluées à ses supérieurs, et recevait en retour une liste de celles qu'elle était autorisée à déprécier. « Elle expliquait qu'elle avait soumis une liste avec des centaines d'obligations dessus, et que ses supérieurs n'en avaient conservé que vingt-cinq, sans lui expliquer pourquoi », se souvient Danny.

C'est Vinny, l'analyste, qui posait l'essentiel des questions, mais Danny écoutait avec un intérêt croissant. « Il y a un signe qui ne trompe pas chez Vinny, explique Moses. Quand il commence à être excité, il se couvre la bouche de la main et s'appuie sur son coude, et il dit : "Laissez-moi vous poser une question..." Quand je l'ai vu porter sa main à sa bouche, j'ai su que Vinny avait quelque chose en tête. »

« Voici ce que je ne comprends pas, déclara Vinny, la main sur le menton. Vous avez deux obligations qui semblent identiques. Comment se fait-il que l'une soit triple-A et pas l'autre ?

– Ce n'est pas moi qui prends ces décisions, répondit l'employée de Moody's, clairement mal à l'aise.
– Il y a une autre chose que je ne comprends pas, poursuivit Vinny. Comment pourriez-vous évaluer la moindre portion d'une obligation constituée exclusivement de prêts subprime triple-A ?
– C'est une très bonne question. »
Bingo.

« Elle était géniale, déclare Moses. Parce qu'elle ne savait pas ce que nous faisions. »
Ils appelèrent Eisman depuis Orlando et lui annoncèrent que cette industrie était encore plus corrompue que ce qu'ils s'imaginaient. « À Orlando, il n'y avait même pas de gros bonnets, affirme Daniel. Orlando, c'était pour les petits joueurs. Les gros bonnets se réunissaient à Vegas. Alors nous avons dit à Steve, "Faut que tu ailles à Vegas. Juste pour voir ça." » Ils croyaient réellement détenir un secret. Durant l'été et le début de l'automne 2006, ils se comportèrent comme s'ils étaient tombés par hasard sur une fantastique carte au trésor, bien que les indications qu'elle comportait fussent un peu vagues. Et quand il rentrait chez lui le soir, Eisman était d'une humeur radieuse. « J'étais heureuse, explique Valerie. Je me disais : "Dieu merci, il a trouvé un endroit où déverser son excès d'enthousiasme et de tristesse." Et lui disait : "J'ai découvert quelque chose. C'est une mine d'or. Et personne d'autre n'est au courant." »

5
Capitalistes par accident

Ce qu'Eisman avait découvert était bel et bien une mine d'or, mais il n'était pas vrai que personne d'autre n'était au courant. Dès l'automne 2006, Greg Lippmann avait présenté en privé ses arguments à peut-être 250 gros investisseurs, et à des centaines d'autres au cours de réunions de vente ou de téléconférences organisées par Deutsche Bank. À la fin 2006, d'après l'étude PerTrac Hedge Fund Database Study, il y avait 13 675 hedge funds qui publiaient leurs performances, et des milliers d'autres types d'investisseurs institutionnels autorisés à investir dans les credit default swaps. Le topo de Lippmann, sous une forme ou une autre, avait été entendu par bon nombre d'entre eux. Pourtant, seulement environ une centaine d'investisseurs s'étaient timidement lancés sur le nouveau marché des CDS sur les obligations hypothécaires subprime. La plupart achetaient ces assurances sur les obligations subprime non pour parier directement sur leur baisse, mais pour se protéger des paris implicites qu'ils avaient effectués sur leur hausse – puisqu'ils possédaient des portefeuilles d'actions ou d'obligations liées à l'immobilier américain. Un groupe plus restreint se servait des CDS pour effectuer des paris qui s'avéraient souvent spectaculairement désastreux sur la valeur relative des obligations hypothécaires subprime : ils achetaient une obligation subprime tout en en vendant simultanément une autre. Ils pariaient, par exemple, que les obligations constituées d'un grand nombre de prêts accordés en Californie feraient moins bien que les obligations moins centrées sur la Californie.

Ou que l'étage le plus élevé (triple-A) d'une quelconque obligation subprime ferait mieux que l'étage inférieur (triple-B). Ou que les obligations émises par Lehman Brothers ou Goldman Sachs (deux banques dont il était notoire qu'elles assemblaient les pires prêts immobiliers des États-Unis) feraient moins bien que les obligations assemblées par J. P. Morgan ou Wells Fargo (qui semblaient en fait se soucier un minimum des prêts qu'elles empilaient dans les obligations).

Un petit nombre de personnes – plus de dix, moins de vingt – paria directement contre le marché des subprimes, qui valait des milliers de milliards de dollars, et, par extension, contre le système financier dans son ensemble. Ce qui était en soi un fait remarquable : la catastrophe était prévisible, et pourtant seule une poignée de gens s'en rendait compte. Parmi eux : un hedge fund de Minneapolis nommé Whitebox, un hedge fund de Boston nommé The Baupost Group, un hedge fund de San Francisco nommé Passport Capital, un hedge fund du New Jersey nommé ElmRidge, et quelques hedge funds de New York : Elliott Associates, Cedar Hill Capital Partners, QVT Financial, et le fonds de Philip Falcone, Harbinger Capital Partners. Ce que la plupart de ces investisseurs avaient en commun, c'était qu'ils avaient entendu, directement ou indirectement, l'argumentaire de Greg Lippmann. À Dallas, Texas, un ancien vendeur d'obligations de Bear Stearns nommé Kyle Bass monta un hedge fund nommé Hayman Capital à la mi-2006 et acheta peu après des CDS sur des obligations subprime. Cette idée lui avait été donnée par Alan Fournier de Pennant Capital, dans le New Jersey, qui l'avait lui-même eue en entendant Lippmann. Un riche investisseur immobilier nommé Jeff Greene s'acheta des CDS pour plusieurs milliards de dollars d'obligations subprime après en avoir entendu parler de la bouche d'un gestionnaire de hedge fund de New York, John Paulson. Paulson avait lui aussi entendu le topo de Lippmann – et, tout en se bâtissant une énorme position en CDS, il écoutait les recommandations de Lippmann.

Un prop trader[1] de Goldman Sachs à Londres, informé qu'un trader de Deutsche Bank à New York présentait un argumentaire solide, traversa l'Atlantique pour rencontrer Lippmann, et il rentra chez lui en possession de CDS représentant un milliard de dollars de subprimes. Un investisseur de hedge fund grec nommé Theo Phanos entendit Lippmann exposer son idée lors d'une conférence de Deutsche Bank à Phoenix, Arizona, et plaça immédiatement son propre pari. Si on représentait sur une carte la propagation de l'idée, comme on pourrait représenter celle d'un virus, toutes les lignes convergeraient vers Lippmann. Il était le patient zéro. Seul un porteur de la maladie aurait pu prétendre, de façon plausible, l'avoir contaminé. Mais Mike Burry était terré dans son bureau de San Jose, Californie, et il ne parlait à personne.

Ce petit monde d'investisseurs qui pariaient gros contre les obligations subprime renfermait en son sein un monde encore plus petit : celui de ceux pour qui parier sur la baisse devint une obsession. Une minuscule poignée d'investisseurs perçurent ce qui arrivait non seulement au système financier, mais aussi à la société qu'il était censé servir, et ils firent des investissements si considérables, comparés à leur capital, qu'ils cessèrent d'être des gestionnaires conventionnels. C'était de loin John Paulson qui avait le plus d'argent à miser, il était donc l'exemple le plus flagrant. Neuf mois après que Mike Burry avait échoué à créer un fonds pour acheter exclusivement des CDS sur les obligations subprime, Paulson y parvint, non pas en annonçant à ses investisseurs une catastrophe quasi-inévitable, mais en leur proposant une protection bon marché contre la vague possibilité d'une catastrophe. Paulson avait quinze ans de plus que Burry et était beaucoup plus connu dans le milieu financier, même s'il demeurait, dans une certaine mesure, extérieur à

---

1. Proprietary trader, trader qui spécule avec l'argent de la banque sur tous les marchés, et non simplement avec l'argent des clients.

Wall Street. « J'ai appelé Goldman Sachs pour me renseigner sur Paulson, raconte un homme riche à qui Paulson avait demandé des fonds à la mi-2006. Ils m'ont dit que c'était un gestionnaire de hedge fund de troisième zone qui ne savait pas de quoi il parlait. » Paulson leva plusieurs milliards de dollars auprès d'investisseurs qui considéraient son fonds comme une police d'assurance pour leurs portefeuilles d'actions et d'obligations liées à l'immobilier. Comme Paulson l'explique lui-même, la raison pour laquelle il était prédisposé à voir ce qui se passait sur le marché des obligations hypothécaires, c'était qu'il avait passé sa carrière à chercher des obligations surévaluées contre lesquelles parier. « J'adorais le concept de jouer la baisse parce que le risque était limité, explique-t-il. C'est un pari asymétrique. » Il était sidéré de voir qu'il était beaucoup plus facile et moins onéreux d'acheter un CDS que de vendre à découvert une obligation – même s'ils représentaient exactement le même pari. « J'en ai pris pour 500 millions. Ils m'ont demandé : "Voudriez-vous en acheter pour un milliard ?" alors je me suis dit : "Pourquoi jouer les petits bras ?" Il m'a fallu deux ou trois jours pour placer 25 milliards. » Paulson n'avait jamais rencontré de marché sur lequel un investisseur pouvait vendre à découvert pour 25 milliards de dollars d'actions ou d'obligations sans que leur prix fluctue, ou s'effondre. « Et nous aurions pu en acheter pour 50 milliards si nous avions voulu. »

Même à la fin de l'été 2006, alors que les prix de l'immobilier commençaient à chuter, il fallait avoir un certain talent pour voir les faits dans toute leur laideur et réagir – pour distinguer dans le profil d'une belle jeune femme le visage d'une vieille sorcière. Chacune de ces personnes vous disait quelque chose sur l'état du marché financier, de la même manière que les survivants d'un crash aérien vous disent quelque chose sur l'accident, ainsi que sur la nature des personnes qui survivent aux accidents. Tous étaient, presque par définition, étranges. Mais chacun à sa manière. John Paulson avait un goût étrange pour les paris contre les prêts douteux, et un talent étrange pour persuader les autres de le suivre. Mike Burry était tout aussi étrange dans son désir de s'isoler de l'opinion publique, et même d'éviter tout contact, pour se concentrer à la place sur les données brutes et les motivations qui guident le comportement financier des hommes. Steve Eisman avait la curieuse conviction que le fait d'augmenter le taux d'endettement de la classe moyenne américaine était une pratique malhonnête et dommageable, et que le marché des subprimes en particulier était un instrument d'exploitation et, en définitive, de destruction. Chacun comblait un vide ; chacun fournissait un point de vue manquant, une attitude vis-à-vis du risque qui, si elle avait été plus répandue, aurait pu empêcher la catastrophe. Mais il demeurait au moins un grand vide qu'aucun investisseur professionnel sérieux ne comblait. Et ce vide fut comblé, à la place, par Charlie Ledley.

Charlie Ledley – le curieusement incertain Charlie Ledley – avait ceci d'étrange qu'il estimait que le meilleur moyen de gagner de l'argent à Wall Street était de chercher ce que Wall Street considérait comme le moins probable, et de parier que ça se produirait. Charlie et ses partenaires l'avaient assez souvent fait, avec assez de succès, pour savoir que les marchés avaient tendance à sous-estimer la probabilité d'un changement radical. Cependant, en septembre 2006, quand il feuilleta une présentation que lui avait envoyée un ami dans laquelle un type de Deutsche Bank, un certain Greg Lippmann, parlait de shorter les obligations hypothécaires subprime, la première pensée de Ledley fut : *C'est trop beau pour être vrai*. Il n'avait jamais travaillé avec les obligations hypothécaires, ne connaissait pratiquement rien à l'immobilier, était dérouté par le jargon du marché obligataire, et il n'était même pas certain que Deutsche Bank ni qui que ce soit d'autre l'autoriserait à acheter des CDS sur des obligations subprime – vu que ce marché s'adressait aux investisseurs institutionnels, et que lui et ses deux partenaires, Ben Hockett et Jamie Mai, n'étaient pas franchement ce qu'on considérait comme une institution. « Mais je regardais ça et je me disais : *Comment est-ce possible ?* » Il fit donc part de son idée à ses partenaires et leur demanda : « Comment se fait-il que quelqu'un de plus intelligent que nous ne soit pas encore sur le coup ? »

Chaque nouvelle entreprise est par essence invraisemblable, mais l'idée de Jamie Mai et Charlie Ledley, début 2003, de créer une société de gestion financière frôlait l'absurde : deux trentenaires avec 100 000 dollars sur un compte Schwab qui occupent une remise au fond d'un jardin de Berkeley, Californie, et qui se baptisent Cornwall Capital Management. Aucun des deux n'avait la moindre raison de se croire particulièrement doué pour les investissements. Ils avaient brièvement travaillé en tant que sous-fifres cantonnés derrière un bureau chez Golub Associates, une société de *private equity*[1] de New York, mais aucun n'avait jamais pris la moindre décision. Jamie Mai était grand et étonnamment beau, et donnait donc, presque inévitablement, l'impression d'être le responsable – jusqu'à ce qu'il ouvre la bouche et trahisse son manque de confiance absolu dans l'avenir, fût-il proche ou lointain. Il avait l'habitude de s'interrompre en milieu de phrase et de bafouiller « heu, heu, heu » comme s'il était troublé par ses propres pensées. Charlie Ledley était encore pire : il était d'une pâleur de croque-mort et semblait incapable de prendre la moindre initiative. Quand on lui posait une question simple, il regardait niaisement dans le vide, opinant du chef et clignant des yeux tel un acteur qui aurait oublié sa réplique, si bien que quand il ouvrait finalement la bouche, le son qui en sortait vous faisait sursauter sur votre chaise. *Ça parle !*

Ils étaient tous deux considérés par leurs congénères comme des hommes doux, désorganisés, curieux, intelligents mais

---

[1]. *Private equity* désigne les titres de société qui ne sont pas cotés sur un marché, par opposition à *public equity*.

dispersés – le genre de types qui pouvaient débarquer à une réunion d'anciens élèves du lycée avec des barbes surprenantes et des vies compliquées. Charlie avait quitté Amherst College après sa première année pour se porter volontaire lors de la première élection présidentielle de Bill Clinton, et, bien qu'il eût finalement repris ses études, il avait continué d'être plus intéressé par ses belles idées que par l'argent. Quant à Jamie, son premier boulot à la sortie de l'université de Duke avait consisté à livrer des voiliers aux riches sur la côte est. («C'est à ce moment qu'il m'est apparu clairement – heu, heu, heu – que j'allais devoir me trouver un métier.») À 28 ans, il avait pris un «congé sabbatique» de dix-huit mois et voyagé autour du monde avec sa petite amie. Il était venu à Berkeley non pas en quête d'un sol fertile où faire pousser de l'argent, mais parce que sa petite amie voulait y vivre. Pour sa part, Charlie n'avait même pas vraiment envie d'être à Berkeley; il avait grandi à Manhattan et se transformait en citrouille dès qu'il quittait son île. Il avait déménagé à Berkeley parce que Jamie, qui possédait 110 000 dollars, avait suggéré qu'ils gèrent de l'argent ensemble. Et le garage dans lequel Charlie dormait désormais appartenait également à Jamie.

À défaut d'argent ou de vraisemblance, ce qu'ils avaient, c'était une certaine idée des marchés financiers. Ou plutôt, une paire d'idées reliées entre elles. Leur passage éclair dans le milieu du *private equity* – où des sociétés entières sont vendues et achetées en dehors de la cote officielle – les avait menés à croire que l'échange d'actions sur des marchés non cotés était peut-être plus efficace que l'échange d'actions sur des marchés ordinaires. «Lors des transactions sur les titres non cotés, explique Charlie, il y a généralement de chaque côté un conseiller averti. Personne n'ignore fondamentalement la valeur d'une chose. Sur les marchés ordinaires, les gens s'intéressent plus aux revenus trimestriels qu'à l'activité propre de la boîte. Il y a des gens qui prennent des décisions pour toutes sortes de raisons ahurissantes. » Ils estimaient, par ailleurs, que les marchés financiers ordinaires manquaient d'investisseurs avec une vision globale. Les acteurs du marché des actions américain prenaient leurs décisions en fonction du marché des actions américain ; les acteurs du marché obligataire japonais prenaient leurs décisions en fonction du marché obligataire japonais ; et ainsi de suite. « Il y a des gens qui ne font rien d'autre qu'investir dans la dette des sociétés européennes mid cap du secteur médical, affirme Charlie. Je ne crois pas que le problème soit spécifique à la finance. Je crois que l'esprit de clocher est un phénomène fréquent dans la vie intellectuelle moderne. Personne ne cherche à avoir une vision d'ensemble. » Les marchés financiers payaient grassement de nombreuses personnes pour leurs compétences limitées, et ils payaient mal une petite quantité d'autres pour leur vision globale, qui était pourtant nécessaire si l'on comptait répartir des capitaux à travers divers marchés.

Début 2003, Cornwall Capital venait d'ouvrir, ce qui signifiait que Jamie et Charlie passaient encore plus de temps qu'avant dans leur garage de Berkeley – la chambre de Charlie – à tirer des plans sur la comète. Ils décidèrent qu'ils ne se contenteraient pas de rechercher l'inefficacité d'un marché ; ils la rechercheraient globalement, sur chaque marché : actions, obligations, devises, matières premières. À ces deux ambitions déjà difficilement réalisables, ils en ajoutèrent bientôt une troisième, encore plus compliquée, lorsqu'ils tombèrent sur leur première grosse opportunité, une société de crédit nommée Capital One Financial.

Capital One était un exemple rare de société qui semblait avoir trouvé une manière intelligente de prêter de l'argent aux Américains avec un score de crédit faible. Son créneau, c'était les cartes de crédit, pas les prêts immobiliers, mais elle traitait avec la classe socio-économique dont les emprunts immobiliers entraîneraient une catastrophe quelques années plus tard. Tout au long des années 1990 et au début des années 2000, la société avait prétendu – et le marché l'avait crue – qu'elle possédait de meilleurs outils que les autres pour analyser la solvabilité des utilisateurs de cartes de crédit subprime et pour évaluer le risque qu'il y avait à leur prêter de l'argent. Elle avait survécu à une mauvaise période pour son secteur à la fin des années 1990, période au cours de laquelle plusieurs de ses rivaux avaient coulé. Puis, en juillet 2002, son action s'était effondrée – elle avait perdu 60 % en deux jours après que la direction de Capital One avait de son plein gré révélé que la société était en litige avec deux régulateurs gouvernementaux – l'Office of Thrift Supervision (bureau de protection de l'épargne) et la Réserve fédérale – à propos de la quantité de capital à mettre en face des pertes potentielles liées aux crédits subprime.

Soudain le marché craignait que Capital One ne soit en fin de compte pas plus intelligente que la concurrence, mais simplement plus douée pour dissimuler ses pertes. On soupçonnait que les régulateurs avaient découvert une fraude et qu'ils étaient sur le point de punir Capital One. Les présomptions s'accumulaient et le sort de la société semblait scellé. Par exemple, la SEC avait annoncé qu'elle enquêtait sur le directeur financier, qui venait de démissionner et était soupçonné d'avoir vendu ses parts deux mois avant que la société n'annonce son litige avec les régulateurs et que le prix de l'action ne s'effondre.

Au cours des six mois suivants, la société continua de gagner une quantité impressionnante d'argent. Elle prétendait ne rien avoir commis d'illégal, se disait victime des caprices des régulateurs, et n'annonçait aucune perte particulière sur son portefeuille de 20 milliards de prêts subprime. Charlie et Jamie étudièrent la question – ils se rendirent à des conférences spécialisées et appelèrent toutes sortes de gens qu'ils ne connaissaient pas pour leur arracher des informations : shorteurs, anciens employés de Capital One, consultants en management qui avaient conseillé la société, concurrents, et même les régulateurs gouvernementaux. « Ce qui est apparu clairement, raconte Charlie, c'est qu'il n'y avait qu'une quantité limitée d'informations disponibles, et que nous avions les mêmes informations que tout le monde. » Ils finirent par décider que Capital One avait probablement en effet de meilleurs outils que les autres pour accorder des prêts subprime. Ne restait donc plus qu'une question : cette société était-elle dirigée par des escrocs ?

Ce n'était pas une question qui aurait dû relever de la compétence de deux pseudo-investisseurs professionnels d'une trentaine d'années basés à Berkeley, Californie, avec 110 000 dollars sur un compte Schwab. Mais eux estimaient le contraire. Ils se mirent à chercher des personnes qui avaient fait leurs études avec le P-DG de Capital One, Richard Fairbank, pour se renseigner sur sa moralité. Jamie parcourut le rapport 10-K[1] de Capital One en quête d'un employé de la société qui accepterait de les rencontrer. « Si nous avions demandé de rencontrer le P-DG, nous n'aurions eu aucune chance », explique Charlie. Finalement, ils tombèrent sur un adjoint nommé Peter Schnall, qui s'avérait être le vice-président responsable du portefeuille subprime. « J'ai eu l'impression qu'ils se demandaient : "Mais qui peut bien vouloir parler à Peter Schnall ?" se souvient Charlie. Car quand nous avons demandé à lui parler, ils avaient l'air un peu étonnés. » Ils se présentèrent solennellement comme Cornwall Capital Management, tout en omettant de préciser ce qu'était, précisément, Cornwall Capital Management. « C'est marrant, dit Jamie, les gens sont toujours gênés de vous demander combien vous avez d'argent, alors vous n'êtes pas forcé de leur dire. »

Ils demandèrent à Schnall s'ils pouvaient venir le voir pour lui poser quelques questions avant d'investir dans la société. « Tout ce qu'on voulait vraiment, dit Charlie, c'était voir s'il avait l'air d'un escroc. » Mais à la place, ils trouvèrent un homme totalement convaincant qui, chose intéressante, achetait lui-même

---

1. Rapport annuel exigé par la SEC donnant une synthèse détaillée des performances d'une société cotée en Bourse.

des actions de sa société. Et ils repartirent avec l'impression que le litige qui opposait Capital One aux régulateurs était bénin et que la société était au fond honnête. « Nous avons conclu que c'étaient probablement pas des escrocs, se souvient Jamie. »

Ce qui se produisit ensuite les mena, presque par accident, à l'approche inhabituelle des marchés financiers qui les rendrait bientôt riches. Durant les six mois qui suivirent l'annonce des problèmes avec la Réserve fédérale et l'Office of Thrift Supervision, l'action Capital One se vendit aux alentours de 30 dollars. Mais cette stabilité masquait de toute évidence une incertitude. Trente dollars n'étaient clairement pas le prix « juste » pour une action Capital One. Soit la société était dans l'illégalité, auquel cas l'action ne valait probablement rien, soit elle était aussi honnête qu'il semblait à Charlie et Jamie, auquel cas l'action valait aux alentours de 60 dollars. Jamie Mai venait de lire *You Can Be a Stock Market Genius*, le livre de Joel Greenblatt, le type qui avait investi dans le hedge fund de Mike Burry. Vers la fin du livre, Greenblatt racontait comment il avait gagné beaucoup d'argent en utilisant un titre dérivé nommé LEAP (pour *long-term equity anticipation security*), qui conférait à celui qui l'achetait le droit d'acheter une action à un prix fixe pendant un certain laps de temps. À cette époque, expliquait Greenblatt, il était plus logique d'acheter une option sur une action que l'action elle-même. Ce qui, dans le monde des investisseurs *value* de Greenblatt, était une hérésie. Les investisseurs *value* à l'ancienne fuyaient les options car elles sous-entendaient qu'on pouvait prévoir dans le temps l'évolution du cours d'actions sous-évaluées. Mais le point de vue de Greenblatt était simple : quand la valeur d'une action dépendait si manifestement d'un événement à venir dont la date était connue (une fusion, par exemple, ou une comparution au tribunal), l'investisseur *value* pouvait en toute conscience se servir d'options pour exprimer sa vision. Ce qui donna une idée à Jamie : acheter des options à long terme sur les actions de Capital One. « C'était, genre, Ouah, on a une vision : cette action ordinaire a l'air intéressante. Mais, nom de Dieu, regarde le prix de ces options ! »

Le droit d'acheter une action Capital One 40 dollars à n'importe quel moment au cours des deux ans et demi à venir coûtait un peu plus de 3 dollars. Ça n'avait aucun sens. Les problèmes de Capital One avec les régulateurs seraient résolus, dans un sens ou dans l'autre, au cours des quelques mois à venir. Et alors, soit l'action tomberait à zéro, soit elle bondirait à 60 dollars. En se penchant un peu sur la question, Jamie découvrit que le modèle utilisé par Wall Street pour fixer le prix des LEAP – le modèle d'évaluation d'options Black-Scholes – reposait sur quelques hypothèses étranges. Par exemple, il supposait que le prix des actions suivrait une courbe en forme de cloche ordinaire. Si l'action Capital One s'échangeait 30 dollars, le modèle supposait que, au cours des deux années suivantes, l'action avait plus de chances d'atteindre 35 dollars que 40, 40 dollars que 45, et ainsi de suite. Cette hypothèse n'avait de sens que si on ne savait rien sur la société. Mais dans ce cas précis, le modèle était complètement à côté de la plaque : quand le cours de l'action Capital One évoluerait, comme c'était probable, il y avait de grandes chances pour que cette évolution soit brutale.

Cornwall Capital Management se hâta d'acheter 8 000 options LEAP. Leurs pertes potentielles se limitaient aux 26 000 dollars qu'elles avaient coûtés. Les gains potentiels étaient en théorie illimités. Peu après que Cornwall Capital eut placé ses mises, les régulateurs donnèrent raison à Capital One et le cours de l'action s'envola. Les options que possédait Cornwall Capital valaient désormais 520 000 dollars. « On était sacrément excités », se souvient Charlie.

« On n'en revenait pas que des gens nous aient vendu ces options à si bas prix, raconte Jamie. Alors on s'est mis à chercher d'autres options à long terme. »

Cette stratégie s'avéra aussitôt fantastiquement payante : vous commenciez avec ce qui semblait une option bon marché pour acheter ou vendre des actions coréennes, ou de la viande de porc, ou une devise du tiers-monde – vraiment n'importe quoi tant que le prix semblait voué à évoluer brusquement – puis vous procédiez à rebours pour revenir à la chose que l'option vous permettait d'acheter ou de vendre. Les options collaient bien à la personnalité des deux hommes : ils n'avaient jamais besoin d'être sûrs de rien. Ils tendaient l'un comme l'autre à croire que les gens – et, par extension, les marchés – avaient trop de certitudes sur des choses par nature incertaines. Ils sentaient que les gens – et, par extension, les marchés – avaient des difficultés à évaluer convenablement la probabilité d'événements considérés comme hautement improbables. Ils avaient du mal à se faire une conviction propre, mais aucun mal à réagir à ce qu'ils considéraient comme les convictions erronées des autres. Et chaque fois qu'ils se laissaient tenter par un pari *a priori* audacieux, l'un des deux s'attelait à bâtir un argumentaire minutieux, présentation PowerPoint à l'appui. De fait, ils n'avaient personne à qui montrer ces présentations. Ils les concevaient uniquement pour voir si leur hypothèse semblait plausible lorsque l'un exposait son argumentaire à l'autre. Ils ne se lançaient sur le marché que quand ils estimaient qu'un événement spectaculaire était sur le point de s'y produire, événement sur lequel ils pouvaient miser une petite somme dans l'espoir qu'il leur rapporterait un beau pactole. Ils ne connaissaient absolument rien aux actions coréennes ni aux devises du tiers-monde, mais ils n'en avaient pas vraiment besoin. S'ils trouvaient un titre, quel qu'il fût, dont ils pensaient pouvoir miser sur l'évolution du cours, ils pouvaient embaucher un expert qui les aiderait à analyser les détails. « C'est notre façon de fonctionner, explique Jamie Mai. Nous nous reposons sur le travail de personnes intelligentes qui en savent plus que nous. »

Ils enchaînèrent leur succès avec Capital One par un succès similaire : une société de télévision par câble européenne en détresse nommée United Pan-European Cable. Cette fois, comme ils avaient plus d'argent, ils achetèrent pour 500 000 dollars d'options, à un prix bien en deçà de la valeur du marché. Lorsque UPC recouvra la santé, ils empochèrent rapidement un bénéfice de 5 millions. « On commençait alors à être vraiment, vraiment excités », déclare Jamie. Ils parièrent ensuite sur une société qui livrait des bombonnes d'oxygène directement chez les malades. Leur mise de 200 000 dollars se transforma rapidement en 3 millions. « On en était alors à trois réussites sur trois, explique Charlie. On trouvait ça hilarant. Pour la première fois je me voyais bien faire ça pendant un bon bout de temps. »

Soit ils étaient tombés sur une faille sérieuse des marchés financiers modernes, soit ils avaient une sacrée veine, mais ils n'arrivaient pas à déterminer la raison de leur succès. Ainsi que l'observe Charlie : « C'est vraiment dur de savoir quand on a de la chance et quand on est intelligent. » Ils supposaient que le jour où ils auraient suffisamment de données statistiques pour le savoir ils seraient morts, ou presque, alors ils ne perdaient pas trop de temps à se poser la question. Dans un cas comme dans l'autre, ils avaient conscience de leur ignorance, surtout en matière d'options financières. Ils embauchèrent donc un étudiant doctorant du département statistique de l'université de Californie à Berkeley pour les assister, mais celui-ci démissionna lorsqu'ils lui demandèrent d'étudier le marché à terme de la viande de porc. « Il s'avère qu'il était végétarien, plaisante Jamie. Il avait un problème avec le capitalisme en général, mais la viande de porc, ç'a été la goutte d'eau qui a fait déborder le vase. » Ils se retrouvèrent à devoir se dépatouiller seuls avec tout un tas de théories financières compliquées. « Nous avons passé beaucoup de temps à bâtir nous-mêmes des modèles Black-Scholes, et à voir ce qui se passait quand nous modifiions diverses hypothèses », explique Jamie. Ce qui les frappa le plus, c'était que les modèles permettaient de spéculer à bon prix sur des situations qui n'avaient *a priori* que deux issues spectaculaires possibles. Si l'année suivante une action allait soit tomber à zéro, soit grimper à 100 dollars, il était stupide de vendre pour 3 dollars une option qui permettrait pendant un an d'acheter cette même action 50 dollars. Pourtant le marché le faisait souvent. Le modèle utilisé par Wall Street pour évaluer des milliers de milliards de dollars de dérivés considérait le monde financier comme un processus ordonné et progressif. Mais le monde n'était pas progressif ; il changeait de manière discontinue, et souvent par accident.

Event-driven investing[1], tel est le nom qu'ils choisirent – ou volèrent – pour décrire ce qu'ils faisaient. Ç'a l'air beaucoup moins marrant que ça ne l'était. Un jour Charlie fut intrigué par le marché à terme de l'éthanol. Il ne connaissait pas grand-chose à l'éthanol, mais il voyait qu'il bénéficiait d'une subvention du gouvernement de 50 cents par gallon, et était donc supposé être traité à un *premium* de 50 cents par gallon par rapport à l'essence, comme ç'avait toujours été le cas. Début 2005, lorsque Charlie commença à s'intéresser à la question, l'éthanol fut traité, pendant une brève période, à un *discount* de 50 cents par gallon par rapport à l'essence. Charlie ne savait pas pourquoi et ne le découvrit jamais ; mais il acheta l'équivalent de deux wagons de futures d'éthanol, et fit les gros titres d'*Ethanol Today*, un magazine dont il avait jusqu'alors ignoré l'existence. À la grande irritation de leur broker, ils finirent par devoir accepter la livraison de deux wagons remplis d'éthanol dans un parc à bestiaux de Chicago – pour un bénéfice qui semblait au broker absurdement négligeable. « La complexité administrative de ce que nous faisions était disproportionnée par rapport à nos actifs, explique Charlie. Les gens de notre taille ne passaient pas d'une classe d'actifs à une autre. »

« Nous faisions le genre de choses qui peut inciter vos investisseurs à vous gueuler dessus, se souvient Jamie, mais nos

---

1. Stratégie consistant à repérer les sociétés sur le point de connaître des changements significatifs (fusions, recapitalisations, etc.) pour parier sur une évolution soudaine de leur titre.

investisseurs ne nous gueulaient pas dessus puisque nous n'en avions pas. »

Ils songèrent à confier leurs gains à un investisseur professionnel certifié, qualifié, d'une honnêteté irréprochable, pour qu'il gère l'argent à leur place, et passèrent plusieurs semaines à faire le tour de New York et à interroger des directeurs de hedge funds. « Ils semblaient tous géniaux quand on les écoutait, raconte Jamie, mais vous regardiez alors leurs résultats, et ils étaient toujours médiocres. » Ils décidèrent donc de continuer à investir leur argent eux-mêmes. Deux ans après l'ouverture de leur société, ils géraient 12 millions de dollars qui leur appartenaient et avaient transféré leur siège mondial du garage de Berkeley à un bureau à Manhattan — un étage du studio de l'artiste Julian Schnabel dans Greenwich Village.

Ils avaient aussi transféré leur compte de Schwab à Bear Stearns. Ils rêvaient en effet d'avoir un lien avec une grande banque de Wall Street et avaient fait part de ce désir à leur comptable. « Il a expliqué qu'il connaissait Ace Greenberg et qu'il pouvait nous le présenter, et on a été partants », déclare Charlie. Greenberg, l'ancien P-DG et président du conseil d'administration de Bear Stearns, qui était aussi une légende de Wall Street, conservait un bureau dans les locaux de la banque et faisait office de broker pour une poignée d'investisseurs vraisemblablement spéciaux. Et en effet, lorsqu'ils transférèrent leurs actifs chez Bear Stearns, le nom d'Ace Greenberg ne tarda pas à figurer en haut de leurs relevés de compte.

Comme à peu près tout ce qui leur était arrivé sur les marchés financiers, leurs premiers contacts avec une importante banque de Wall Street furent savoureusement bizarres, et en définitive inexplicables. Comme ça, sans jamais avoir posé les yeux sur Ace Greenberg, ils étaient devenus ses clients. « On se disait : "Comment ça se fait qu'Ace Greenberg soit notre broker ?" explique Charlie. Enfin quoi, on était de parfaits inconnus. Et on n'avait jamais rencontré Ace Greenberg. » Le mystère s'épaississait chaque fois qu'ils tentaient de lui parler. Ils avaient un numéro dont ils supposaient que c'était celui de Greenberg, mais quand ils appelaient, ils avaient quelqu'un d'autre au bout du fil. « C'était franchement bizarre, ajoute Charlie. De temps en temps, Ace Greenberg décrochait en personne. Mais tout ce qu'il disait, c'était : "Ne quittez pas." Et alors il nous passait une secrétaire qui prenait notre ordre. »

Finalement, ils parvinrent à obtenir une entrevue avec la légende de Wall Street. Mais la rencontre fut si brève qu'ils n'auraient honnêtement pas pu dire s'ils avaient rencontré Ace Greenberg ou un acteur qui jouait son rôle. « On nous a fait entrer trente secondes – littéralement trente secondes – puis on nous a mis dehors sans cérémonie », se souvient Jamie. Ace Greenberg demeurait leur broker. Mais ils n'eurent simplement jamais l'occasion de lui parler.

« Toute cette histoire avec Ace Greenberg n'a toujours aucun sens pour nous », affirme Charlie.

L'homme qu'ils appelaient désormais « l'acteur qui se fait passer pour Ace Greenberg » échoua à résoudre ce qu'ils considéraient comme leur plus gros problème. C'étaient de petits investisseurs privés. Les banques de Wall Street étaient en grande partie un mystère pour eux. « Je n'ai jamais vu l'intérieur d'une banque, déclare Charlie. Je ne peux que m'imaginer ce qui se passe là-dedans. » Mais pour effectuer le genre d'opérations qu'ils voulaient effectuer, il fallait qu'on les prenne pour des investisseurs qui savaient ce qui se passait à l'intérieur des grandes banques de Wall Street. « En tant qu'investisseur privé, vous êtes un citoyen de deuxième classe, affirme Jamie. Les prix qu'on vous propose sont les pires, le service est pire, tout est pire. »

Ils furent confortés dans cette idée par le voisin de Jamie à Berkeley, Ben Hockett. Hockett, lui aussi âgé d'une petite trentaine d'années, avait passé neuf ans à vendre puis négocier des dérivés pour Deutsche Bank à Tokyo. Comme Jamie et Charlie, ce n'était pas franchement un financier typique. « À mes débuts, j'étais un célibataire de 22 ans, explique-t-il. Mais après j'ai eu une femme, un bébé, un chien. J'en avais marre du business. Je n'aimais pas la personne que j'étais quand je rentrais du boulot le soir. Je ne voulais pas que mon gosse grandisse avec un père comme ça. Je me suis dit, *Faut que je me tire d'ici.* » Lorsqu'il chercha à démissionner, ses patrons à Deutsche Bank insistèrent pour qu'il leur fasse part de ses doléances. « Je leur ai dit que je n'aimais pas travailler dans un bureau. Que je n'aimais pas porter un costume. Et que je n'aimais pas vivre dans une grande ville. Et ils ont répondu : "Très bien." » Ils l'informèrent alors qu'il pourrait porter ce qui lui plairait, vivre où ça lui plairait, et travailler où ça lui plairait – le tout en restant employé par Deutsche Bank.

Ben quitta Tokyo pour la baie de San Francisco, emportant avec lui les 100 millions de dollars que lui avait confiés Deutsche Bank pour spéculer depuis le confort de sa nouvelle maison de Berkeley Hills. Il supposait, ce qui peut se concevoir, qu'il était la seule personne de Berkeley à chercher des opportunités d'arbitrages sur le marché des dérivés de crédit. Il eut donc une surprise en découvrant qu'il y avait à côté de chez lui un type qui parcourait le globe dans sa tête pour acheter des options à long terme en prévision de drames financiers. Ben et Jamie se mirent à promener leurs chiens ensemble. Jamie n'arrêtait pas de demander à Ben des informations sur le fonctionnement des grandes banques de Wall Street et des marchés financiers ésotériques, et il finit par le pousser à quitter son boulot pour rejoindre Cornwall Capital. « Après trois ans à travailler seul dans une pièce, je me suis dit que ce serait agréable de travailler avec d'autres gens », explique Ben. Il quitta donc Deutsche Bank pour se joindre à leur joyeuse quête d'accidents et de désastres, mais ne tarda pas à se retrouver à travailler de nouveau seul. Charlie retourna à Manhattan dès qu'il put s'offrir le billet, et, lorsqu'il se sépara de sa petite amie, Jamie s'empressa de le suivre.

C'était une association de types étrangement similaires. Ben, tout comme Charlie et Jamie, estimait que les gens, et les marchés, tendaient à sous-estimer la probabilité de changement extrême, mais il poussait sa réflexion un peu plus loin. Si Charlie et Jamie s'intéressaient principalement à la probabilité de désastres sur les marchés financiers, lui ne perdait pas de vue la possibilité de désastres dans la vraie vie. Les gens sous-estimaient ce risque, estimait-il, parce qu'ils ne voulaient pas y penser. Il y avait généralement, sur les marchés comme dans la vie, deux façons différentes de réagir à la possibilité d'événements extrêmes : la lutte ou la fuite. « La lutte, ça veut dire : "Je ne vais pas me laisser faire", affirme-t-il. La fuite, c'est se dire : "Nous sommes tous condamnés alors je ne peux rien y faire." » Charlie et Jamie étaient du genre à adopter la fuite. Lorsque Ben mentionnait le fait que le réchauffement climatique risquait de faire monter le niveau de la mer de six mètres, par exemple, ceux-ci haussaient les épaules et répondaient : « Je n'y peux rien, alors pourquoi m'en faire à ce sujet ? » Ou alors : « Si ça arrive, j'espère que je ne serai plus en vie. »

« C'étaient deux célibataires à Manhattan, affirme Ben. Du genre à dire : "Et si on ne peut pas vivre à Manhattan, alors autant ne pas vivre du tout." » Il était surpris que Charlie et Jamie, qui avaient tous deux tellement conscience de la possibilité de changements spectaculaires sur les marchés financiers, soient moins conscients et réceptifs aux possibilités en dehors de ces marchés. « J'essaie de me préparer et de préparer mes enfants à un environnement qui est imprévisible », ajoute-t-il.

Charlie et Jamie préféraient que Ben garde ses considérations apocalyptiques pour lui. Elles mettaient les gens mal à l'aise. Personne n'avait besoin de savoir, par exemple, que Ben s'était acheté à la campagne, au nord de San Francisco, dans un endroit isolé sans accès par la route, une ferme avec suffisamment de fruits et légumes pour nourrir sa famille en cas de catastrophe. Mais Ben avait du mal à garder pour lui sa vision du monde, surtout dans la mesure où elle allait de pair avec leur stratégie d'investissement : la possibilité d'un accident ou d'un désastre n'était jamais très éloignée de leurs conversations. Un jour, alors qu'il était au téléphone avec Ben, Charlie déclara : « Tu détestes prendre le moindre risque, mais tu vis dans une maison au sommet d'une montagne qui se trouve sur une faille sismique, alors même que le marché immobilier atteint des records historiques. » « Il a juste dit : "Faut que j'y aille", et il a raccroché, se souvient Charlie. Après ça, il a été quasiment injoignable pendant environ deux mois. »

« J'ai raccroché, confirme Ben, et je me suis dit : *Il faut que je vende ma maison. Tout de suite.* » Celle-ci valait un million de dollars, peut-être plus, et pourtant il n'aurait pas pu la louer pour plus de 2 500 dollars par mois. « Elle se vendait pour plus de trente fois le montant brut des loyers, dit Ben. La règle, c'est qu'on achète à dix et qu'on vend à vingt. » En octobre 2005, il emménagea avec sa famille dans une maison de location, loin de la faille.

Ben considérait Charlie et Jamie moins comme des gestionnaires d'argent professionnels que comme des dilettantes ou, pour reprendre ses mots, comme « deux types intelligents qui papillonnaient sur les marchés ». Mais leur stratégie qui consistait à acheter des tickets bon marché pour assister à quelque drame financier espéré trouvait une résonance en lui. Elle était loin d'être infaillible ; de fait, il était presque certain qu'elle échouerait plus souvent qu'elle ne réussirait. Parfois le drame espéré ne se produisait jamais ; parfois ils ne savaient même pas ce qu'ils faisaient. Un jour, Charlie trouva un écart sur le marché à terme de l'essence, et il se dépêcha d'acheter un contrat sur l'essence et d'en vendre un autre, histoire d'empocher ce qui lui semblait un profit sans risque – pour finalement s'apercevoir, comme le dit Jamie, que « l'un était du sans-plomb et l'autre, genre, du diesel. » Une autre fois, le principe était juste, mais la conclusion fausse. « Un jour Ben m'appelle et me dit : "Mec, je crois qu'il va y avoir un coup d'État en Thaïlande" », raconte Jamie. Aucun journal n'annonçait rien de tel ; c'était un vrai scoop. « Je lui ai dit : "Allez, Ben, tu débloques, il ne va pas y avoir de coup d'État. De toute manière, comment tu le saurais ? Tu es à Berkeley !" » Ben jura qu'il avait parlé à un type avec qui il avait travaillé à Singapour, qui passait son temps à observer ce qui se passait en Thaïlande. Il insista tellement qu'ils se lancèrent sur le marché des changes et achetèrent des *puts* (des options de vente) de trois mois à un prix incroyablement bas sur le baht thaïlandais. Et en effet, une semaine plus tard, l'armée thaïlandaise renversait le Premier ministre élu. Mais le baht ne bougea pas. « Nous avons prévu un coup d'État, et nous avons perdu de l'argent », conclut Jamie.

Les pertes n'étaient, par nature, guère importantes ; elles faisaient partie du plan. Ils perdaient plus souvent qu'ils ne gagnaient. Mais les pertes – le coût des options – avaient été minimes comparées aux gains. Il y avait une explication possible à leur succès, dont Charlie et Jamie avaient juste eu l'intuition, mais que Ben, qui avait fixé le prix d'options pour une grande banque de Wall Street, pouvait aisément expliquer : les options financières étaient systématiquement mal évaluées. Le marché sous-estimait souvent la probabilité de fluctuations extrêmes des cours. Le marché des options tendait aussi à supposer que l'avenir lointain ressemblerait plus au présent que ce n'était généralement le cas. Enfin, le prix d'une option dépendait de la volatilité de l'action ou de la devise ou de la matière première sous-jacente, et le marché des options tendait à se reposer sur le passé récent pour déterminer cette volatilité. Quand une action IBM s'échangeait à 34 dollars alors que ça faisait un an qu'elle n'arrêtait pas de faire des bonds, une option pour l'acheter à 35 dollars dans un futur proche était rarement sous-évaluée. Quand l'or s'était échangé aux alentours de 650 dollars l'once pendant les deux années précédentes, une option pour en acheter à 2 000 dollars l'once à n'importe quel moment au cours des dix années à venir risquait d'être sérieusement sous-évaluée. Plus le terme de l'option était éloigné, plus les résultats générés par le modèle Black-Scholes étaient absurdes, et plus l'opportunité pour les gens qui ne l'utilisaient pas était grande.

Bizarrement, c'était Ben, le moins conventionnel des trois, qui donnait l'impression que Cornwall Capital était un fonds de gestion institutionnel conventionnel. Il connaissait les salles de marché de Wall Street et savait également combien Charlie et Jamie étaient pénalisés d'être perçus par les grandes banques de Wall Street comme des investisseurs pas très sérieux ou, comme le dit Ben, « comme un hedge fund d'amateurs ». Les options les plus longues disponibles aux investisseurs individuels sur les marchés officiels étaient les LEAP, qui étaient des options de deux ans et demi sur les actions ordinaires. « Vous savez, annonça un jour Ben à Charlie et Jamie, si vous vous imposiez comme un investisseur institutionnel sérieux, vous pourriez appeler Lehman Brothers ou Morgan Stanley et acheter des options de huit ans sur tout ce que vous voulez. Ça vous dirait ? »

Et comment ! Ils crevaient d'envie de pouvoir négocier directement avec les émetteurs de ce qu'ils considéraient comme les options les plus sous-évaluées : les salles de marché archisophistiquées de Goldman Sachs, Deutsche Bank, Bear Stearns, et ainsi de suite. « Le permis de chasse », qu'ils appelaient ça. Et le permis de chasse avait un nom : un ISDA. C'étaient les mêmes accords, imaginés par l'International Swaps and Derivatives Association, que Mike Burry avait obtenus avant d'acheter ses premiers CDS. Si vous obteniez votre ISDA, vous pouviez en théorie négocier avec les grandes banques de Wall Street, peut-être pas d'égal à égal, mais sans être considéré comme un gamin. Le problème était que, malgré leurs divers succès, ils n'avaient toujours pas beaucoup d'argent. Pire, ce qu'ils avaient leur appartenait. À Wall Street, ils étaient classés, au mieux, parmi les « individus à forte situation nette ». Autrement dit, les riches. Wall Street servait mieux les riches que les gens des classes moyennes, mais ils demeuraient néanmoins des citoyens de deuxième classe par rapport aux gestionnaires d'argent institutionnels. Surtout, les riches n'étaient généralement pas invités à acheter et vendre des véhicules ésotériques tels que les CDS, qui n'étaient pas échangés sur des marchés officiels. Des titres qui constituaient, de plus en plus, le cœur de Wall Street.

Début 2006, Cornwall Capital avait accumulé un butin de près de 30 millions de dollars, mais même ça, pour les salles de marché des banques de Wall Street qui vendaient des CDS, c'était une somme risible. « Nous avons appelé Goldman Sachs, explique Jamie, et il a tout de suite été clair qu'ils ne voulaient pas travailler avec nous. Chez Lehman Brothers, ils nous ont juste ri au nez. Il y avait cette forteresse impénétrable, et il fallait soit l'escalader, soit creuser un tunnel en dessous. » « J. P. Morgan nous a foutus à la porte en tant que client, surenchérit Charlie. Ils disaient qu'on créait trop de problèmes. » Et c'était vrai ! Ils possédaient des sommes d'argent de gamin, mais voulaient être traités comme des adultes. « Nous voulions acheter des options sur le platine à Deutsche Bank, raconte Charlie, et ils ont répondu : "Désolés, on ne peut pas faire ça avec vous." » Wall Street vous faisait payer parce que vous gériez votre propre argent au lieu de payer quelqu'un de Wall Street pour le faire à votre place. « Personne ne voulait de nous, se souvient Jamie. Nous appelions tout le monde, et il fallait 100 millions, minimum, pour être crédible. »

Lorsqu'ils appelèrent UBS, la grande banque suisse, ils étaient assez échaudés pour ne pas répondre lorsque le type au bout du fil leur demanda combien d'argent ils avaient. « Nous avions appris à éluder la question », explique Jamie. En conséquence de quoi, UBS mit un peu plus longtemps que les autres à les envoyer promener. « Ils ont demandé, genre : "De combien vous shortez ?" se souvient Charlie. Et nous avons répondu : "Pas énormément." Alors ils ont demandé : "Vous achetez souvent ?"

Nous avons dit : "Pas très souvent." Alors il y a eu un long silence. Puis le type a dit : "Laissez-moi parler à mon patron." Et ils n'ont plus donné de nouvelles. »

Ils n'eurent pas plus de chance avec Morgan Stanley, Merrill Lynch et les autres. « Ils disaient : "Montrez-nous votre matériel marketing", raconte Charlie, et nous répondions : "Heu, on n'en a pas." Alors ils disaient : "Bon, alors montrez-nous vos prospectus." Mais nous n'en avions pas puisque l'argent était à nous. Alors ils demandaient : "Bon, montrez-nous simplement votre argent." Et nous répondions : "Heu, on n'en a pas vraiment assez non plus." Alors ils disaient : "OK, dans ce cas montrez-nous vos CV." » Si Charlie et Jamie avaient eu une connexion avec le monde de la gestion de fonds – disons, un ancien emploi –, ça aurait pu ajouter un peu de crédibilité à leur demande, mais ils n'en avaient pas. « Au bout du compte, ils finissaient toujours par nous demander : "Alors qu'est-ce que vous avez ?" »

Du culot, voilà ce qu'ils avaient. Plus 30 millions dont ils voulaient et pouvaient faire tout ce qu'ils voulaient. Plus un ancien trader de produits dérivés avec une vision du monde apocalyptique qui savait comment fonctionnaient ces grandes banques de Wall Street. « Jamie et Charlie demandaient un ISDA depuis deux ans, mais ils ne savaient tout simplement pas comment le demander, explique Ben. Ils ne connaissaient même pas le terme "ISDA". »

Charlie ne comprit jamais vraiment comment Ben se débrouilla, mais celui-ci parvint à persuader Deutsche Bank, qui exigeait qu'un investisseur contrôle 2 milliards de dollars pour être traité comme une institution, d'accepter Cornwall Capital sur sa « plateforme institutionnelle ». Ben prétendait qu'il suffisait de savoir à qui s'adresser, et d'utiliser les mots justes pour les rassurer. Soudain, une équipe de Deutsche Bank accepta de rendre visite à Cornwall Capital pour voir si la société était digne de figurer parmi les clients institutionnels de Deutsche Bank. « Ben sait s'y prendre », affirme Charlie.

Deutsche Bank avait un programme appelé KYC (*Know Your Customer*, Connaissez votre client) qui, s'il ne demandait pas de véritablement connaître son client, exigeait qu'on le rencontre, en personne, au moins une fois. En apprenant qu'ils allaient recevoir la visite de Deutsche Bank, Charlie et Jamie songèrent, pour la première fois, que travailler dans le studio de Julian Schnabel, dans la mauvaise partie de Greenwich Village, pourrait engendrer plus de complications qu'autre chose. « On avait un problème d'image », déclare délicatement Jamie. Du dessus s'échappaient des odeurs de peinture fraîche ; du dessous, où se trouvaient les seules toilettes, provenaient les sons d'un atelier de confection. « Avant leur arrivée, explique Charlie, je me souviens m'être dit : *Si l'un d'eux doit aller aux toilettes, on est foutus.* » L'espace exigu qu'occupait Cornwall Capital dans le grand studio avait le charme d'un lieu dédié à tout sauf à la finance – une pièce sombre à l'arrière avec des murs de briques rouges et des fenêtres qui donnaient sur un petit jardin aux allures de jungle qui semblait plus inciter à la romance qu'à l'achat de CDS. « Il y a eu un ou deux moments délicats, parce que nos bureaux étaient situés au-dessus d'un atelier de confection et qu'ils entendaient le bruit », raconte Jamie. Mais aucune des personnes envoyées par Deutsche Bank n'eut besoin d'aller aux toilettes, et Cornwall Capital Management obtint son ISDA.

Si l'on étudiait ses clauses dans le détail, on pouvait observer que cet accord s'étendait longuement sur les obligations de Cornwall Capital envers Deutsche Bank, et nettement moins sur les obligations de Deutsche Bank envers Cornwall Capital. Si Cornwall Capital faisait un pari avec Deutsche Bank et se retrouvait « dans la monnaie », Deutsche Bank n'était pas obligée de mettre une garantie en face. Cornwall devrait simplement espérer que Deutsche Bank pourrait honorer ses dettes. Si, d'un autre côté, la transaction se retournait contre Cornwall Capital, ils devraient mettre le montant en leur défaveur, quotidiennement. À l'époque, Charlie, Jamie et Ben ne se souciaient pas trop de cette clause, ni de clauses similaires dans l'ISDA qu'ils conclurent avec Bear Stearns. Ils étaient simplement heureux de pouvoir acheter des credit default swaps à Greg Lippmann.

Et maintenant ? C'étaient des jeunes hommes pressés – ils n'en revenaient pas que ce marché existe, et ils ne savaient pas combien de temps il durerait – mais ils passèrent plusieurs semaines à en débattre entre eux. L'argumentaire de Lippmann était à leurs yeux aussi étrange qu'intriguant. Cornwall Capital n'avait jamais acheté ni vendu d'obligation hypothécaire, mais ils voyaient bien qu'un CDS était au fond simplement une option financière : vous payiez une petite prime, et, si suffisamment d'emprunteurs échouaient à rembourser leurs prêts subprime, vous deveniez riche. Dans ce cas, cependant, on leur offrait un billet d'entrée bon marché pour un drame qui semblait quasi inévitable. Ils créèrent une nouvelle présentation destinée à eux-mêmes. « On examinait le marché, affirme Charlie, et on se disait, c'est trop beau pour être vrai. Comment ça se fait que je puisse acheter des CDS sur les triple-B [des credit default swaps sur la tranche triple-B d'obligations hypothécaires subprime] à de tels niveaux ? Quelle personne sensée décrète : "Oh, je crois que je vais prendre 200 points de base pour assurer ce risque" ? Ça semblait juste un prix ridiculement bas. Ça n'avait aucun sens. » C'était désormais le début du mois d'octobre 2006. Un peu plus tôt, en juin, les prix de l'immobilier, pour la première fois, avaient commencé de chuter dans le pays. Cinq semaines plus tard, le 29 novembre, l'indice des obligations hypothécaires subprime, appelé l'ABX, annoncerait son premier incident sur la perception des intérêts. Les emprunteurs commençaient à faire défaut sur le paiement des intérêts des tranches les plus risquées des subprimes. Les prêts immobiliers sous-jacents commençaient déjà à se dégrader, et pourtant le prix des obligations adossées aux prêts n'avait pas bougé. « C'est ça qui était si bizarre, se souvient Charlie. Les prêts avaient déjà commencé à mal tourner. On n'arrêtait pas de demander : "Mais qui est la contrepartie de ces opérations ?" Et la réponse qu'on nous donnait, c'était : "Ce sont les CDO." Ce qui, bien entendu, soulevait une autre question : un CDO, c'était qui, ou quoi ? »

Généralement, quand ils se lançaient sur un nouveau marché – parce qu'ils avaient découvert un accident potentiel qui semblait valoir le coup qu'on parie dessus –, ils trouvaient un expert pour leur faire office de guide dans la jungle. Mais ce marché-ci était si éloigné de tout ce qu'ils connaissaient qu'ils mirent plus longtemps que d'habitude à trouver de l'aide. « J'avais une vague idée de ce qu'était un ABS [un titre adossé à des actifs], dit Charlie. Mais je n'avais aucune idée de ce qu'était un CDO. » Ils finirent par comprendre que le langage n'avait pas la même fonction sur le marché des obligations qu'ailleurs. La terminologie du marché des obligations était conçue moins pour être porteuse de sens que pour dérouter les gens de l'extérieur. Les obligations surévaluées n'étaient pas chères ; elles étaient « riches », ce qui donnait presque l'impression qu'il fallait les acheter. Les étages des obligations hypothécaires subprime n'étaient pas appelés des étages – ni quoi que ce soit qui aurait pu aider l'acheteur à se représenter mentalement une image concrète – mais des « tranches ». La tranche du bas – l'étage le plus risqué – ne s'appelait pas le rez-de-chaussée, mais la mezzanine, ou « mezz », ce qui évoquait moins un investissement dangereux qu'une place très convoitée dans un stade. Un CDO composé exclusivement des mezzanines – les étages les plus risqués – des prêts subprime ne s'appelait pas un CDO adossé à un subprime, mais un « CDO de finance structurée ». « Les différents termes donnaient lieu à tant de confusions, déclare Charlie. À mesure qu'on essayait de les déchiffrer, on a fini par comprendre pourquoi on n'y comprenait pas grand-chose. C'était parce que ça ne voulait réellement pas dire grand-chose. »

Le marché des prêts subprime avait un talent particulier pour obscurcir ce qu'il aurait fallu clarifier. Une obligation adossée exclusivement à des prêts subprime, par exemple, n'était pas appelée une obligation hypothécaire subprime. C'était un ABS, soit une obligation adossée à des actifs. Lorsque Charlie demanda à Deutsche Bank quels étaient exactement les actifs derrière un ABS, on lui fournit une liste d'abréviations et de nouveaux acronymes – RMBS, HEL, HELOC, Alt-A – ainsi que des catégories de crédit dont il ignorait jusqu'alors l'existence («midprime»). RMBS signifiait *residential mortgage-backed security* (titre adossé à des prêts immobiliers résidentiels). HEL signifiait *home equity loan* (prêt pour apport personnel). HELOC signifiait *home equity line of credit* (ligne de crédit pour apport personnel). Alt-A servait juste à décrire les prêts immobiliers pourris pour lesquels on n'avait même pas pris la peine de demander les documents nécessaires – pour vérifier les revenus de l'emprunteur, par exemple. «A» était la désignation attribuée aux emprunteurs les plus solvables ; Alt-A, ou *alternative-A-paper*, signifiait une alternative aux plus solvables, ce qui paraît naturellement tout de suite beaucoup plus louche. En règle générale, tout prêt qui était transformé en acronyme ou en abréviation aurait pu, pour clarifier les choses, être appelé «prêt subprime». Mais le marché des obligations ne voulait pas être clair. Et «midprime» était une sorte de triomphe du langage sur la vérité. Un type malin du milieu des obligations avait examiné la multitude de prêts subprime, tel un promoteur immobilier ambitieux pourrait examiner Oakland, et il avait trouvé un moyen d'en renommer une partie. En bordure d'Oakland, il y avait un quartier qui se faisait passer pour une ville totalement différente nommée Rockridge. Et simplement sous prétexte que Rockridge refusait de s'appeler Oakland, le prix des maisons y était plus élevé. À l'intérieur du marché des prêts subprime, il y avait désormais un quartier similaire nommé midprime. Midprime, c'était la même chose que subprime – et pourtant, incroyablement, c'était différent. «J'ai mis un moment à comprendre que tous ces trucs à l'intérieur des obligations étaient à peu près une seule et même chose, explique Charlie.

Les sociétés de Wall Street demandaient juste aux agences de notation d'accepter des noms différents pour qu'elles puissent faire passer le tout pour un assemblage d'actifs diversifiés. »

Charlie, Jamie et Ben se lancèrent sur le marché des subprimes avec l'intention de faire ce que Mike Burry et Steve Eisman avaient déjà fait, et ils trouvèrent les obligations subprime les pires de toutes pour parier contre. Ils comprirent rapidement les scores FICO, les ratios prêt/valeur, les secondaires silencieuses, la folie particulière qui agitait la Californie et la Floride, et la structure scandaleusement optimiste des obligations elles-mêmes : il suffisait de 7 % de pertes dans l'assemblage sous-jacent pour que la tranche triple-B moins, l'étage inférieur de l'édifice, tombe à zéro. Mais ils firent alors une chose tout à fait différente – et, au final, plus rentable – que ce que faisaient tous ceux qui pariaient contre le marché des subprimes : ils parièrent contre les étages supérieurs – les tranches double-A – des CDO.

Après coup, ils comprirent qu'ils avaient eu deux avantages. Premièrement, ils étaient arrivés sur le marché sur le tard, juste avant son effondrement, et après une poignée d'autres gestionnaires de fonds. « L'une des raisons qui nous a permis d'agir si vite, explique Charlie, c'était qu'on avait accès à un tas d'analyses irréfutables que nous n'avions pas besoin de créer nous-mêmes à partir de rien. » L'autre avantage était leur approche insolite des marchés financiers : ils recherchaient consciemment les paris audacieux. Ils passaient les marchés au crible en quête de paris dont la probabilité véritable était de 10 contre 1, mais dont le prix était fixé comme si elle était de 100 contre 1. « On cherchait l'effet de levier sans recours, déclare Charlie. L'effet de levier signifie que vous amplifiez le résultat. Vous avez un pied-de-biche, vous exercez une petite pression, et celle-ci se transforme en pression beaucoup plus forte. On essayait de se retrouver dans une position où de petits changements dans l'état du monde créeraient d'énormes changements en terme de valeur. »

Arrive le CDO. Ils ne savaient peut-être pas ce qu'était un CDO, mais ils étaient psychologiquement prêts, car il suffisait d'un petit changement dans l'état du monde pour que la valeur d'un CDO soit considérablement modifiée. Un CDO, à leurs yeux, n'était fondamentalement qu'une pile d'obligations hypothécaires triple-B. Les sociétés de Wall Street avaient comploté avec les agences de notation pour faire passer la pile comme un assemblage d'actifs diversifiés, mais quiconque avait des yeux pouvait voir que si un prêt subprime triple-B tournait mal, la plupart suivraient le mouvement, puisqu'ils étaient soumis aux mêmes forces économiques. Les prêts immobiliers subprime de Floride défailleraient pour les mêmes raisons, et au même moment, que les prêts immobiliers subprime de Californie. Et pourtant, 80 % d'un CDO composé exclusivement d'obligations triple-B avait une note supérieure : triple-A, double-A ou A. Pour balayer n'importe quelle obligation triple-B – l'étage inférieur de l'édifice – tout ce qu'il fallait, c'était une perte de 7 % dans l'assemblage sous-jacent de prêts immobiliers. Ces mêmes 7 % balaieraient donc, dans sa totalité, n'importe quel CDO constitué d'obligations triple-B, et ce, quelle que soit la note qui lui avait été attribuée. « Il nous a fallu des semaines pour vraiment saisir ça, parce que c'était tellement bizarre, affirme Charlie. Mais plus on étudiait les CDO, plus on se disait : *Nom de Dieu, c'est complètement dingue ! C'est une escroquerie.* On ne peut peut-être pas le prouver devant un tribunal. Mais c'est une escroquerie. »

Mais c'était aussi une opportunité stupéfiante : le marché semblait croire à son propre mensonge. Il faisait payer beaucoup moins pour assurer une tranche double-A soi-disant sûre d'un CDO que pour assurer les obligations triple-B, qui étaient ouvertement risquées. Pourquoi payer 2 % par an pour parier directement contre des obligations triple-B quand ils pouvaient payer 0,5 % par an pour faire exactement la même chose en pariant contre la tranche double-A d'un CDO ? S'ils payaient quatre fois moins cher, ils pouvaient faire quatre fois plus de paris.

Ils appelèrent les grandes banques de Wall Street pour voir si quelqu'un pouvait les dissuader d'acheter des CDS sur la tranche double-A des CDO. « Ça semblait simplement trop beau pour être vrai, se souvient Jamie. Et quand quelque chose semble trop beau pour être vrai, on essaie de comprendre pourquoi. » Un type de Deutsche Bank nommé Rich Rizzo, qui travaillait pour Greg Lippmann, tenta le coup. Il leur expliqua que l'accord ISDA qui normalisait les CDS sur les CDO (un accord différent de celui qui normalisait les CDS sur les obligations hypothécaires) avait été créé seulement quelques mois plus tôt, en juin 2006. Personne n'avait encore acheté de CDS sur la partie double-A des CDO, ce qui signifiait qu'il était peu probable que le marché soit liquide. Et sans marché liquide, ils n'étaient pas assurés de pouvoir les vendre quand ils le souhaitaient, ni d'obtenir un prix juste.

« L'autre chose qu'il a dite, se souvient Charlie, c'était que [les choses] ne tourneraient jamais assez mal pour que les CDO se dégradent. »

Cornwall Capital n'était pas de cet avis. Ils ne savaient pas avec certitude si les prêts subprime défailliraient en nombre suffisant pour faire s'écrouler les CDO. Tout ce qu'ils savaient, c'était que Deutsche Bank n'en savait rien non plus, pas plus que qui que ce soit d'autre. Il y avait peut-être un prix « juste » pour assurer les premières pertes sur des assemblages de prêts adossés à des prêts douteux, mais celui-ci n'était certainement pas de 0,5 %.

Bien sûr, si vous comptez parier sur un CDO, mieux vaut savoir ce qu'un CDO contient exactement, et ils n'en savaient toujours rien. La difficulté qu'il y avait à obtenir ces informations laissait penser que la plupart des investisseurs sautaient simplement cette étape de leur due diligence. Chaque CDO contenait des morceaux de centaines d'obligations hypothécaires différentes – qui, à leur tour, renfermaient des milliers de prêts différents. Et il était impossible, ou presque, de découvrir quels morceaux, et quels prêts. Même les agences de notation, dont ils avaient tout d'abord supposé qu'elles constitueraient la meilleure source d'informations, n'en avaient pas la moindre idée. « J'ai appelé S&P et leur ai demandé ce qu'il y avait dans un CDO, relate Charlie. Et ils ont répondu : "Oh oui, on y travaille." » Moody's et S&P empilaient ces obligations triple-B en supposant qu'elles étaient diversifiées, et elles leur attribuaient des notes – sans même savoir ce qui se cachait derrière les obligations ! Il y avait eu des centaines d'opérations sur les CDO – on en avait créé pour 400 milliards de dollars rien qu'au cours des trois années précédentes – et pourtant, pour autant qu'ils sachent, aucun n'avait été correctement contrôlé. Charlie localisa une source fiable qui pourrait les renseigner sur ce que contenaient les CDO, une société qui publiait des données nommée Intex, mais les gens d'Intex ne le rappelaient jamais, et il en déduisit que parler à de petits investisseurs ne les intéressait pas vraiment. Finalement, il trouva un site Internet, administré par Lehman Brothers, nommé LehmanLive*.

LehmanLive ne vous disait pas exactement ce qu'il y avait dans un CDO non plus, mais le site offrait une image brute de ses principales caractéristiques : par exemple, en quelle année les obligations qui le constituaient avaient été créées, et combien de ces obligations étaient principalement adossées à des prêts subprime. Projetant les données qu'ils avaient collectées sur le mur de briques du studio de Julian Schnabel, Charlie et Jamie se mirent à rechercher deux caractéristiques spécifiques : les CDO qui contenaient le plus haut pourcentage d'obligations adossées entièrement à des prêts immobiliers subprime récents, et ceux qui contenaient le plus haut pourcentage d'autres CDO. Car les CDO avaient une autre particularité étrange : ils n'étaient souvent que des assemblages de tranches d'autres CDO, probablement celles que leurs créateurs à Wall Street avaient eu du

---

*Même aujourd'hui, après la mort de Lehman Brothers, LehmanLive demeure la source fantomatique à consulter pour se renseigner sur le contenu de nombreux CDO.

mal à vendre. Et une autre caractéristique encore plus surprenante était leur circularité : un CDO « A » contenait un morceau d'un CDO « B » ; le CDO « B » contenait une partie d'un CDO « C » ; et le CDO « C » contenait une partie du CDO « A » ! Chercher des obligations pourries au sein d'un CDO, c'était comme aller à la pêche aux ordures dans une poubelle : la question n'était pas de savoir si on en trouverait, mais quand on estimerait en avoir assez. Même leurs noms étaient fourbes et ne vous disaient rien sur leur contenu, leur créateur, ou leur gestionnaire : Carina, Gemstone, Octans III, Glacier Funding. « Ils avaient tous ces noms saugrenus, dit Jamie. Nombre d'entre eux, pour une raison que nous n'avons jamais comprise, étaient nommés d'après des montagnes des Adirondacks. »

Ils se hâtèrent de dresser une liste des CDO qu'ils espéraient les plus pourris et appelèrent plusieurs brokers. Ils avaient eu du mal à se libérer des brokers qui s'occupaient des gens riches pour se jeter entre les bras des brokers qui s'occupaient des gros investisseurs institutionnels du marché des actions. Ils avaient désormais du mal à échapper à ces derniers et à se faire accepter par les gens du marché des obligations hypothécaires subprime. « Quand on appelait, on nous répondait souvent : "Hé, pourquoi vous n'achetez pas des actions ?" » déclare Charlie. Bear Stearns n'en revenait pas que ces jeunes types sans argent veuillent acheter non seulement des CDS, mais des CDS si ésotériques que personne d'autre n'en avait acheté. « Je me rappelle m'être foutu d'eux », explique le vendeur de CDS de Bear Stearns qui répondit à leur première demande.

Chez Deutsche Bank, on les refila à un vendeur d'obligations de 23 ans qui n'avait jamais eu un client à lui. « La raison pour laquelle j'ai fait la connaissance de Ben et Charlie, affirme ce jeune homme, c'est que personne d'autre à Deutsche Bank ne voulait avoir affaire à eux. Ils avaient dans les 25 millions de dollars, ce qui ne représentait pas grand-chose pour Deutsche Bank. Personne ne voulait répondre à leurs coups de fil. Les gens se moquaient de leur nom – ils disaient, "Oh, c'est encore Cornhole Capital qui appelle." » Néanmoins, Deutsche Bank s'avéra une fois de plus être la banque la plus disposée à travailler avec eux. Le 16 octobre 2006, ils achetèrent auprès de la salle des marchés de Greg Lippmann pour 7,5 millions de dollars de CDS sur la tranche double-A d'un CDO nommé, sans raison apparente, Pine Mountain. Quatre jours plus tard, Bear Stearns leur en vendait pour 50 millions de plus. « Ils connaissaient Ace, déclare le vendeur de CDS de Bear Stearns, alors on a fini par traiter avec eux. »

Charlie et Jamie continuaient d'appeler tous les gens dont ils estimaient qu'ils pouvaient être de près ou de loin liés à ce nouveau marché, dans l'espoir de trouver quelqu'un qui pourrait leur expliquer ce qui leur paraissait comme une folie absolue. Un mois plus tard, ils trouvèrent finalement, et embauchèrent leur expert de marché – un type nommé David Burt. Le fait que le magazine *Institutional Investor* était sur le point de publier un palmarès des personnes qui travaillaient sur le marché obligataire (sous le titre « Les 20 étoiles montantes du marché obligataire ») était le signe de la quantité d'argent qu'on y gagnait. Et le fait que David Burt figurait dans ce palmarès était le signe de la quantité d'argent qu'on gagnait sur le marché des subprimes. Burt avait été chargé d'évaluer le crédit immobilier subprime pour le fonds obligataire à mille milliards de dollars BlackRock, qui appartenait, en partie, à Merrill Lynch. Son travail avait consisté à identifier à l'avance les obligations qui allaient mal tourner. Il avait depuis démissionné dans l'espoir de lever lui-même des capitaux à investir dans les obligations immobilières subprime, et, pour joindre les deux bouts, il était prêt à offrir sa compétence contre 50 000 dollars par mois à ces hurluberlus de Cornwall Capital. Burt possédait les informations et les modèles les plus sensationnels pour analyser ces informations – il pouvait vous dire, par exemple, ce qu'il adviendrait des prêts immobiliers, code postal par code postal, en fonction de divers scénarios d'évolution des prix de l'immobilier. À partir de ces informations, il pouvait ensuite vous dire ce qu'il adviendrait probablement d'obligations hypothécaires spécifiques. Selon lui, le meilleur moyen d'utiliser ces informations était d'acheter les obligations hypothécaires qui semblaient les plus saines tout en vendant celles qui ne l'étaient pas.

Mais toutes ces complexités ingénieuses de spécialiste n'intéressaient pas vraiment Cornwall Capital. Passer un temps fou à essayer de choisir les meilleures obligations subprime était idiot si vous soupçonniez que le marché dans sa totalité était sur le point de se désintégrer. Ils confièrent à Burt une liste des CDO contre lesquels ils avaient parié et lui demandèrent son avis. « On cherchait toujours quelqu'un qui nous expliquerait pourquoi nous ne comprenions pas ce que nous faisions, explique Jamie. Mais il n'y est pas arrivé. » Ce que Burt put leur dire, en revanche, c'est qu'ils étaient probablement les premiers à acheter des CDS sur la tranche double-A de CDO. Pas rassurant. Ils supposaient qu'il y avait beaucoup de choses qu'ils ignoraient sur le marché des CDO ; il leur avait fallu moins d'une journée pour sélectionner ceux contre lesquels ils avaient parié, et ils supposaient qu'ils auraient pu faire un choix plus avisé. « On lançait nos fléchettes un peu à l'aveuglette, explique Jamie. On s'est dit : *Si on visait un peu mieux ?* »

L'analyse que Burt leur rendit quelques semaines plus tard les surprit autant que lui : ils avaient merveilleusement choisi. « Il a dit, "Ouah, vous vous en êtes superbement tiré. Il y a beaucoup d'obligations vraiment merdiques dans ces CDO" », se souvient Charlie. Ils ne s'étaient pas encore aperçus que les obligations à l'intérieur des CDO étaient en fait des CDS sur les obligations, et donc que leurs CDO n'étaient pas des CDO ordinaires, mais des CDO synthétiques, ni que les obligations sur lesquelles les swaps étaient basés avaient été minutieusement sélectionnées par Mike Burry et Steve Eisman et d'autres qui pariaient contre le marché. À bien des égards, ils demeuraient innocents.

Le défi, comme toujours, était de jouer le rôle d'investisseurs généralistes sans passer en même temps pour les idiots de la partie. En janvier 2007, au sein de leur minuscule fonds à 30 millions, ils possédaient pour 110 millions de CDS sur la tranche double-A de CDO adossés à des actifs. Les gens qui leur avaient vendu les swaps ne savaient toujours pas que penser d'eux. « Ils plaçaient des paris qui étaient des multiples de leur capital, déclare un jeune broker de Deutsche Bank. Et ils le faisaient en achetant des CDS sur des CDO, des produits dont peut-être trois ou quatre types dans toute la banque pouvaient parler intelligemment. » Charlie, Jamie et Ben comprenaient à moitié ce qu'ils avaient fait, mais pas vraiment. « On était pour ainsi dire obsédés par ce marché, explique Charlie. On avait épuisé notre réseau de gens à qui en parler. Et on ne comprenait toujours pas qui était la contrepartie de l'autre côté. On passait notre temps à chercher des gens qui pourraient nous expliquer pourquoi nous nous trompions. On se demandait juste si on était dingues. Une question nous taraudait : *Est-ce qu'on est en train de péter les plombs ?* »

Il ne restait que quelques semaines avant le retournement du marché, et le commencement de la crise, mais ils ne le savaient pas. Ils soupçonnaient que ce théâtre vide dans lequel ils avaient pénétré par hasard se préparait à accueillir le drame financier le plus fantastique auquel il leur serait donné d'assister, mais ils n'en étaient pas sûrs. Tout ce qu'ils savaient, c'était qu'il y avait beaucoup de choses qu'ils ne savaient pas. Un jour, au téléphone, leur vendeur de CDS chez Bear Stearns annonça que la grande conférence annuelle sur les subprimes se tiendrait cinq jours plus tard, à Las Vegas. Tous les grands pontes du marché des subprimes seraient présents. Ils déambuleraient à travers le Venetian Hotel avec leur nom épinglé sur la poitrine. Bear Stearns projetait une sortie spéciale pour ses clients dans une salle de tir de Vegas, où ils pourraient apprendre à utiliser toutes les armes à feu, du Glock à l'Uzi. « Mes parents étaient des

New-Yorkais progressistes, explique Charlie. Je n'avais même pas le droit d'avoir un pistolet en plastique. » Il s'envola avec Ben pour Vegas, histoire de faire du tir avec Bear Stearns, et de voir s'ils pourraient trouver quelqu'un qui leur expliquerait pourquoi ils avaient tort de parier contre le marché des subprimes.

6

Spider-Man au Venetian

Jouer au golf avec Eisman était toujours une expérience particulière. La partie commençait généralement par un embarras collectif, quand Eisman débarquait affublé d'une tenue qui transgressait les codes de la bienséance en vigueur parmi les golfeurs de Wall Street. Le 28 janvier 2007, il arriva au très select club de golf Bali Hai de Las Vegas en short de sport, T-shirt et baskets. Les gens qui ne le connaissaient pas l'observaient ; Vinny et Danny ne savaient plus où se mettre. « Allez, Steve, implora Danny en s'adressant à l'homme qui était, techniquement, son patron, il y a une étiquette ici. Tu es au moins censé porter une chemise. » Eisman retourna au club-house et acheta un sweat-shirt à capuche. Le sweat-shirt recouvrait son T-shirt et le faisait ressembler à un type qui venait d'acheter un sweat-shirt pour recouvrir son T-shirt. Ainsi vêtu, Eisman s'approcha pour son premier coup. Comme la moitié des swings d'Eisman, celui-ci fut moins que concluant. Mécontent de l'endroit où la balle avait atterri, il en tira une autre de son sac et la déposa à un meilleur emplacement. Vinny envoya son drive sur le fairway ; Danny, dans le rough ; Steve envoya le sien dans le bunker, marcha dans le sable et attrapa la balle pour la lancer plus loin, à côté de celle de Vinny. C'était difficile de l'accuser de tricherie, vu qu'il ne cherchait pas le moins du monde à cacher ce qu'il faisait. Il ne semblait même pas remarquer quoi que ce soit d'inhabituel dans sa façon de jouer. Il continua de retirer ses balles des tas de sable, ou de faire comme si elles n'avaient pas fini dans l'eau, avec le même aplomb ingénu tout au long de la partie. « Il a une mémoire si sélective que les expériences passées ne laissent aucune marque sur lui », explique Vinny. Il jouait au golf comme un enfant, ou comme une personne bien décidée à tourner en dérision un rituel sacré, ce qui revenait au même. « Le plus étrange, déclare Danny, c'est qu'il n'était en fait pas mauvais. »

Après leur partie, ils se rendirent à un dîner organisé par Deutsche Bank à l'hôtel Wynn. C'était la première fois qu'Eisman assistait à une conférence destinée aux gens du milieu des obligations, et ne sachant que faire d'autre, il s'en remit complètement à Greg Lippmann. Ce dernier avait loué un salon particulier dans un restaurant, et il invita Eisman et ses partenaires, qui se doutèrent bien qu'il ne faisait pas ça juste histoire de leur offrir un repas gratuit. « Même quand il avait des intentions honnêtes, il y avait toujours quelque chose en dessous », explique Vinny. Tout dîner dont Lippmann était à l'origine devait avoir un objectif caché – mais lequel ?

Il s'avéra que Lippmann avait un nouveau problème : les prix de l'immobilier aux États-Unis chutaient, le nombre de défauts sur les prêts subprime augmentait, et pourtant les obligations hypothécaires subprime restaient stables, de même que le prix de leur assurance. Il était désormais short de 10 milliards sur les obligations subprime, ce qui lui coûtait 100 millions par an en primes, et il ne voyait pas le bout du tunnel. « Il commençait à se faire déchirer », déclare Danny. Jusqu'à présent, son pari gigantesque avait été soutenu par ses investisseurs, comme Steve Eisman, qui lui payaient une commission quand il achetait et vendait des CDS, mais les investisseurs comme Steve Eisman commençaient à perdre courage. Certains de ses anciens convertis soupçonnaient Wall Street de truquer le marché pour s'assurer que les CDS ne rapporteraient jamais ; d'autres se demandaient si les investisseurs de l'autre côté de leur pari savaient quelque chose que eux ignoraient ; et il y avait ceux qui en avaient tout simplement assez de payer des primes d'assurance pour parier contre des obligations qui ne semblaient jamais bouger. Lippmann avait mis en scène ce formidable jeu de tir à la corde, assemblé une équipe pour tirer dans le même sens que lui, et maintenant c'était la débandade parmi ses coéquipiers. Il craignait qu'Eisman s'en aille aussi.

Le salon teppanyaki du restaurant Osaka abritait quatre îlots, chacun doté d'un *hibachi* en fonte et d'un chef attitré. À chaque îlot, Lippmann installa un directeur de hedge fund qu'il avait persuadé de shorter les obligations subprime, et des investisseurs qui misaient sur la hausse de ces obligations. Il espérait que les types des hedge funds verraient à quel point les investisseurs adverses étaient stupides, et qu'ils cesseraient de craindre qu'ils sachent quelque chose que eux ignoraient. C'était astucieux de sa part : Danny et Vinny passèrent leur temps à se demander s'ils étaient les idiots à la table de Lippmann. « On comprenait le marché des prêts subprime et on savait que les prêts se dégradaient, explique Vinny. Là où on n'était pas à l'aise, c'était avec la machine du marché des obligations. L'unique raison pour laquelle on était allés à Vegas, c'était qu'on voulait apprendre comment on allait se faire baiser, si on devait se faire baiser. »

Eisman s'installa à la place qui lui avait été attribuée, entre Greg Lippmann et un type qui se présenta comme Wing Chau et annonça qu'il dirigeait une société d'investissements nommée Harding Advisory. Lorsque Eisman demanda quels étaient exactement les conseils prodigués par Harding Advisory, Wing Chau expliqua qu'il était gestionnaire de CDO. « Je ne savais même pas qu'il y avait des gestionnaires de CDO, se souvient Eisman. Je ne savais pas qu'il y avait quoi que ce soit à gérer. » Par la suite, Eisman serait incapable de se souvenir de ce à quoi ressemblait Wing Chau, des vêtements qu'il portait, de l'endroit d'où il venait, ni de ce qu'il avait mangé et bu – il aurait tout oublié sauf l'idée financière qu'il représentait. Mais depuis sa place de l'autre côté de l'*hibachi*, Danny Moses les observait en s'interrogeant sur l'homme que Lippmann avait pris grand soin de placer à côté d'Eisman. Il était petit, avec une bedaine de Wall Street – pas la brioche du fan de base-ball, mais la panse discrète et nécessaire de l'écureuil qui se prépare pour l'hiver. Il avait étudié à l'université de Rhode Island, obtenu un diplôme de commerce à Babson College, et passé l'essentiel de sa carrière à des postes barbants dans des sociétés d'assurance-vie barbantes – mais tout ça, c'était du passé. Il était riche depuis peu, et ça se voyait. « Il avait ce petit sourire satisfait qui semblait dire *moi, je sais* », affirme Danny. Il ne connaissait pas Wing Chau, mais lorsqu'il entendit qu'il était l'acheteur final des CDO, il sut exactement qui il était : le pigeon. « La vérité, c'est que je n'avais pas vraiment envie de lui parler, dit Danny, parce que je ne voulais pas l'effrayer. »

Lorsqu'ils comprirent que Lippmann avait assis Eisman juste à côté du pigeon, Danny et Vinny pensèrent la même chose : *Oh non. Ça va mal finir.* Eisman ne pourrait pas se retenir. Il verrait que le type était un idiot, et il le lui ferait savoir. Et qu'est-ce qu'ils feraient alors ? Ils avaient besoin d'idiots ; seuls des idiots prenaient l'autre côté de leurs paris. Et ils voulaient continuer de parier. « On ne voulait pas que les gens sachent ce qu'on faisait, explique Vinny. On était des espions, en quête de faits. » Ils regardaient Eisman tremper deux fois ses *edamame* dans la sauce commune – je trempe, je suce, je retrempe, je resuce – en attendant que la pièce explose. Ils ne pouvaient rien faire d'autre que regarder et apprécier le spectacle. Eisman avait une manière curieuse d'écouter ; ce n'était pas tant qu'il écoutait ce que vous disiez, mais plutôt qu'il sous-traitait à quelque région profondément enfouie dans son cerveau la tâche de décider si ce que vous disiez valait la peine qu'on vous écoute, pendant que son esprit divaguait de son côté. Moyennant quoi il n'entendait jamais vraiment ce que vous disiez la première fois que vous le disiez. Mais si son sous-traitant mental détectait que ce que vous veniez de dire était un tant soi peu intéressant, il envoyait un signal radio au navire amiral, qui pivotait soudain et se tournait vers vous avec la plus intense concentration. « Répétez ça », disait-il. Et vous répétiez ! Parce qu'il était désormais si évident qu'Eisman vous écoutait – ce qui était rare – que vous étiez flatté. « Je n'arrêtais pas de les regarder, se souvient Danny. Et je voyais Steve qui disait encore et encore, " Répétez ça. Répétez ça." »

Plus tard, chaque fois qu'Eisman entreprendrait d'expliquer les origines de la crise financière, il commencerait par son dîner avec Wing Chau. Car ce n'est qu'alors qu'il comprit pleinement l'importance centrale des soi-disant CDO mezzanine – les CDO composés principalement d'obligations subprime triple-B – et de leur double synthétique : les CDO composés exclusivement de CDS sur des obligations subprime triple B. « Il faut comprendre ceci, dirait-il. C'était le moteur de la perte. » Il dessinerait plusieurs tours de dettes. La première tour représenterait les prêts subprime originaux qui avaient été empilés les uns sur les autres. Au sommet de cette tour se trouverait la tranche triple-A, juste en dessous, la tranche double-A, et ainsi de suite jusqu'à la tranche la plus risquée, la triple-B – les obligations contre lesquelles Eisman avait parié. Les sociétés de Wall Street avaient pris ces tranches triple-B – les pires de toutes – pour bâtir une nouvelle tour d'obligations : un CDO, ou collateralized debt obligation. La raison pour laquelle elles avaient fait ça était que les agences de notation, lorsqu'on leur présentait ces piles d'obligations adossées à des prêts douteux, noteraient 80 % de ces obligations triple-A. Ces obligations pouvaient ensuite être vendues à des investisseurs – fonds de pension, compagnies d'assurances – qui n'étaient autorisés à acheter que des titres très bien notés. C'était une nouveauté pour Eisman d'apprendre que ce navire en perdition était piloté par Wing Chau et des gens de son acabit. Ce type contrôlait à peu près 15 milliards de dollars, uniquement investis dans des CDO adossés à la tranche triple-B d'obligations hypothécaires, ou, comme le dit Eisman, « l'équivalent des obligations originales recouvertes de trois couches de merde ». Un an plus tôt, le principal acheteur de tranches triple-A de CDO subprime – c'est-à-dire la grande majorité des CDO – avait été AIG. Maintenant qu'AIG avait quitté le marché, les principaux acheteurs étaient des gestionnaires de CDO comme Wing Chau. À lui seul, Chau générait une vaste demande de tranches les plus risquées des obligations subprime, dont auparavant pratiquement personne ne voulait. Cette demande menait inexorablement à l'émission de nouveaux prêts immobiliers, qui étaient la matière première des obligations. L'homme avec qui Eisman partageait la sauce au soja dans laquelle il trempait ses *edamame* était donc un de ceux à cause de qui des milliers d'êtres humains bénéficiaient de prêts qu'ils n'auraient jamais les moyens de rembourser.

Il s'avérait que FrontPoint Partners avait passé beaucoup de temps à étudier ces prêts, et Eisman et ses collaborateurs savaient que le taux de défauts de paiement était déjà suffisant pour balayer la totalité du portefeuille de Wing Chau.

« Bon Dieu, fit Eisman. Les temps doivent être durs pour vous.

– Non, répondit Wing Chau. J'ai tout vendu. »

Répétez ça.

Ça n'avait aucun sens. Le travail du gestionnaire de CDO était de choisir la banque de Wall Street qui lui fournirait les obligations subprime qui servaient de collatéral aux investisseurs CDO, puis d'évaluer lui-même les obligations. Le gestionnaire de CDO devait aussi examiner les centaines d'obligations subprime individuelles à l'intérieur de chaque CDO, et remplacer les mauvaises, avant qu'elles ne tournent mal, par des meilleures. Ça, cependant, c'était juste la théorie : dans les faits, le genre d'investisseurs qui confiaient leur argent à Wing Chau, et achetaient par la même occasion la tranche triple-A de CDO – des banques allemandes, des compagnies d'assurances taïwanaises, des syndicats agricoles japonais, des fonds de pension européens, et, en général, des entités plus ou moins obligées d'investir dans des obligations triple-A – le faisaient précisément parce que ces tranches étaient censées être infaillibles, à l'abri des pertes, et qu'il n'était donc pas nécessaire de les surveiller ni même de trop y penser. Le gestionnaire de CDO, en pratique, ne faisait pas grand-chose, et c'est la raison pour laquelle tout un tas de personnes improbables voulaient faire ce boulot. « Deux types et un terminal Bloomberg dans le New Jersey », voilà comment on décrivait à Wall Street le gestionnaire de CDO typique. Moins les deux types étaient intellectuellement vifs, moins ils posaient de questions sur les obligations subprime triple-B qu'ils absorbaient dans leurs CDO, plus ils étaient susceptibles d'être utilisés par les grandes banques de Wall Street. L'idée derrière les CDO était de camoufler une grande quantité de risque de marché lié aux subprimes que les banques avaient été incapables de placer honnêtement. La dernière chose qu'on voulait, c'était un gestionnaire de CDO qui posait beaucoup de questions compliquées.

Le marché obligataire avait créé l'équivalent d'un agent double – un personnage qui donnait l'impression de représenter les intérêts des investisseurs quand il représentait plutôt les intérêts des salles de marché obligataire de Wall Street. Pour rassurer les gros investisseurs qui lui avaient confié leurs milliards que leurs intérêts lui tenaient très à cœur, le gestionnaire de CDO restait propriétaire de ce qui était appelé la tranche « equity », ou le « premier fusible » du CDO – le morceau qui était balayé le premier quand les prêts subprime qui alimentaient le CDO en cash faisaient défaut. Mais le gestionnaire de CDO percevait aussi une commission de 0,01 % en amont, avant que le moindre de ses investisseurs n'ait touché un centime, et une autre commission similaire, après coup, quand l'investisseur récupérait son argent. Ça ne semble pas grand-chose, mais quand vous gérez des dizaines de milliards de dollars sans trop d'efforts et sans frais, ça finit par faire. Quelques années plus tôt, Wing Chau gagnait 140 000 dollars par an en gérant un portefeuille pour la New York Life Insurance Company. En un an en tant que gestionnaire de CDO, il avait empoché 26 millions de dollars, l'équivalent d'une demi-douzaine de vies chez New York Life.

Maintenant, dans une quasi-extase, Chau expliquait à Eisman qu'il refilait simplement le risque de défaut des prêts immobiliers sous-jacents aux gros investisseurs qui l'avaient embauché pour contrôler les obligations. Son boulot était d'être l'«expert» ès CDO, mais il ne passait en fin de compte pas beaucoup de temps à se soucier de ce qu'il y avait dans les CDO. Son but, comme il l'expliquait, était de se voir confier un maximum d'argent. Et il faisait ça si bien que, de janvier 2007 à l'effondrement du marché en septembre, Harding Advisory serait le plus gros gestionnaire de CDO subprime du monde. Entre autres performances, Harding s'était imposé comme l'acheteur incontournable auprès de Merrill Lynch, dont l'incroyable machine à CDO était célèbre non seulement pour son taux de production (Merrill créa deux fois plus de ces machins que n'importe quelle autre grande banque de Wall Street) mais aussi pour ses déchets industriels (il fut par la suite prouvé que ses CDO étaient de loin les pires). «Il "gérait" les CDO, dit Eisman, mais qu'est-ce qu'il gérait ? J'étais consterné de voir que le marché de la finance structurée pouvait être assez fou pour laisser quelqu'un gérer un portefeuille de CDO sans qu'il soit lui-même exposé aux CDO. Les gens payaient pour que quelqu'un "gère" leurs CDO – comme ci ce crétin aidait qui que ce soit. Je me disais : *Espèce de connard, tu n'en as rien à foutre des investisseurs.* » Le vrai boulot de Chau était de faire office d'homme de paille pour les banques de Wall Street qu'il «engageait»; les investisseurs préféraient acheter un CDO de Merrill Lynch s'il ne semblait pas géré par Merrill Lynch.

Il y avait une raison pour laquelle Greg Lippmann avait placé Wing Chau à côté de Steve Eisman. Si Wing Chau percevait la désapprobation d'Eisman, il n'en montrait rien; à la place, il lui parlait avec condescendance. *Moi, je sais.* «Puis il a dit quelque chose qui m'a fait halluciner, explique Eisman. Il a dit, "J'adore les types comme vous qui shortent mon marché. Sans vous, je n'aurais rien à acheter."»

Répétez ça.

« Il m'a dit, "Plus vous êtes persuadé d'avoir raison, plus vous faites d'opérations, et plus vous faites d'opérations, plus il y a de produits pour moi."»

C'est alors que Steve Eisman comprit finalement la folie de la machine. Vinny, Danny et lui avaient fait ces paris parallèles avec Goldman Sachs et Deutsche Bank sur le sort des tranches triple-B d'obligations adossés à des prêts subprime sans totalement comprendre pourquoi ces sociétés étaient si promptes à les accepter. Maintenant il était face à l'être humain qui se trouvait de l'autre côté de ses CDS. Et il saisissait : les CDS, filtrés à travers les CDO, étaient utilisés pour répliquer les obligations adossées aux prêts immobiliers. Il n'y avait pas assez d'Américains avec un crédit merdique qui faisaient des prêts pour que l'appétit des investisseurs pour le produit final soit satisfait. Wall Street avait besoin de ses paris pour en synthétiser plus. «Ça ne leur suffisait pas qu'un tas d'emprunteurs non solvables empruntent de l'argent pour acheter une maison qu'ils n'avaient pas les moyens de s'offrir, explique Eisman. Ils les créaient à partir de rien. Par centaines ! C'est pour ça que les pertes du système financier sont tellement plus importantes que ce que représentaient les simples prêts subprime. C'est à ce moment que j'ai compris qu'ils avaient besoin de nous pour continuer de faire tourner la machine. Et je me demandais, *C'est permis ?*»

Wing Chau ne savait pas qu'il avait été spécialement choisi par Greg Lippmann pour persuader Steve Eisman que les gens de l'autre côté de ses CDS étaient soit des escrocs, soit des abrutis, mais il joua son rôle à la perfection. Entre deux verres de saké, il expliqua à Eisman qu'il préférait avoir pour 50 milliards de dollars de CDO merdiques qu'aucun, puisqu'il était principalement payé sur le volume. Il ajouta que sa plus grande crainte était que l'économie américaine se renforce, et dissuade les hedge funds de placer de plus grands paris contre le marché des subprimes. Eisman l'écoutait et tentait de comprendre comment un investisseur de l'autre côté de ses paris pouvait plus ou moins espérer la même chose que lui – et comment une compagnie d'assurances ou un fonds de pension pouvait confier son capital à Wing Chau. Il n'y avait qu'une réponse : les notations triple-A donnaient à tout le monde une bonne excuse pour ignorer les risques qu'ils couraient.

Danny et Vinny les observaient attentivement à travers la vapeur de l'*hibachi*. Pour autant qu'ils puissent en juger, Eisman et Wing Chau s'entendaient à merveille. Mais une fois le repas achevé, ils virent Eisman attraper Greg Lippmann, pointer le doigt en direction de Wing Chau, et déclarer, « Quoi que ce type achète, je veux le shorter. » Lippmann crut qu'il plaisantait, mais Eisman était on ne peut plus sérieux : il voulait spécifiquement parier contre Wing Chau. « Greg, reprit-il, je veux shorter ses titres. Sans même les avoir vus. » Jusqu'à présent Eisman n'avait acheté que des CDS sur des obligations hypothécaires subprime ; dorénavant, il achèterait exclusivement des CDS sur les CDO de Wing Chau. « Il avait enfin rencontré l'ennemi en face à face », dit Vinny.

Se glissant brièvement dans la peau d'un autre, Charlie Ledley sélectionna sur le présentoir un pistolet Beretta, un fusil de chasse à canon scié et un Uzi. Juste avant de partir de chez lui, il avait envoyé un e-mail à son partenaire Ben Hockett, qui avait prévu de le retrouver à Vegas, et à Jamie Mai, qui n'avait pas prévu de venir. « Vous croyez qu'on est baisés si on ne s'est pas inscrits à l'avance à quoi que ce soit ? » demandait-il. Ce n'était pas la première fois que les membres de Cornwall Capital s'incrustaient à un important événement lié au marché auquel ils n'avaient pas été formellement invités, et ce ne serait pas la dernière. « Si vous débarquez comme ça à ces fêtes, déclare

Jamie, ils vous laissent presque toujours entrer. » Les seules personnes que Charlie connaissait à Vegas étaient quelques types qui travaillaient pour la machine à subprimes de Bear Stearns, mais il ne les avait jamais rencontrés en personne. Ils lui avaient néanmoins envoyé un e-mail pour lui dire de les retrouver, après son atterrissage à Vegas, non pas au lieu de la conférence, mais à la salle de tir, qui se trouvait à quelques kilomètres du Strip. L'e-mail commençait par : « On va tirer dimanche... » Charlie avait été tellement pris de court qu'il avait téléphoné pour savoir ce que ça voulait dire. « Je leur ai demandé : "Alors vous allez tirer... au *pistolet* ?" »

L'après-midi du dimanche 28 janvier, au Gun Store de Las Vegas, il était difficile de ne pas repérer les vendeurs de CDO de Bear Stearns. Ils portaient des pantalons kaki et des polos et étaient entourés de costauds en T-shirts noirs moulants qui semblaient du genre à traquer les immigrants illégaux avec la milice locale. Derrière la caisse, un assortiment invraisemblable de pistolets, de fusils et d'armes automatiques couvrait le mur. Sur la droite se trouvaient les cibles : une photo d'Oussama Ben Laden, une peinture représentant Ben Laden sous les traits d'un zombie, divers terroristes d'al-Qaida encagoulés, un jeune Noir qui attaquait une jolie femme blanche, un voyou asiatique qui agitait un pistolet. « Ils ont posé la carte de crédit Bear Stearns sur le comptoir et se sont mis à acheter des cartouches de munitions, dit Charlie. Alors j'ai choisi mes armes. » C'est l'Uzi qui lui fit la plus grosse impression. Ça, et la gigantesque photo de Saddam Hussein qu'il sélectionna sur le mur de cibles. Le mouvement de recul du fusil de chasse lui laissa un bleu sur l'épaule, mais l'Uzi, qui avait une puissance de feu bien plus grande, était plus doux ; il y avait un décalage excitant entre la douleur qu'on ressentait et les dégâts qu'on causait. « Le Beretta était marrant, mais l'Uzi était complètement hallucinant, se souvient Charlie, qui quitta le Gun Store avec l'impression d'avoir enfreint quelque loi de la nature, plus une question sans réponse : Pourquoi avait-il été invité ? Les types de Bear Stearns avaient été très sympas, mais personne n'avait prononcé un mot sur les subprimes ou les CDO. « C'était totalement bizarre, parce que je ne les avais jamais rencontrés, et j'étais le seul client de Bear Stearns présent, explique Charlie. Ils payaient pour toutes ces munitions, alors je disais, "Hé, les mecs, je peux m'acheter quelques cartouches si vous voulez", mais ils insistaient pour me traiter comme le client. » Et, bien entendu, le client le plus commode à inviter était celui dont le business était si insignifiant que son opinion sur les festivités n'avait au fond pas vraiment d'importance. Le fait que ça n'avait pas effleuré l'esprit de Charlie vous disait quelque chose sur sa personnalité : il était loin d'être aussi cynique qu'il aurait dû. Mais ça changerait bientôt.

Le lendemain matin, Charlie et Ben déambulèrent dans les couloirs du Venetian. « Tous ceux qui avaient quelque chose à vendre portaient une cravate, dit Ben. Ceux qui étaient là pour acheter n'en portaient pas. On était juste des sortes d'intrus, qui erraient dans les parages. » Ils ne connaissaient qu'une seule personne dans tout l'hôtel – David Burt, l'ancien employé de BlackRock qu'ils payaient désormais 50 000 dollars par mois pour qu'il évalue les CDO contre lesquels ils pariaient – mais ils estimaient que ça n'avait pas d'importance, vu que leur plan était d'assister aux sessions ouvertes, aux principaux discours, et aux tables rondes. « On ne savait pas trop ce qu'on faisait là, assure Ben. On essayait de rencontrer des gens. Après les discours, Charlie se faufilait jusqu'aux personnes qui avaient été sur le podium. On essayait de trouver des gens qui nous diraient pourquoi nous nous trompions. » Ils cherchaient une image inversée convaincante d'eux-mêmes. Quelqu'un qui saurait leur dire pourquoi ce que le marché jugeait impossible était au moins improbable.

La mission de Charlie était d'entraîner des acteurs du marché sans méfiance dans la discussion avant qu'ils songent à lui demander qui il était ou ce qu'il faisait. « Quand on rencontrait quelqu'un, la réaction, c'était toujours, "Attendez, d'où vous venez ?" Ils étaient juste déconcertés, se souvient Charlie. Les gens nous demandaient, "Pourquoi êtes-vous ici ?" »

Un type d'une agence de notation sur qui Charlie testa la stratégie d'investissement de Cornwall le regarda étrangement et demanda, « Vous êtes sûr de savoir ce que vous faites ? » Les types du marché n'étaient pas d'accord avec eux, mais n'offraient pas en retour de raisonnements convaincants. Leur principal argument en défense des CDO subprime était : « Il y aura toujours des acheteurs de CDO. » Leur principal argument en défense des prêts sous-jacents était que, au cours de leur brève histoire, ils n'avaient jamais fait défaut en quantités significatives. Au-dessus des tables de roulette, des écrans affichaient les résultats des vingt derniers coups. Les parieurs voyaient que le noir était sorti les huit dernières fois, s'émerveillaient d'une telle bizarrerie, et sentaient au fond d'eux-mêmes que la minuscule bille argentée atterrirait désormais plus que probablement sur le rouge. C'était la raison pour laquelle le casino prenait la peine d'afficher les derniers coups : pour aider les parieurs à se faire des illusions. Pour donner aux gens la fausse confiance dont ils avaient besoin pour poser leurs jetons sur la table de roulette. Les intermédiaires à tous les niveaux de la chaîne alimentaire du marché des subprimes se leurraient de la même manière lorsqu'ils utilisaient le passé immédiat, statistiquement insignifiant, pour prévoir l'avenir.

« Normalement, quand vous faites un pari, vous avez des gens intelligents de l'autre côté, dit Ben. Mais dans ce cas précis, on n'en trouvait pas. »

« Aucune des personnes à qui nous avons parlé n'avait la moindre raison valable de croire que ça ne deviendrait pas un gros problème, affirme Charlie. Personne n'y réfléchissait vraiment. »

L'un des types du département CDO de Bear Stearns, après que Charlie lui eut demandé ce qui risquait d'arriver à ces CDO dans sept ans, répondit : « Sept ans ? Je m'en fous de sept ans. J'ai juste besoin que ça dure deux ans de plus. »

Trois mois plus tôt, quand Cornwall avait acheté ses premiers 100 millions de CDS sur les tranches double-A de CDO subprime, ils croyaient faire un pari bon marché sur un événement improbable – 500 000 dollars par an de primes pour la chance de gagner 100 millions. Le marché et les agences de notation avaient en effet fixé les probabilités de défaut à 1 pour 200. Eux estimaient qu'elles étaient meilleures que ça – disons, 1 pour 10. Néanmoins, c'était, comme souvent avec eux, un pari audacieux. Un pari audacieux intelligent, peut-être, mais un pari audacieux tout de même. Cependant, plus ils écoutaient les gens qui faisaient tourner le marché des subprimes, plus ils se disaient que l'effondrement des obligations triple-A était tout compte fait probable. Une idée traversa l'esprit de Ben : ces gens jugeaient l'effondrement du marché des subprimes improbable précisément parce que ce serait une telle catastrophe. Rien de si terrible ne pourrait jamais se produire.

Le premier matin de la conférence, ils suivirent une foule de plusieurs milliers de personnes hors du casino, puis jusqu'à la vaste salle de bal principale, pour assister à la cérémonie d'ouverture. C'était censé être une table ronde, mais naturellement, plutôt que de discuter entre eux, les intervenants préféraient asséner des observations mesurées et préparées à l'avance. Ils assisteraient à une douzaine d'événements similaires au cours des trois jours suivants, et tous seraient assommants au possible. Cette session-ci, cependant, était différente, car son animateur semblait soûl, ou du moins à côté de ses pompes. Son nom était John Devaney et il dirigeait un hedge fund qui investissait dans les obligations hypothécaires subprime, United Capital Markets. Depuis maintenant une décennie, Devaney sponsorisait cette conférence – nommée ASF, ou the American Securitization Forum (le Forum américain de la titrisation), en partie parce que ça sonnait mieux que l'Association pour le prêt subprime. Si le marché des obligations subprime avait des leaders spirituels, alors John Devaney était l'un d'eux. C'était aussi un homme qui adorait étaler sa fortune. Il possédait un Renoir, un Gulfstream, un hélicoptère, plus, naturellement, un yacht. Cette année-là, il avait déboursé une somme colossale pour que Jay Leno vienne amuser l'assistance.

Maintenant, alors qu'il avait l'air d'avoir fait la bringue toute la nuit sans prendre le temps de faire un somme, John Devaney prononça ce qui était clairement une divagation improvisée sur l'état du marché des subprimes. « C'était incroyable, assure Charlie. Un monologue en roue libre. Il disait que les agences de notation étaient des putains. Que les titres ne valaient rien. Qu'ils le savaient tous. Il donnait un nom à des choses que nous ne faisions que soupçonner. C'était comme s'il mettait constamment les pieds dans le plat. Quand il a eu fini, ç'a été le silence total. Personne n'a spécifiquement tenté de prendre sa défense. Ils ont juste tourné autour du pot. Tout le monde faisait comme s'il n'avait rien dit*. » D'un côté, c'était réjouissant d'entendre un acteur du marché dire ce qu'il pensait vraiment ; d'un autre, si le marché prenait conscience de sa réelle situation, sa folie ne durerait pas longtemps. Charlie, Jamie et Ben supposaient qu'ils avaient le temps de réfléchir avant d'acheter d'autres CDS sur la tranche double-A de CDO subprime. « Ce discours nous a foutu la trouille, raconte Ben. C'était comme si, au lieu de six mois, nous n'avions qu'une semaine pour faire notre pari. »

Le problème, comme toujours, c'était de trouver des banques de Wall Street disposées à traiter avec eux. Leur unique fournisseur, Bear Stearns, semblait soudain plus intéressé par le

---

*Lorsque le marché se fissura, Devaney fit faillite et fut forcé de vendre son yacht, son jet, et son Renoir (avec un joli profit) et de se défendre après plusieurs articles de presse acerbes. « Seul un individu honnête admet qu'il s'est trompé, écrivit-il dans l'une de ses diverses lettres délirantes sur PR Newswire. J'étais *long* en 2007 et je me suis trompé. »

« Il était incroyablement cynique à propos du marché, déclare Charlie. Et il a perdu de l'argent. Je n'ai jamais compris ça. »

tir à la carabine que par les affaires. Toutes les autres banques se foutaient d'eux. *Cornhole Capital*. Mais là, à Las Vegas, la chance leur sourit. À leur grande surprise, ils découvrirent que le consultant qu'ils employaient pour analyser les CDO à leur place, David Burt, avait une certaine stature dans le milieu. « David Burt était comme Dieu à Vegas, se souvient Charlie. On a commencé à le suivre partout. "Hé. Ce type à qui vous parlez. C'est nous qui le payons – on peut aussi vous parler ?" » Ce Dieu qu'ils avaient embauché présenta Charlie à une femme de chez Morgan Stanley nommée Stacey Strauss. Son boulot était de trouver des investisseurs qui voulaient acheter des CDS le plus vite possible. Charlie ne comprit jamais pourquoi elle fut si disposée à déroger aux critères habituels de Morgan Stanley pour faire affaire avec Cornwall. Charlie accosta aussi un homme qui analysait le marché des obligations subprime pour Wachovia Bank, et qui avait participé à la table ronde présidée par le scandaleux John Devaney. Durant le début de la discussion, il avait, comme tous les autres, fait comme s'il n'entendait pas John Devaney. Puis, quand ce dernier en avait eu fini, le type de Wachovia avait délivré son petit laïus sur la bonne santé fondamentale du marché des obligations hypothécaires subprime. Et quand il était descendu de scène, Charlie l'attendait en embuscade et lui avait demandé si Wachovia serait prête à aller jusqu'au bout de sa logique et à lui vendre quelques CDS.

Le lendemain de son dîner avec Wing Chau, Eisman eut son premier aperçu du marché obligataire en chair et en os, sous la multitude de fresques formidablement baroques du plafond du Venetia. L'hôtel – Palais des Doges à l'extérieur, *Divine Comédie* à l'intérieur – était envahi d'hommes blancs en tenues *business casual* qui, d'une manière ou d'une autre, gagnaient leur vie grâce aux subprimes. Comme tout le reste de Las Vegas, le Venetian était un méli-mélo apparemment aléatoire d'effets censés accroître et exploiter l'irrationalité : les jours qui donnaient l'impression d'être la nuit et les nuits qui donnaient l'impression d'être le jour; les machines à sous et les distributeurs d'argent qui crachaient des billets de 100 dollars; les majestueuses chambres d'hôtel qui étaient si bon marché qu'elles vous donnaient l'impression d'être important. Le but de tout ça était d'altérer votre perception de vos chances et de votre argent, et ça fichait le cafard à Eisman : il n'était même pas joueur. « Je ne serais pas foutu de calculer les probabilités si ma vie en dépendait », déclare-t-il. À la fin de chaque journée, Vinny allait jouer au *low stakes poker*, Danny rejoignait Lippmann et d'autres personnes du milieu des obligations aux tables de craps, et Eisman allait se coucher. Le fait que le craps était le jeu de choix des traders d'obligations était cependant intéressant. Le craps offrait une illusion de contrôle – après tout, c'était le joueur qui lançait les dés – et une complexité de surface qui masquait une bêtise plus profonde. « Pour une raison ou pour une autre, quand ces gens y jouent, ils croient vraiment qu'ils ont le pouvoir de contrôler les dés », affirme Vinny.

Des milliers et des milliers de financiers sérieux, dont la plupart, quelques années auparavant, faisaient autre chose de leur vie, jouaient désormais au craps avec l'argent que les obligations hypothécaires subprime leur avaient rapporté. L'industrie des subprimes qu'Eisman avait jadis connue mieux que personne sur terre avait représenté une portion négligeable des marchés des capitaux. En tout juste quelques années, elle avait réussi à devenir le générateur de profits et d'emplois le plus puissant de Wall Street – ce qui n'avait économiquement aucun sens. « C'était comme regarder une machine aveugle incapable de s'arrêter », affirme-t-il. Il avait l'impression d'avoir emménagé dans une nouvelle maison, ouvert une porte dont il pensait qu'elle donnerait sur un petit cagibi, et découvert toute une nouvelle aile. « J'étais déjà allé à des conférences sur les actions, dit Eisman. Mais ça, c'était totalement différent. À une conférence sur les actions, vous aviez de la chance si vous aviez cinq cents personnes. Nous étions sept mille à ce truc. Le simple fait que personne du monde des actions n'était présent était le signe que personne n'avait encore compris. Nous ne connaissions personne. Nous supposions toujours que nous étions les seuls à être short. »

Écouter les discours des autres ne l'intéressait pas. Assister aux tables rondes et entendre des divagations ne l'intéressait pas. Il voulait des entretiens avec des gens du milieu. Lippmann les avait présentés aux gens de Deutsche Bank qui fourguaient les CDO aux investisseurs, et ces obligeants employés de Deutsche Bank s'étaient arrangés pour qu'Eisman et ses partenaires rencontrent les intermédiaires financiers du marché obligataire : les émetteurs de prêts immobiliers, les banques qui rassemblaient les prêts sous forme d'obligations hypothécaires, les banquiers qui rassemblaient les obligations sous forme de CDO, et les agences de notation qui accordaient leur bénédiction à chaque étape du processus. Les seules parties intéressées qui manquaient à la conférence étaient les emprunteurs, les Américains qui achetaient des maisons. Mais même eux, d'une certaine manière, étaient présents : ils servaient à boire, faisaient tourner les roulettes, et lançaient les dés. « Vegas était en plein boom, affirme Danny. Les propriétaires étaient aux putains de tables. » Après une soirée en ville, un ami de Danny lui rapporta qu'il avait rencontré une strip-teaseuse avec cinq prêts différents sur sa maison*.

Le vendeur de CDO de Deutsche Bank – un certain Ryan Stark – s'était vu confier la mission de garder Eisman à l'œil et de l'empêcher de causer des problèmes. « J'ai commencé à recevoir ces e-mails de sa part, avant la conférence, explique Danny. Nous le rendions nerveux. Il écrivait des trucs du genre : "Je veux juste clarifier le but des rencontres" et "Juste pour

---

*Deux ans plus tard, Las Vegas aurait le taux le plus élevé de saisies immobilières du pays.

vous rappeler pourquoi nous rencontrons Untel..." Il voulait s'assurer que nous nous souvenions bien que nous allions là-bas pour acheter des obligations. » Deutsche Bank leur avait même envoyé les brochures destinées aux acheteurs de subprimes, comme si c'était le script qu'ils devraient suivre. « Le but de la conférence était de convaincre les gens qu'il n'y avait toujours aucun problème à créer et à vendre cette merde, dit Danny. C'était du jamais vu qu'un investisseur du marché des actions qui cherchait à shorter des obligations débarque en quête d'informations. Notre seule manière d'obtenir ces rencontres en tête-à-tête était de dire que nous n'étions pas short. Deutsche Bank nous escortait, pour s'assurer que nous ne les grillions pas auprès de leurs contacts. Ils envoyaient un vendeur à nos rendez-vous simplement pour nous surveiller. »

Il ne servait bien entendu à rien de surveiller Eisman. Il se considérait comme un preux chevalier, le défenseur des opprimés, l'ennemi d'une sinistre autorité. Il se considérait, en gros, comme Spider-Man. Il se rendait parfaitement compte que ça semblait absurde quand, par exemple, sa femme disait aux autres : « Mon mari croit que Spider-Man et lui vivent la même vie. » Et il n'allait pas parler aux gens qu'il ne connaissait pas des parallèles stupéfiants qu'il voyait entre lui et Peter Parker – quand ils avaient étudié, ce qu'ils avaient étudié, quand ils s'étaient mariés, et ainsi de suite –, ni raconter que, lorsqu'il était en fac de droit, il achetait chaque nouveau numéro de Spider-Man en s'attendant presque à y découvrir le prochain tournant que prendrait sa vie. Mais Eisman avait une âme de conteur, il expliquait le monde en terme d'histoires, et c'était l'une des histoires dont il se servait pour expliquer qui il était.

C'est ce matin-là, lors d'un discours donné par le P-DG d'Option One, l'émetteur de prêts subprime qui appartenait à H&R Block, que Spider-Man montra le premier signe de son mépris pour les sombres combines de Deutsche Bank. Option One était apparu sur l'écran radar d'Eisman sept mois plus tôt, en juin 2006, quand la société avait annoncé une perte surprenante dans son portefeuille de prêts hypothécaires subprime. La perte était surprenante car le business d'Option One, c'était d'émettre des prêts puis de les revendre à Wall Street – ils n'étaient pas censés prendre de risques. Dans ces contrats, cependant, il y avait une clause qui permettait à Wall Street de rendre les prêts à Option One si les emprunteurs échouaient à rembourser leur première échéance. Comme dit Danny Moses : « Qui accepte un prêt immobilier et ne paye pas sa première échéance ? » Ou, dans les termes d'Eisman : « Quel con prête de l'argent à des gens qui ne peuvent pas rembourser la première échéance ? »

Lorsque le P-DG d'Option One aborda la question du portefeuille de prêts subprime, il affirma que les problèmes de la société étaient derrière eux et qu'il s'attendait désormais à un (modeste) taux de perte de 5 % sur ses prêts. Eisman leva la main. Moses et Daniel se ratatinèrent sur leur siège. « Ce n'était pas une séance de questions-réponses, explique Moses. Le type prononçait un discours. Il voit la main de Steve et il fait, "Oui ?" »

« Diriez-vous que 5 %, c'est une probabilité ou une possibilité ? demanda Eisman.

– Une probabilité », répondit le P-DG, et il reprit son discours.

Eisman leva de nouveau la main et l'agita. *Oh non*, pensa Moses, et il se ratatina encore plus sur son siège. « La chose que Steve répète constamment, c'est qu'on doit partir de l'hypothèse qu'ils nous mentent, explique Daniel. Ils nous mentiront tout le temps. » Danny et Vinny savaient l'un comme l'autre ce qu'Eisman pensait de ces grands pontes de l'industrie des subprimes, mais ils ne voyaient pas quel besoin il avait de l'exprimer ici, de cette manière. Car Steve ne levait pas la main pour poser une question. En fait, son pouce et son index formaient un gros cercle. Il utilisait ses doigts pour faire passer son message. « Zéro ! » disaient-ils.

« Oui ? demanda le P-DG manifestement irrité. C'est une autre question ?

— Non, répondit Eisman. C'est un zéro. Il y a zéro probabilité que votre taux de défauts soit de 5 %. »

Les pertes sur les prêts subprime seraient beaucoup, beaucoup plus élevées. Avant que le type ait pu répondre, le téléphone d'Eisman sonna. Plutôt que de l'éteindre, Eisman enfonça la main dans sa poche et répondit.

« Excusez-moi, dit-il en se levant. Mais je dois prendre cet appel. »

Et sur ce, il quitta la pièce. La personne qui appelait était sa femme.

« Ça n'était pas du tout important, explique-t-elle avec un soupir. C'était une combine. »

Après ça, quelque chose dut se produire en Eisman, car il cessa de chercher la bagarre et tenta de mieux comprendre ce qui se passait. Il fit le tour du casino de Las Vegas, n'en revenant pas du spectacle auquel il assistait : sept mille personnes, toutes manifestement ravies du monde dans lequel elles évoluaient. Une société ravagée par des problèmes économiques profonds et inquiétants avait bidouillé pour dissimuler ces problèmes, et les principaux bénéficiaires de la duperie étaient ses intermédiaires financiers. Comment était-ce possible ? Eisman se demanda, brièvement, si quelque chose lui échappait. « Il n'arrêtait pas de dire : "Qu'est-ce qui se passe ici ? Qui sont ces gens ?" » se souvient Danny Moses. Pour faire bref, la réponse à cette seconde question était : les optimistes. Le marché des prêts subprime dans son incarnation de l'époque n'avait connu que la croissance. Les personnes qui y avaient connu la réussite avaient toujours dit « achetez ». Elles auraient désormais toutes dû dire « vendez », mais elles ne savaient pas comment le faire. « Il était clair que les types du milieu obligataire croyaient en savoir plus que les autres, explique Eisman, et c'était généralement vrai. Je ne venais pas du marché obligataire, mais j'avais parié contre leur industrie dans sa totalité, et je voulais savoir s'ils savaient quelque chose que j'ignorais. Est-ce que ça pouvait vraiment être aussi évident ? Est-ce que ça pouvait vraiment être aussi simple ? » Il se mêla à des réunions privées entre prêteurs, banquiers et agences de notation, en quête de nouvelles informations. « Il était en mode apprentissage, se souvient Vinny. Quand il est fasciné par un sujet, sa curiosité prend le dessus sur son agressivité. Il prétendra que ce sont ses années de thérapie qui lui ont permis de bien se conduire, mais la vérité, c'est que c'était la première fois qu'il reliait tous les points entre eux. »

Steve Eisman voulait en grande partie croire au pire, ce qui lui conférait un énorme avantage tactique sur les marchés financiers américains aux alentours de 2007. Cependant, quelque part au fond de lui, il demeurait aussi crédule que le gamin qui avait prêté son nouveau vélo à un parfait inconnu. Il était encore capable de stupéfaction. Son expérience avec Household Finance lui avait fait perdre tout espoir d'une intervention du gouvernement pour empêcher les sociétés riches de nuire aux pauvres. Mais au sein de l'économie de marché, il y aurait peut-être une autorité capable de surveiller ses excès. Les agences de notation, en théorie, étaient exactement cela. Plus les véhicules devenaient complexes, plus les agences de notation devenaient nécessaires. Tout le monde pouvait évaluer un bon du Trésor américain ; mais rares étaient ceux qui comprenaient les CDO adossés à des prêts subprime. Il était naturel qu'un arbitre indépendant juge ces piles opaques de prêts risqués. « À Vegas, j'ai clairement compris que toute cette énorme industrie se contentait de faire confiance aux notations, dit Eisman. Tout le monde croyait aux notations, comme ça, ils n'avaient pas à se poser de questions. »

Eisman travaillait à Wall Street depuis près de deux décennies, mais, comme la plupart des acteurs du marché des options, il ne s'était jamais assis autour d'une table avec des gens de Moody's ou Standard & Poor's. À moins qu'ils ne couvrent des compagnies d'assurances – qui perdaient leur capacité à vendre leur produit dès que leur capacité à faire face à leurs obligations était remise en doute –, les gens du marché des actions ne prêtaient pas grande attention aux agences de notation. Maintenant, Eisman avait ses premiers contacts avec elles, et ce qui le frappa immédiatement – et Danny et Vinny aussi –, ce fut le manque d'envergure de leurs employés. « Vous savez, quand vous pénétrez dans un bureau de poste et que vous vous apercevez qu'il y a une telle différence entre un fonctionnaire et quelqu'un du privé, explique Vinny. Les employés des agences de notation étaient comme des fonctionnaires. » Collectivement, ils avaient plus de pouvoir que n'importe qui d'autre sur le marché obligataire, mais individuellement ils n'étaient rien. « Ils sont sous-payés, déclare Eisman. Les plus intelligents d'entre eux rejoignent les banques de Wall Street afin de pouvoir eux aussi manipuler les sociétés pour lesquelles ils travaillaient auparavant. Le boulot le plus gratifiant pour un analyste devrait être de travailler pour Moody's. Il devrait se dire : "Je n'irai jamais plus haut que ça en tant qu'analyste." Mais à la place, c'est le fond ! Personne n'en a rien à foutre que Goldman aime les titres General Electric. Alors que si Moody's déprécie le titre GE, c'est toute une histoire. Alors pourquoi le type qui bosse chez Moody's veut-il bosser pour Goldman Sachs ? C'est l'analyste de Goldman Sachs qui devrait vouloir aller chez Moody's. Ça devrait être prestigieux. »

Toute l'industrie reposait sur les agences de notation, mais les gens qui y travaillaient appartenaient à peine à l'industrie. Quand ils arpentaient les couloirs, on aurait pu les prendre – et encore – pour des commerciaux subalternes de Wells Fargo, ou des larbins dans des sociétés de prêts, telles qu'Option One : des types qui bossaient derrière un bureau. Ils portaient des costumes à Vegas, ce qui vous disait la moitié de ce que vous deviez savoir à leur sujet – l'autre moitié, vous l'appreniez du prix desdits costumes. À peu près tous les autres étaient habillés en *business casual* ; seuls quelques types vraiment importants portaient des costumes italiens à 3 000 dollars. (L'un des mystères du mâle de Wall Street est qu'il ne connaît rien à la couture mais peut tout de même vous dire en un clin d'œil combien coûte le costume d'un autre mâle de Wall Street.) Les types des agences de notation portaient des costumes bleus de chez J.C. Penney, avec des cravates trop bien assorties, et des chemises juste un peu trop apprêtées. Ce n'étaient pas des gens importants, et ils ne connaissaient pas les gens importants. Ils étaient payés pour évaluer les obligations de Lehman, Bear Stearns et Goldman Sachs, mais n'auraient pu ni les nommer, ni donner la moindre information importante sur les types de Lehman, Bear Stearns et Goldman Sachs qui gagnaient des fortunes en exploitant les failles des modèles des agences de notation. Ils paraissaient en savoir assez pour justifier leur boulot, et rien de plus. Ils semblaient timides, craintifs, et allergiques au risque. Comme dit Danny, « on ne les voyait pas aux tables de craps ».

C'est à Vegas qu'Eisman comprit une chose : « Tous les trucs qui me souciaient, les agences de notation s'en fichaient. Je me souviens que j'étais assis là à me dire : *Bon sang, c'est vraiment pathétique.* Vous le savez quand vous êtes en présence de quelqu'un de supérieurement intelligent : vous le sentez. Quand vous êtes assis avec Richard Posner [le juriste], vous savez que c'est Richard Posner. Quand vous êtes assis avec les agences de notation, vous savez que ce sont les agences de notation. » À en juger par leur comportement, toutes les agences de notation ne pensaient qu'à une chose : maximiser le nombre de titres qu'elles évaluaient pour les banques d'investissement de Wall Street, et engranger les commissions. Moody's, jadis une société à responsabilité limitée, avait été introduite en Bourse en 2000. Depuis, ses revenus avaient explosé, passant de 800 millions de dollars en 2001 à 2,03 milliards en 2006. Une grande proportion de cette croissance – plus de la moitié, à coup sûr, même si Eisman ne parvint jamais à découvrir exactement combien – provenait de la partie obscure de la finance immobilière connue sous le nom de finance structurée. Le meilleur moyen d'avoir le business des fabricants de produits structurés était encore de valider leurs hypothèses. « Nous posions à tout le monde les deux mêmes questions, se souvient Vinny. Comment voyez-vous l'évolution des prix de l'immobilier, et comment voyez-vous l'évolution des pertes liées aux prêts ? » Les deux agences répondirent qu'elles s'attendaient à ce que les prix de l'immobilier montent et à ce que les pertes liées aux prêts soient aux alentours de 5 % – ce qui, si elles disaient vrai, signifiait que même les obligations hypothécaires subprime qu'elles avaient le moins bien noté, les triple-B, rapporteraient de l'argent. « C'était comme si tout le monde s'était à l'avance mis d'accord sur 5 %, déclare Eisman. Ils disaient tous 5 %. Il y avait un parti et il y avait une ligne du parti*. » Ce qui stupéfia Eisman, c'est qu'aucune des personnes qu'il rencontra à Vegas ne semblait s'être posé la moindre question. Ils faisaient ce qu'ils faisaient sans trop y réfléchir.

C'est à Vegas que l'attitude d'Eisman et de ses associés envers le marché obligataire américain se radicalisa une bonne fois pour toutes. Comme le dit Vinny, « C'est là-bas que nous nous sommes dit : "Nom de Dieu, il ne s'agit pas juste de crédit. C'est une pyramide de Ponzi dissimulée." » À Vegas, la question qui les turlupinait cessa d'être : Ces gens du marché obligataire savent-ils quelque chose que nous ignorons ? Et elle fut remplacée par : Méritent-ils simplement d'être mis à la porte, ou faut-il les envoyer en prison ? Se font-ils des illusions ou savent-ils ce qu'ils font ? Danny estimait que la plupart des personnes de l'industrie étaient aveuglées par leurs intérêts et ne voyaient pas les risques qu'elles avaient créés. Mais selon Vinny, qui

---

* À Las Vegas ils rencontrèrent aussi David Wells, qui gérait les prêts subprime pour une société nommée Freemont Investment & Loan. Wells affirma lui aussi qu'il s'attendait à ce que les pertes tournent aux alentours de 5 %. En septembre, neuf mois plus tard, Freemont annoncerait que 30 % de ses prêts subprime étaient en défaut. Ses assemblages de prêts enregistreraient plus de 40 % de pertes – c'est-à-dire que, même après avoir vendu les maisons qu'elle avait saisies, la société avait perdu près de la moitié de l'argent qu'elle avait prêté.

avait toujours une vision plus sombre des choses, « c'étaient des abrutis et des escrocs, mais les escrocs étaient plus haut placés ». Les agences de notation étaient tout en bas de l'échelle, et les personnes qui y travaillaient ne semblaient réellement pas savoir à quel point elles s'étaient fait berner par les grandes banques de Wall Street. Leur réunion avec Fitch Rating, la troisième et plus petite agence de notation, resta gravée dans la mémoire de Vinny. « Je sais que vous ne comptez pas pour grand-chose, déclara-t-il, aussi poliment que possible. Il y a ces deux grosses boîtes que tout le monde écoute, et puis il y a vous. Si vous voulez exprimer une opinion – et vous faire remarquer –, pourquoi ne pas faire les choses à votre manière, et être la seule honnête des trois ? » Il croyait que les braves gens de Fitch Rating verraient où il voulait en venir, et peut-être qu'ils ricaneraient nerveusement. Mais à la place ils semblèrent presque vexés. « Ils ont joué les innocents, se souvient Vinny. C'était comme s'ils ne comprenaient pas de quoi je parlais. »

Ils s'étaient rendus à Vegas avec une position short sur les obligations hypothécaires subprime d'un peu moins de 300 millions de dollars. À leur retour, ils l'élevèrent à 550 millions, grâce à de nouveaux paris contre les CDO créés par Wing Chau. Comme ils ne géraient que 500 millions de dollars, leur position excédait désormais leur portefeuille. Mais ils ne s'arrêtèrent pas là. Le premier jour de leur retour au bureau, ils shortèrent l'action de Moody's Corporation, à 73,25 dollars l'action, puis se mirent à chercher d'autres sociétés et d'autres personnes, comme Wing Chau, contre qui parier.

7
La Grande Chasse au trésor

Charlie Ledley et Ben Hockett revinrent de Las Vegas le 30 janvier 2007, convaincus que le système financier dans sa totalité avait perdu la tête. « J'ai dit à ma mère : "Je crois que nous risquons de faire face à quelque chose comme la fin du capitalisme démocratique", se souvient Charlie. Elle a juste fait : "Oh, Charlie", avant de suggérer le plus sérieusement du monde que je me mette sous lithium. » Leur approche originale de l'investissement provenait de leur capacité à se distancier des convictions des autres ; découvrir une conviction si considérable en eux-mêmes était une chose nouvelle et désagréable. Jamie rédigea un mémo à l'intention de ses deux partenaires, dans lequel il leur demandait s'ils faisaient un pari sur l'effondrement d'une société – et donc un pari dont le gouvernement n'autoriserait jamais la réussite. « Si une grosse partie des spreads de CDO commence à s'écarter*, écrivait-il, cela signifie qu'une débâcle financière globale est susceptible de se produire... La Réserve fédérale est en position de résoudre le problème en intervenant... je suppose que la question est : Quelle ampleur l'effondrement doit-il avoir pour qu'il soit "trop gros pour qu'on le laisse se produire" ? »

La conférence de Las Vegas avait été organisée, entre autres, afin de renforcer la foi dans le marché. Le lendemain du jour

---

*Le « spread » de n'importe quelle obligation est simplement la différence entre le taux d'intérêt qu'il rapporte à l'investisseur et un taux prétendument sans risque – disons, le taux payé aux investisseurs en bons du Trésor américain.

où les acteurs du marché des subprimes reprirent le travail, le marché chancela. Le 31 janvier 2007, l'ABX, l'indice régulièrement traité sur le marché et constitué d'obligations hypothécaires subprime triple-B – exactement le genre d'obligations utilisées pour créer les CDO subprime – perdit plus d'un point, passant de 93,03 à 91,98. Au cours des derniers mois, il avait baissé par à-coups si minuscules (de 100 à 93) qu'une chute d'un point stupéfia tout le monde – et renforça la crainte de Charlie qu'ils aient découvert cette fantastique opportunité un peu trop tard pour parier autant qu'ils devraient. La femme de Morgan Stanley tint tout d'abord parole : elle fit passer leur accord ISDA, qui aurait normalement dû demander des mois de négociations, en dix jours. Puis elle envoya à Charlie une liste de tranches double-A de CDO sur lesquels Morgan Stanley était disposée à leur vendre des CDS*. Charlie passa des nuits blanches à décider contre lesquelles parier, puis il rappela la femme et découvrit que Morgan Stanley avait changé d'avis. Elle lui avait assuré qu'il pourrait acheter des assurances pour environ 100 points de base (soit 1 % par an du montant assuré), mais lorsqu'il téléphona un matin pour conclure l'affaire, le prix avait plus que doublé. Charlie râla, affirmant que c'était injuste, et la femme et ses patrons cédèrent, un peu. Le 16 février 2007, Cornwall paya 150 points de base à Morgan Stanley pour acheter pour 10 millions de dollars de CDS sur un CDO au nom énigmatique de Gulfstream.

---

*Un bref rappel : lorsqu'on pense à ces tours de dettes, il est pratique de les simplifier en trois étages : un sous-sol, appelé l'« equity », qui essuie les premières pertes et présente un risque élevé ; l'étage du bas, appelé « mezzanine », qui est noté triple-B ; et l'étage supérieur, qui est noté triple-A, et généralement appelé le « senior ». En pratique, les tours étaient composées de tranches beaucoup plus fines : un CDO pouvait en compter quinze différentes, chacune avec une note légèrement différente, depuis triple-B-moins jusqu'à triple-A : triple-B moins, triple-B, A-moins, A, et ainsi de suite. La note double-A de la tranche shortée par Cornwall Capital impliquait que les obligations sous-jacentes, quoique légèrement plus risquées que les soi-disant triple-A plaquées or, avaient toujours moins de 1 % de risque de faire défaut.

Cinq jours plus tard, le 21 février, un indice de CDO nommé le TABX commença à s'échanger sur le marché. Pour la première fois, Charlie Ledley ainsi que tous les autres acteurs du marché purent voir sur écran le prix de l'un de ces CDO. Ce prix confirmait la théorie de Cornwall mieux que n'importe quel long discours. Après le premier jour, la tranche qui essuyait des pertes quand 15 % des obligations sous-jacentes de l'assemblage connaissaient des pertes – la tranche double-A contre laquelle Cornwall avait parié – clôtura à 49,25 : elle avait perdu plus de la moitié de sa valeur. Il y avait désormais cet énorme décalage : d'une main les banques de Wall Street vendaient des CDO double-A à bas taux d'intérêt au pair, ou à 100 ; de l'autre elles échangeaient cet indice composé de ces mêmes obligations à 49 cents pour un dollar. Dans un déluge d'e-mails, les vendeurs de Morgan Stanley et de Deutsche Bank tentèrent d'expliquer à Charlie que la valeur de ses paris contre des CDO subprime n'avait rien à voir avec le prix de ces nouveaux CDO subprime qui étaient échangés sur le marché. Que tout ça était très compliqué.

Le lendemain matin, Charlie rappela la femme de Morgan Stanley dans l'espoir d'acheter de nouvelles assurances. « Elle a dit : "Je suis vraiment, vraiment désolée, mais nous ne faisons plus ça. La société a changé d'avis." » Du jour au lendemain, Morgan Stanley, qui avait été si prompte à vendre des assurances sur le marché des subprimes, avait décidé de tout arrêter. « Puis elle nous a passé son patron – parce qu'on était là à demander : "Qu'est-ce que c'est que ce bordel ? " – et lui, il a fait : "Écoutez, je suis vraiment désolé mais quelque chose s'est passé dans une autre branche de la banque, qui a entraîné une décision de modifier la gestion du risque au plus haut niveau de Morgan Stanley." Et on n'a plus jamais eu affaire à eux. » Charlie n'avait aucune idée de ce qui avait déclenché ce revirement au sein de Morgan Stanley, mais il ne s'attarda pas sur la question – Ben et lui étaient trop occupés à essayer de persuader le type de Wachovia sur qui il avait sauté à Las Vegas de traiter avec Cornwall Capital « Ils ne comptaient pas un seul hedge fund parmi leurs clients, et ils étaient plutôt excités de nous voir, dit Ben. Ils essayaient de jouer dans la cour des grands. » Wachovia, étonnamment, demeurait disposée à vendre des assurances bon marché sur des obligations hypothécaires subprime ; le risque que ses credit officers n'étaient pas prêts à prendre, c'était de traiter directement avec Cornwall Capital. Ça prit un moment, mais Charlie s'arrangea pour que les types de Bear Stearns qui l'avaient invité à la salle de tir fassent office d'intermédiaires entre les deux parties, en échange d'une commission. Il fallut plusieurs mois pour régler les détails de la transaction à 45 millions de dollars sur laquelle ils s'étaient plus ou moins mis d'accord en février, et l'affaire ne fut conclue que début mai. « Wachovia a été un don de Dieu, déclare Ben. C'était comme si on était dans un avion à 10 000 mètres d'altitude, que l'avion commençait à piquer du nez, et que Wachovia avait encore quelques parachutes à vendre. Plus personne ne vendait de parachutes, mais personne ne voulait non plus croire qu'ils étaient nécessaires... Après ça, le marché s'est complètement fermé. »

Dans un portefeuille de moins de 30 millions de dollars, Cornwall Capital possédait désormais des CDS sur 205 millions d'obligations hypothécaires, et leur principal souci était qu'ils en voulaient plus. « On faisait tout notre possible pour continuer d'acheter, déclare Charlie. On était prêts à acheter à leur prix. Mais ils rappelaient et disaient : "Oups, vous avez failli l'avoir !" Ça avait un côté très Charlie Brown et Lucy. Juste à l'instant où on s'apprêtait à taper dans le ballon, ils le retiraient. Alors on augmentait notre mise, mais au même instant leur prix montait en flèche. »

Ça n'avait aucun sens : le marché des CDO subprime continuait de fonctionner comme avant, et pourtant les grandes banques de Wall Street n'avaient soudain plus besoin des investisseurs qui avaient fourni la matière première à la machine – les investisseurs qui voulaient acheter des CDS. « Il y avait des gens qui étaient manifestement long, mais nous n'étions pas autorisés à être short », dit Charlie.

Il n'était pas certain de ce qui se passait à l'intérieur des grandes banques, mais il pouvait le deviner : certains traders avaient pris conscience du désastre imminent et tentaient tant bien que mal de sortir du marché avant qu'il ne s'effondre. « Avec les types de Bear Stearns je soupçonnais que, s'il restait des credit default swaps sur des CDO à vendre, alors ils les achetaient pour eux-mêmes », assure Charlie. À la fin février, un analyste de Bear Stearns nommé Gyan Sinha publia un long exposé dans lequel il argumentait que le récent déclin des obligations hypothécaires subprime n'avait rien à voir avec la qualité des obligations mais était dû au « sentiment de marché ». Charlie le lut en songeant que la personne qui avait écrit ça n'avait aucune idée de ce qui se passait réellement sur le marché. À en croire l'analyste de Bear Stearns, les CDO double-A s'échangeaient à 75 points de base au-dessus du taux sans risque – c'est-à-dire que Charlie aurait dû être en mesure d'acheter des CDS pour des primes de 0,75 % par an. Alors que les traders de Bear Stearns n'étaient même pas disposés à lui en vendre pour cinq fois ce prix. « J'ai appelé le type et j'ai dit : "Qu'est-ce que vous racontez ?" Il a répondu, "Eh bien c'est ce qu'il y a de marqué à l'écran." Je lui ai demandé : "Est-ce que les salles de marché vendent et achètent réellement à ce prix ?" Et il a dit : "Faut que j'y aille", et il a raccroché. »

Leur position leur semblait désormais ridiculement limpide – c'était comme s'ils avaient acheté une assurance incendie bon marché pour une maison ravagée par les flammes. Si le marché des subprimes avait un minimum recherché l'efficacité, il aurait fermé à l'instant même. Pendant plus de dix-huit mois, depuis la mi-2005 jusqu'au début de 2007, il y avait eu ce décalage croissant entre le prix des obligations hypothécaires subprime et la valeur des prêts sous-jacents. À la fin janvier 2007, les obligations – ou plutôt, l'indice ABX constitué des obligations – virent leur prix commencer à chuter. Tout d'abord régulièrement, puis la chute s'accéléra – début juin, l'indice des obligations subprime triple-B clôturait à moins de 70 – c'est-à-dire que les obligations avaient perdu plus de 30 % de leur valeur originale. Il était logique que les CDO, qui avaient été créés à partir de ces obligations hypothécaires triple-B, s'effondrent également. Si les oranges étaient pourries, le jus d'orange l'était aussi.

Pourtant cela ne se produisit pas. À la place, entre février et juin 2007, les grandes banques de Wall Street, Merrill Lynch et Citigroup en tête, créèrent et vendirent pour 50 milliards de dollars de nouveaux CDO. « On était totalement sidérés, se souvient Charlie. Parce que tout était retourné à la normale, alors qu'il était évident que la situation n'était pas normale. Nous savions que le collatéral des CDO s'était effondré. Et pourtant tout continuait, comme si de rien n'était. »

C'était comme si tout un marché financier avait essayé de changer d'avis, avant de s'apercevoir qu'il n'avait pas les moyens de le faire. Les banques de Wall Street – principalement Bear Stearns et Lehman Brothers – continuaient de publier des analyses du marché des obligations, qui réaffirmaient la solidité du marché. À la fin avril, Bear Stearns organisa une conférence sur les CDO, à laquelle Charlie s'incrusta. Le programme original annonçait une présentation intitulée « Comment shorter un CDO ». Mais l'intervention fut annulée – et le diaporama qui était censé l'accompagner disparut du site Internet de Bear Stearns, sur lequel il avait été posté. Moody's et S&P vacillèrent également, mais d'une façon qui en disait long. À la fin mai, les deux principales agences de notation annoncèrent qu'elles révisaient leurs modèles d'évaluation des obligations subprime. Charlie et Jamie engagèrent un avocat pour qu'il appelle Moody's et leur demande, puisqu'ils allaient évaluer les obligations subprime à partir de critères différents, s'ils allaient aussi baisser la note des quelque 2 000 milliards de dollars d'obligations déjà évaluées. Moody's ne pensait pas que c'était une bonne idée.

« On a dit : "Vous n'avez pas besoin de les changer toutes. Juste celles que nous avons shortées", explique Charlie. Et ils ont fait : "Hmmmmmm... non." »

Il semblait parfaitement clair à Charlie, Ben et Jamie que Wall Street maintenait le prix de ces CDO soit pour repasser les pertes à des clients qui ne se doutaient de rien, soit pour grappiller quelques derniers milliards de dollars sur un marché corrompu. Dans un cas comme dans l'autre, ils pressaient et vendaient le jus d'oranges qui étaient indéniablement pourries. À la fin mars 2007, « Nous étions quasiment sûrs que l'une des deux hypothèses suivantes était vraie, explique Charlie. Soit le jeu était complètement truqué, soit nous avions complètement perdu la tête. L'escroquerie était si évidente qu'il nous semblait qu'elle avait des implications pour la démocratie. Nous avons vraiment eu peur. » Ils connaissaient des journalistes qui travaillaient au *New York Times* et au *Wall Street Journal*, mais leur histoire ne les intéressa pas. Un ami du *Journal* les mit en relation avec la division de contrôle de la SEC, mais ça ne donna rien non plus. Dans leurs bureaux de Lower Manhattan, les gens de la SEC les reçurent et écoutèrent, avec politesse. « On se serait cru à une séance de thérapie, affirme Jamie. On s'est assis et on a dit : "On vient de vivre une expérience complètement dingue." » À mesure qu'ils parlaient, ils sentaient l'incompréhension de leur auditoire. « On avait probablement ce regard fixe de types qui n'ont pas dormi depuis trois jours, ajoute Charlie. Mais ils ne connaissaient rien aux CDO, ni aux titres adossés à des actifs. On leur a expliqué ce qu'on faisait, mais je suis quasiment sûr qu'ils n'ont pas compris. » La SEC ne donna jamais suite.

Mais Cornwall avait un problème plus pressant que l'effondrement de la société telle que nous la connaissons : l'effondrement de Bear Stearns. Le 14 juin 2007, Bear Stearns Asset Management, une société de CDO, comme celle de Wing Chau, mais dirigée par d'anciens employés de Bear Stearns qui avaient le soutien tacite de la maison mère, déclara avoir perdu de l'argent lors de paris sur des titres hypothécaires subprime et annonça qu'elle devait se débarrasser de 3,8 milliards de dollars de ces paris avant de fermer le fonds. Jusqu'à ce moment, Cornwall Capital n'avait pas compris pourquoi seule Bear Stearns avait été si prompte à leur vendre des assurances sur les CDO. « Bear Stearns parvenait à nous montrer une liquidité dans les CDO que je ne comprenais pas, explique Ben. Ils avaient un acheteur permanent de l'autre côté. Je ne sais pas si nos opérations allaient directement dans leur fonds, mais je ne vois pas où elles auraient pu aller ailleurs. »

Ce qui posait un autre problème : Bear Stearns avait vendu à Cornwall 70 % de ses CDS. Comme Bear Stearns était une banque puissante et importante, et que Cornwall Capital était un hedge fund d'amateurs, Bear Stearns n'avait pas été obligée de mettre une garantie face à Cornwall. Cornwall se retrouvait donc totalement exposé à la possibilité que Bear Stearns soit incapable de payer ses dettes de jeu. Il était clair que c'était moins Bear Stearns qui façonnait le marché des obligations hypothécaires subprime que l'inverse. « D'une entreprise de courtage à bas risque c'était devenu une machine à subprimes, dit Jamie. Si le marché des subprimes s'effondrait, Bear Stearns allait s'effondrer avec. »

En mars, Cornwall avait acheté pour 105 millions de dollars de CDS sur Bear Stearns – c'est-à-dire qu'ils avaient fait un pari sur l'effondrement de Bear Stearns – auprès de la banque britannique HSBC. Si Bear Stearns faisait défaut, HSBC leur devrait 105 millions. Bien sûr, ça ne faisait que déplacer le risque sur HSBC. Mais HSBC était la troisième plus grande banque du monde, et c'était l'une de ces institutions qu'on voyait mal couler. Le 8 février 2007, cependant, HSBC avait fait vaciller le marché en annonçant une grosse perte surprenante sur son portefeuille de prêts hypothécaires subprime. La banque s'était lancée sur le marché américain des prêts subprime en 2003, lorsqu'elle avait acheté le plus gros organisme de prêts à la consommation américain, Household Finance. La même société qui avait fait franchir à Steve Eisman la frontière ténue entre scepticisme et cynisme.

Du point de vue social, l'effritement lent et peut-être frauduleux d'un marché obligataire américain qui représentait des milliers de milliards de dollars était une catastrophe. Mais du point de vue des hedge funds, c'était l'opportunité d'une vie. Steve Eisman avait commencé en gérant un fonds d'actions de 60 millions de dollars, mais il était désormais short d'environ 600 millions de dollars sur divers titres liés aux subprimes, et il en redemandait. «Parfois ses idées ne peuvent pas être concrètement appliquées, affirme Vinny. Mais cette fois, elles le pouvaient.» Néanmoins, Eisman était menotté par FrontPoint Partners et, par extension, par Morgan Stanley. Et en tant que trader en chef de FrontPoint, Danny Moses se retrouva pris entre deux feux, avec d'un côté Eisman, et de l'autre les gestionnaires de risques de FrontPoint qui ne semblaient pas complètement saisir ce qu'ils faisaient. «Ils m'appelaient et ils disaient: "Vous pouvez demander à Steve de se débarrasser d'une partie de ces trucs?" J'allais voir Steve et il disait: "Dis-leur d'aller se faire foutre." Alors je disais: "Allez vous faire foutre."» Mais les gestionnaires de risque ne les lâchaient pas, et ils bridaient Eisman. «S'ils nous avaient dit: "Tout cela nous convient parfaitement, et vous pouvez en acheter dix fois plus", affirme Danny, Steve en aurait acheté dix fois plus.» Greg Lippmann bombardait désormais Vinny et Danny de toutes sortes d'informations négatives sur le marché immobilier, et, pour la première fois, Vinny et Danny commencèrent à ne pas révéler certaines informations à Eisman. «Nous avions peur qu'il déboule de son bureau en hurlant: "Faites-en pour mille milliards!"» explique Danny.

Au printemps 2007, chose incroyable, le marché des obligations hypothécaires subprime se renforça un peu. «L'impact des problèmes des marchés subprime sur l'économie en général et sur les marchés financiers semble maîtrisable », affirmait dans la presse Ben Bernanke, le président de la Réserve fédérale américaine, le 7 mars. « La qualité du crédit s'améliore toujours en mars et en avril, explique pour sa part Eisman. Et la raison pour laquelle elle s'améliore en mars et en avril, c'est que les gens récupèrent leur trop-perçu d'impôts. On aurait pu croire que les gens du monde du marché des titres le savaient. Et ils le savaient plus ou moins. Mais ils ont laissé les spreads de crédit se resserrer. On se disait juste que c'était crétin. On avait affaire à qui, à des abrutis ? » Étonnamment, le marché des actions continuait de monter, et la télévision de la salle des marchés de FrontPoint émettait constamment un message haussier. « Nous avons fini par éteindre CNBC, explique Danny Moses. Ça devenait très frustrant de constater qu'ils ne percevaient plus la réalité. Si quelque chose de négatif se produisait, ils le transformaient en quelque chose de positif. Si quelque chose de positif se produisait, ils l'exagéraient démesurément. Ça altère votre perception des choses. Vous ne pouvez pas vous laisser endormir par ce genre de conneries. »

Après leur retour de Las Vegas, ils s'étaient mis à harceler les agences de notation, et les gens de Wall Street qui dupaient leurs modèles, pour obtenir plus d'informations. « On essayait de voir s'il y avait quelque chose qui pousserait les agences de notation à revoir leurs évaluations à la baisse », explique Danny. En cours de route, ils glanèrent quelques informations troublantes. Ils s'étaient souvent demandé, par exemple, pourquoi les agences de notation n'étaient pas plus critiques envers les obligations constituées de prêts hypothécaires à taux flottant. Une panne de réfrigérateur aurait en effet suffi à mettre bien des emprunteurs en défaut. Personne ne devrait courir le risque de voir ses remboursements d'intérêts grimper en flèche. Mais comme la plupart de ces prêts étaient structurés, le propriétaire payait un taux d'appel fixe de, disons, 8 % pendant les deux premières années, puis, au début de la troisième année, le taux d'intérêt passait soudain à, disons, 12 %, après quoi il flottait en permanence à des niveaux élevés. Il était aisé de comprendre pourquoi des émetteurs comme Option One et New Century préféraient proposer ce genre de prêts : après deux ans, soit l'emprunteur échouait à payer, soit, si le prix de sa maison avait augmenté, il refinançait. Pour eux, le défaut de paiement était indifférent, car ils ne conservaient aucun risque lié au prêt ; le refinancement était simplement une chance de faire payer de nouveaux frais à l'emprunteur. À force d'interroger les agences de notation et les créateurs d'obligations subprime qu'il connaissait, Eisman apprit que les agences de notation partaient simplement de l'hypothèse que l'emprunteur serait tout aussi susceptible de rembourser son prêt quand le taux d'intérêt serait à 12 % que quand il était à 8 % – ce qui signifiait plus de cash-flow pour les porteurs d'obligations. Les obligations adossées à des prêts immobiliers à taux flottant recevaient donc des notes *plus élevées* que celles adossées à des prêts à taux fixe – et c'était la raison pour laquelle la proportion de prêts subprime à taux flottant était passée, au cours des cinq dernières années, de 40 à 80 %.

Nombre de ces prêts étaient désormais en défaut, mais les obligations subprime ne bougeaient pas – parce que Moody's et S&P n'avaient toujours officiellement pas changé d'opinion à leur sujet, ce qui était inquiétant. En tant qu'investisseur en actions, FrontPoint Partners était couvert par des brokers de Wall Street. Eisman demanda à des commerciaux du marché des actions de chez Goldman Sachs, Morgan Stanley et ainsi de suite de venir le voir en compagnie de leurs collègues du marché obligataire. « Nous posions toujours la même question, se souvient-il. "Où sont les agences de notation dans tout ça ?" Et j'obtenais toujours la même réaction. C'était une réaction physique parce qu'ils ne voulaient pas le dire. C'était un petit sourire narquois. » Il creusa plus profond et appela S&P pour demander ce qu'il adviendrait des taux de défaut si les prix de l'immobilier chutaient. L'employé de S&P n'en savait rien. Leur modèle pour le prix des maisons ne pouvait intégrer de nombres négatifs. « Ils supposaient simplement que les prix de l'immobilier continueraient de monter », affirme Eisman*.

Au bout du compte, il prit le métro avec Vinny et se rendit à Wall Street pour rencontrer une femme de chez S&P nommée Ernestine Warner. Warner travaillait comme analyste dans le département de surveillance. Ce département était censé surveiller les obligations subprime et revoir leur évaluation à la baisse si les prêts sous-jacents se dégradaient. Or, les prêts se dégradaient, mais la note des obligations n'était pas revue à la baisse – et une fois de plus Eisman se demandait si S&P savait quelque chose qu'il ignorait. « Quand nous avons shorté les obligations, tout ce que nous avions, c'étaient les données au niveau de l'assemblage », dit-il. Ces données présentaient les caractéristiques générales – score FICO moyen, ratio prêt/valeur moyen, nombre moyen de prêts no docs, et ainsi de suite – mais elles n'offraient aucune vue des prêts individuels. Elles vous disaient, par exemple, que 25 % des prêts immobiliers d'un assemblage étaient assurés, sans vous dire lesquels – ceux qui étaient susceptibles de mal tourner ou les autres. Il était impossible de déterminer à quel point les banques de Wall Street avaient berné le système. « Nous croyions bien entendu que les agences de notation disposaient de plus d'informations que nous, se souvient Eisman. Mais c'était faux. »

Ernestine Warner travaillait en effet avec les mêmes informations brutes que celles dont disposaient les traders comme Eisman. C'était dingue : l'arbitre qui décidait de la valeur des obligations n'avait pas accès aux informations pertinentes sur ces obligations. « Quand nous lui avons demandé pourquoi, déclare Vinny, elle a répondu : "Les émetteurs refusent de nous les donner." C'est là que j'ai pété un câble. "Vous devez exiger de

---

*Un porte-parole de S&P douta par la suite qu'un employé de S&P ait pu dire une telle chose, puisque leur modèle était capable de prendre en compte les nombres négatifs.

les obtenir!" Elle nous a regardés avec l'air de dire : *On ne peut pas faire ça.* Et nous, on disait : "Qui est le responsable ici ? C'est vous les adultes. C'est vous les flics ! Dites-leur de vous donner ces putains d'informations !!!" » Eisman en vint à la conclusion que « les gens de S&P craignaient que, s'ils exigeaient les informations de Wall Street, Wall Street ne s'adresse à Moody's pour obtenir ses notations*».

En tant qu'investisseur, Eisman fut autorisé à écouter les téléconférences trimestrielles organisées par Moody's, mais pas à poser de questions. Les gens de Moody's comprenaient néanmoins son besoin d'établir une relation plus suivie ; et le P-DG, Ray McDaniel, invita même Eisman et son équipe à lui rendre visite dans son bureau, geste dont Eisman lui serait éternellement reconnaissant. « Depuis quand les gens qui jouent la baisse sont-ils les bienvenus où que ce soit ? demanderait Eisman. Quand vous êtes short, le monde entier est contre vous. La seule fois qu'une société m'a rencontré en sachant pleinement que nous étions short, c'était avec Moody's. » Après leur voyage à Las Vegas, Eisman et son équipe étaient si certains que le monde était sens dessus dessous qu'ils supposaient que Ray McDaniel devait lui aussi le savoir. « Mais nous étions assis là, se souvient Vinny, et il nous a dit, d'un air manifestement sincère : "Je crois que nos notations s'avéreront exactes." Et Steve s'est levé d'un bond et il a demandé : "Qu'est-ce que vous venez de dire ?" »

---

*Le 22 octobre 2008, un ancien analyste d'obligations hypothécaires subprime de S&P nommé Frank Raiter témoignerait devant le Committee on Oversight and Government Reform que le directeur de S&P en charge de la surveillance des obligations hypothécaires subprime « ne croyait pas que les données au niveau des prêts étaient nécessaires, moyennant quoi toutes les demandes de fonds pour construire des bases de données en interne ont été rejetées ». Raiter présenta un e-mail du directeur des notations de CDO de S&P, Richard Gugliada, dans lequel Gugliada écrivait : « Toute demande d'analyses au niveau des prêts est TOTALEMENT DÉRAISONNABLE !! La plupart des émetteurs n'en ont pas et ne peuvent pas en fournir. Néanmoins nous DEVONS produire une estimation de crédit... Il est de votre responsabilité de produire ces estimations de crédit et de trouver le moyen d'y parvenir. »

– comme si le type avait prononcé l'affirmation la plus grotesque de toute l'histoire de la finance. Il a répété. Et Eisman s'est juste foutu de lui. » Au moment de partir, Vinny ajouterait respectueusement : « Avec tout le respect que je vous dois, monsieur, vous vous faites des illusions. » Ce n'était pas Fitch, ni même S&P. C'était Moody's. L'aristocratie du business de la notation, qui appartenait à 20 % à Warren Buffett. Et son P-DG s'entendait dire qu'il était soit un idiot soit un escroc, par un type du Queens nommé Vinny Daniel.

Début juin, le marché des obligations hypothécaires subprime avait repris ce qui serait un déclin ininterrompu, et la position de FrontPoint commença à évoluer – tout d'abord de plusieurs milliers, puis de plusieurs millions de dollars par jour. « Je sais que je gagne de l'argent. Alors qui en perd ? » demandait souvent Eisman. Ils avaient déjà shorté les actions des émetteurs de prêts immobiliers et des sociétés de construction de maisons. Ils ajoutèrent désormais à leur position short les actions des agences de notation. « Elles gagnaient dix fois plus en notant des CDO qu'en notant des obligations GE, explique Eisman, et tout ça allait se terminer. »

Inévitablement, leur attention se tourna vers le cœur du capitalisme, les grandes banques d'investissement de Wall Street. « Notre thèse originale était que la machine à titrisation était le principal centre de profit de Wall Street et qu'elle allait mourir, déclare Eisman. Et quand ça se produirait, leurs revenus s'assécheraient. » L'une des raisons pour lesquelles Wall Street avait inventé cette nouvelle industrie nommée finance structurée était que son ancienne activité s'avérait chaque jour moins rentable. Les profits sur le marché des actions, de même que ceux du marché des obligations plus conventionnelles, avaient été sapés par la concurrence de l'Internet. Dès que le marché cesserait d'acheter des obligations hypothécaires subprime et des CDO adossés à des obligations hypothécaires subprime, les banques d'investissement seraient dans la panade. Jusqu'au milieu de 2007, Eisman ne soupçonna pas que les banques étaient suffisamment idiotes pour investir dans leurs créations. Il voyait que leur effet de levier avait spectaculairement augmenté, rien qu'au cours des cinq dernières années. Il voyait naturellement qu'elles détenaient des actifs de plus en plus risqués grâce à de l'argent emprunté. Ce qu'il ne voyait pas, c'était la nature de ces actifs. Des bons de société triple-A, ou des CDO subprime triple-A ? « Vous ne pouviez être certain de rien, dit-il. Elles ne révélaient rien. Vous ne saviez pas ce qu'elles avaient dans leur bilan. Mais vous supposiez naturellement qu'elles s'étaient débarrassées de cette merde dès qu'elles l'avaient créée. »

Une combinaison de faits nouveaux – ainsi que ses rencontres avec les dirigeants des grandes banques et des agences de notation – avait éveillé ses soupçons. Le premier fait nouveau avait été l'annonce par HSBC, en février 2007, de pertes considérables sur ses prêts subprime, suivie d'une deuxième annonce, en mars : HSBC se débarrassait de son portefeuille subprime. « Les types de HSBC étaient censés être les gentils, dit Vinny. Ils étaient censés avoir fait le ménage chez Household. On se disait : *Bordel, il y a tellement de gens pires que ça.* » Le deuxième fait nouveau apparut dans les résultats du deuxième trimestre de Merrill Lynch. En juillet 2007, Merrill Lynch annonçait de nouveaux bénéfices sensationnels, mais admettait avoir subi un déclin des revenus de son activité liée aux emprunts immobiliers à cause de pertes dans les obligations subprime. Ce qui semblait une information insignifiante pour la plupart des investisseurs était pour Eisman un coup de tonnerre : Merrill Lynch possédait une quantité significative de titres hypothécaires subprime. Le directeur financier de Merrill, Jeff Edwards, expliqua à Bloomberg News que le marché n'avait pas à s'en faire, car une « gestion du risque active » avait permis à Merrill Lynch de réduire son exposition aux obligations subprime les moins bien notées. « Je ne veux pas trop m'étendre sur la manière dont nous nous sommes positionnés à un tel ou tel moment », disait Edwards, mais il s'étendait suffisamment pour faire comprendre que le marché se préoccupait trop de ce que Merrill faisait avec les obligations hypothécaires subprime. Ou, dans les termes elliptiques d'Edwards : « Il y a une attention disproportionnée sur une classe d'actifs précise dans un pays précis. »

Mais Eisman n'était pas d'accord – et deux semaines plus tard il convainquit un analyste d'UBS nommé Glenn Schorr de l'accompagner à une petite réunion entre Edwards et les plus gros actionnaires de Merrill Lynch. Le directeur financier commença par expliquer que ce petit problème qu'ils avaient eu avec les prêts subprime était désormais sous contrôle grâce aux modèles de Merrill Lynch. « La réunion n'était pas commencée depuis longtemps, affirme une personne qui était présente, Jeff était toujours en train de présenter les observations qu'il avait préparées, lorsque Steve s'est écrié : "Eh bien, vos modèles se trompent !" Un silence très embarrassé s'est installé. Fallait-il rire ? Fallait-il trouver une question à poser pour pouvoir passer à autre chose ? Steve était assis en bout de table et il a commencé à ranger ses papiers avec ostentation – comme pour dire : "Si ce n'était pas grossier, je partirais maintenant." »

Eisman, de son côté, considérait qu'il s'agissait juste d'un échange de points de vue poli, après quoi la réunion cessa de l'intéresser. « Il n'y avait plus rien à dire. Vous savez ce que je pensais ? Que ce type ne comprenait rien. »

En surface, ces grandes banques de Wall Street semblaient robustes ; mais Eisman commençait à songer que, sous la surface, leurs problèmes risquaient de ne pas se limiter à une simple perte potentielle de revenus. Si elles croyaient vraiment que le marché des subprimes n'était pas un problème pour elles, le marché des subprimes pouvait être leur arrêt de mort. Son équipe et lui se mirent à chercher des risques subprime cachés : Qui cachait quoi ? « Nous avons appelé ça La Grande Chasse au trésor », dit-il. Ils ne savaient pas avec certitude si ces banques se trouvaient d'une manière ou d'une autre de l'autre côté des paris qu'il avait effectués contre les obligations subprime, mais plus il se penchait sur la question, plus il était convaincu qu'elles non plus n'en savaient rien. Il rencontrait des P-DG de Wall Street et leur posait des questions on ne peut plus élémentaires sur leurs bilans comptables. « Ils ne savaient rien, se souvient-il. Ils ne connaissaient pas leurs propres bilans comptables. » Un jour, il se fit inviter à une réunion avec le P-DG de Bank of America, Ken Lewis. « J'étais assis là à l'écouter. Et j'ai eu une révélation. Je me suis dit : "Oh mon Dieu, il est idiot !" Une lumière s'est allumée dans ma tête. Le type qui dirige l'une des plus grandes banques du monde est idiot ! » Ils shortèrent Bank of America, ainsi que UBS, Citigroup, Lehman Brothers, et quelques autres. Ils n'étaient pas autorisés à shorter Morgan Stanley puisqu'ils appartenaient à Morgan Stanley, mais s'ils avaient pu le faire, ils l'auraient fait. Peu après qu'ils eurent placé leurs paris contre les grandes banques de Wall Street, ils reçurent la visite de Brad Hintz, un important analyste qui couvrait celles-ci chez Sanford C. Bernstein & Co. Hintz demanda à Eisman ce qu'il fabriquait.

« Nous venons de shorter Merrill Lynch, répondit Eisman.

– Pourquoi ?

– Nous avons une thèse simple. Il va y avoir une calamité, et chaque fois qu'une calamité se produit, Merrill est là. »

Quand il avait fallu mettre Orange County en faillite, Merrill était là. Quand la bulle Internet avait explosé, Merrill était là. Dans les années 1980, quand on avait lâché la bride au premier trader d'obligations et qu'il avait perdu des centaines de millions de dollars, Merrill Lynch avait été là pour encaisser le coup. Telle était la logique d'Eisman : la logique de la hiérarchie de Wall Street. Goldman Sachs était le grand gamin qui imposait sa loi dans le quartier. Merrill Lynch était le petit gros à qui on refilait les rôles les plus ingrats mais qui était content de faire partie de la bande. Aux yeux d'Eisman, c'était juste une question d'autorité. Et il supposait que Merrill Lynch avait accepté la place qu'on lui avait désignée au bout de la chaîne.

Le 17 juillet 2007, deux jours avant que Ben Bernanke, le président de la Fed[1], ne dise au Sénat qu'il ne voyait pas plus de 100 milliards de pertes sur le marché des subprimes, le hedge fund FrontPoint fit une chose inhabituelle : il organisa sa propre téléconférence. Il en avait déjà organisé avec sa minuscule population d'investisseurs, mais cette fois il l'ouvrit à l'extérieur. Steve s'était déjà taillé une réputation. « Il y avait environ deux investisseurs qui comprenaient pleinement ce qui se passait, et Steve était l'un d'eux », déclare un éminent analyste de Wall Street. Cinq cents personnes appelèrent pour entendre ce qu'Eisman avait à dire, et cinq cents autres se connectèrent après coup pour écouter l'enregistrement. Eisman expliqua l'étrange alchimie du CDO mezzanine, et annonça qu'il s'attendait à ce que les pertes atteignent jusqu'à 300 milliards de dollars rien que pour cette tranche du marché. Pour évaluer la situation, conseilla-t-il à son auditoire, « balancez votre modèle à la poubelle. Les modèles regardent tous en arrière. Les modèles n'ont aucune idée de ce qu'est devenu ce monde... Pour la première fois de leur vie, les gens du monde des titres adossés à des actifs sont réellement forcés de réfléchir. » Il expliqua que les agences de notation étaient moralement en faillite et qu'elles vivaient dans la crainte de faire faillite pour de bon. « Les agences de notation ont une trouille bleue, déclara-t-il. Elles ont une trouille bleue de ne rien faire car elles vont passer pour des imbéciles si elles ne font rien. » Il s'attendait à ce qu'au moins la moitié de tous les prêts immobiliers américains – soit plusieurs milliers de milliards de dollars – essuie des pertes. « Nous sommes au milieu de l'une des plus grandes expériences sociales que ce pays ait connues. Mais ça ne sera pas une expérience plaisante... Vous croyez que c'est moche ? Vous n'avez encore rien vu. » Lorsqu'il eut fini, l'intervenant suivant, un Anglais qui gérait un fonds séparé chez FrontPoint, mit un moment à réagir.

---

1. Federal Reserve Board : banque centrale américaine.

« Désolé, dit l'Anglais d'un ton ironique, j'avais juste besoin de me calmer après avoir entendu Steve annoncer la fin du monde. » Et tout le monde éclata de rire.

Plus tard le même jour, les investisseurs des hedge funds en déroute de Bear Stearns furent informés que leur 1,6 milliard de dollars de CDO subprime triple-A n'avaient pas seulement perdu un peu de leur valeur, mais qu'ils ne valaient plus rien. Eisman était désormais convaincu que nombre des plus grandes banques de Wall Street ne comprenaient pas leur propre risque, et qu'elles étaient en péril. À la base de sa conviction il y avait le souvenir de son dîner avec Wing Chau – quand il avait compris le rôle central des CDO mezzanine et avait fait un énorme pari contre ces mêmes CDO. Ce qui, naturellement, soulevait une question : qu'y avait-il exactement dans un CDO ? « Je ne savais pas ce qu'il y avait dans ces machins, raconte Eisman. On ne pouvait pas les analyser. On ne pouvait pas dire : "Donnez-moi ceux qui ne contiennent que de la Californie." Personne ne savait ce qu'il y avait dedans. » Ils en apprirent assez pour savoir, comme le dit Danny, que « c'était juste les merdes qu'on avait déjà shortées empaquetées ensemble, dans un portefeuille ». À part ça, ils n'avaient aucune visibilité. « La nature de Steve, c'est de foncer puis de chercher à comprendre après coup », affirme Vinny.

Il y eut alors du neuf. Eisman était depuis longtemps inscrit à une newsletter qui était célèbre dans les cercles de Wall Street et obscure à l'extérieur, *Grant's Interest Rate Observer*. Son éditeur, Jim Grant, prophétisait l'apocalypse depuis le début du grand cycle de la dette, au milieu des années 1980. Fin 2006, Grant avait décidé d'enquêter sur ces étranges créations de Wall Street appelées CDO. Ou, plutôt, il avait demandé à son jeune assistant, Dan Gertner, un ingénieur chimiste titulaire d'un MBA, de voir s'il arrivait à les comprendre. Gertner avait rassemblé les brochures qui expliquaient les CDO aux investisseurs potentiels et il s'était torturé les méninges à n'en plus finir. « Puis il est revenu, explique Grant, et il a dit : "Je n'y comprends rien." Et j'ai répondu : "Je crois que nous tenons notre histoire." »

Gertner creusa et creusa, et il en vint finalement à la conclusion qu'il pourrait creuser tant qu'il voudrait, il n'arriverait jamais à savoir ce qu'il y avait exactement dans un CDO – Jim Grant en déduisit donc qu'aucun investisseur ne pouvait non plus le savoir. Ce qui confirmait ce qu'il savait déjà, à savoir que beaucoup trop de gens croyaient aveuglément tout ce qu'on voulait leur faire croire. Début 2007, Grant écrivit une série d'articles laissant entendre que les agences de notation avaient abandonné leur mission – qu'elles évaluaient presque à coup sûr ces CDO sans elles-mêmes savoir ce qu'ils renfermaient. « Les lecteurs de *Grant's* ont vu de leurs yeux comment une pile de tranches de prêts immobiliers mal notés peut être réarrangée sous forme de CDO, commençait un article. Et ils ont observé avec stupéfaction les améliorations que ce mystérieux procédé peut entraîner sur les indices de solvabilité des tranches [...] » En récompense de leurs efforts, Grant et son fidèle assistant furent invités à se rendre chez S&P pour y recevoir un savon. « Nous avons été littéralement convoqués par l'agence de notation, et on nous a dit : "Vous n'y comprenez rien", se souvient Gertner. Jim avait utilisé le mot "alchimie" et ça ne leur avait pas plu. »

Non loin des bureaux de *Grant's*, un gestionnaire de hedge fund d'actions avec une vision du monde de plus en plus sombre se demandait pourquoi il n'avait entendu personne d'autre exprimer de soupçons quant au marché obligataire et ses créations absconses. Avec Jim Grant, Steve Eisman trouvait enfin quelqu'un qui confirmait sa théorie sur le monde financier. « Quand je l'ai lu, dit-il, j'ai pensé : *Oh mon Dieu, c'est comme être en possession d'une mine d'or*. Quand j'ai lu ça, j'ai été le seul type du monde des actions à presque avoir un orgasme. »

8
La longue accalmie

Le jour où Steve Eisman fut le premier homme à presque éprouver un plaisir sexuel à la lecture de *Grant's Interest Rate Observer*, le Dr Michael Burry reçut de son directeur financier une copie du même article, accompagné d'un commentaire humoristique : « Mike – tu ne t'es pas mis à écrire des articles pour *Grant's*, si ? »

« Non, répondit Burry, qui n'était pas ravi de découvrir qu'il y avait quelqu'un d'autre qui pensait comme lui. Je suis un peu surpris que nous n'ayons pas été contactés par *Grant's*... » Il avait toujours un pied dans le monde financier et l'autre en dehors, comme s'il ne pouvait se résoudre à faire le grand saut.

Il avait été le premier investisseur à diagnostiquer les troubles du système financier américain au début de 2003 : l'extension du crédit par instrument. Des outils financiers complexes étaient inventés dans le seul but de prêter de l'argent à des gens qui ne pourraient jamais le rembourser. « Je crois vraiment que le dernier acte sera une crise de nos institutions financières, qui font des choses si stupides », écrivait-il en avril 2003 à un ami qui s'était demandé pourquoi les lettres trimestrielles de Scion Capital à ses investisseurs étaient devenues si sombres. « J'ai un boulot à accomplir. Gagner de l'argent pour mes clients. Mais bon sang ça devient morbide quand tu commences à faire des investissements qui rapporteront un pactole si une tragédie se produit. » Puis, au printemps 2005, il avait identifié, avant tous les autres investisseurs, précisément quelle tragédie était la plus susceptible de se produire, et il avait placé un pari considérable et explicite contre les obligations hypothécaires subprime.

Maintenant, en février 2007, les prêts subprime tombaient en défaut en nombres records, les institutions financières étaient chaque jour moins stables, et personne sauf lui ne semblait se rappeler ce qu'il avait dit et fait. Il avait prévenu ses investisseurs qu'ils devraient peut-être se montrer patients – que le pari ne rapporterait peut-être pas tant que les prêts immobiliers émis en 2005 n'auraient pas atteint la fin de leur période de taux d'appel modéré. Mais ils n'avaient pas été patients. Nombre de ses investisseurs ne lui faisaient plus confiance, et il se sentait en retour trahi par eux. Dès le début, il avait imaginé la fin, mais rien de ce qui se passerait au milieu. « Je suppose que je voulais juste aller me coucher et me réveiller en 2007 », dit-il. Pour conserver ses paris contre les obligations hypothécaires, il avait été forcé de renvoyer la moitié de son maigre personnel, et d'abandonner pour des milliards de dollars de paris qu'il avait faits contre les sociétés les plus étroitement associées au marché des subprimes. Il était désormais plus isolé que jamais. La seule chose qui avait changé, c'était sa manière d'expliquer cet isolement.

Quelque temps auparavant, sa femme l'avait traîné dans le cabinet d'un psychologue de Stanford. Une institutrice de la garderie avait remarqué certains comportements inquiétants chez leur fils de 4 ans, Nicholas, et suggéré qu'il passe des tests. Nicholas ne dormait pas quand les autres enfants dormaient. Il rêvassait dès que l'institutrice parlait un peu longuement. Son esprit semblait « très actif ». Michael Burry avait dû prendre sur lui pour ne pas s'offusquer. Il était, après tout, médecin, et il soupçonnait que ce que l'institutrice essayait de leur dire, c'était qu'il avait échoué à diagnostiquer un trouble de déficit de l'attention chez son propre fils. « J'avais travaillé dans une clinique pour enfants hyperactifs avec des troubles de l'attention durant mon internat, et j'étais convaincu que ce diagnostic était excessif, explique-t-il. Que c'était un diagnostic "miracle" pour

les parents qui voulaient une justification médicale pour donner des médicaments à leurs enfants, ou pour expliquer leur mauvais comportement.» Il soupçonnait que son fils était un peu différent des autres enfants, mais que cette différence était bénéfique. « Il posait des tonnes de questions, affirme Burry. J'avais encouragé ça, parce que moi aussi je posais toujours des tonnes de questions quand j'étais gamin, et que j'étais frustré quand on me disait de me taire.» Il observait désormais son fils plus attentivement, et nota que le petit garçon, quoique intelligent, avait des problèmes relationnels. « Quand il essayait d'établir le contact, même s'il ne se comportait pas méchamment avec les autres gamins, il leur tapait d'une manière ou d'une autre sur les nerfs.» Un jour, il rentra à la maison et dit à sa femme :
« Ne t'en fais pas ! Il va bien ! »
Sa femme le regarda fixement et demanda :
« Qu'est-ce que tu en sais ? »
À quoi le Dr Michael Burry répondit :
« Parce qu'il est exactement comme moi ! J'étais comme ça. »

Leurs demandes d'inscription auprès de diverses écoles maternelles se heurtèrent toutes à des rejets, sans aucune explication. Sur l'insistance de Burry, l'une des écoles déclara que son fils souffrait de troubles des habiletés motrices. « Il avait apparemment obtenu un score très bas à des tests artistiques qui impliquaient l'utilisation de ciseaux, dit Burry. Je me suis dit : *La belle affaire.* Je dessine toujours comme un gamin de 4 ans, et je déteste l'art.» Pour calmer sa femme, il accepta cependant de faire passer des tests à leur fils. « Ils prouveraient juste que c'était un gamin intelligent, un "génie distrait".»

Mais à la place, les tests effectués par une psychologue de l'enfant prouvèrent que leur fils était atteint du syndrome d'Asperger. Un cas classique, déclara-t-elle, et elle recommanda que l'enfant soit retiré du système éducatif conventionnel pour être envoyé dans une école spécialisée. Le Dr Michael Burry était abasourdi : il se rappelait avoir entendu parler du syndrome d'Asperger à l'école de médecine, mais vaguement. Sa femme lui tendit alors la pile de livres qu'elle avait accumulés sur l'autisme et les maladies qui y étaient liées. En haut de la pile se trouvaient *Le Syndrome d'Asperger, Guide complet*, d'un psychologue clinique nommé Tony Attwood, et *Les Enfants atteints de troubles multiples : un guide pour professionnels, enseignants et parents*, du même Attwood.

« *Déficience marquée dans l'utilisation de multiples comportements non verbaux comme regarder dans les yeux.* »

Oui.

« *Échec à développer des relations avec ses pairs.* »

Oui.

« *Absence de désir spontané de partager avec les autres les joies, les intérêts, ou les réussites.* »

Oui.

« *Difficulté à lire les messages sociaux/émotionnels dans les yeux de quelqu'un.* »

Oui.

« *Incapacité à réguler les émotions ou à contrôler la colère.* »

Oui.

« *L'une des raisons pour lesquelles les ordinateurs sont si attirants est non seulement qu'il est inutile de parler ou de socialiser avec eux, mais qu'ils sont logiques, constants, et pas enclins aux sautes d'humeur. Ils sont donc un compagnon idéal pour la personne atteinte du syndrome d'Asperger.* »

Oui.

« *Nombre de gens ont un passe-temps... La différence entre une activité normale et l'excentricité observée dans le cas du syndrome d'Asperger est que ces passe-temps sont souvent solitaires, singuliers, et accaparent le temps et la conversation de la personne.* »

Oui... Oui... Oui...

Au bout de quelques pages, Michael Burry s'aperçut que ce qu'il lisait ne concernait plus son fils, mais lui-même. « Combien de personnes ouvrent un livre et découvrent un manuel d'utilisation de leur vie ? demande-t-il. Ça me faisait horreur de lire un livre qui me disait qui j'étais. Je croyais être différent, mais ce bouquin disait que j'étais comme les autres. Ma femme et moi étions un couple Asperger typique, et nous avions un fils Asperger. » Son œil de verre n'expliquait plus rien ; le plus étonnant, c'était qu'il ait pu croire le contraire. En effet, comment un œil de verre pouvait-il expliquer, chez un nageur de compétition, une peur pathologique des eaux profondes – la terreur de ne pas savoir ce qui se cachait en dessous ? Ou le fait qu'un enfant passe son temps à laver de l'argent ? Car durant son enfance, Burry avait la manie de laver des billets de banque, de les sécher avec une serviette, de les glisser entre des pages de livres, puis d'empiler les livres les uns sur les autres – tout ça pour avoir de l'argent qui avait l'air « neuf ». « Tout d'un coup je suis devenu cette caricature, déclare Burry. J'ai toujours été capable d'étudier quelque chose et d'y exceller très vite. Je croyais avoir un don spécial. Maintenant, je me disais : *Oh, beaucoup de personnes atteintes d'Asperger peuvent faire pareil*. Maintenant, ma singularité était expliquée par un trouble psychologique. »

Il ne pouvait pas accepter ça. Il avait un don pour trouver et analyser des informations sur les sujets qui le passionnaient. Il s'était toujours intéressé à lui-même. Et maintenant, à 33 ans, il apprenait ça – et sa première réaction fut de regretter d'avoir appris quoi que ce soit. « Ma première pensée a été que beaucoup de gens devaient avoir la même chose sans le savoir, dit-il. Et je me demandais : *Est-ce que c'est vraiment une bonne chose pour moi de l'apprendre à ce stade ? À quoi ça me sert de savoir ça sur moi-même ?* »

Il alla voir un psychiatre pour qu'il l'aide à définir l'effet de son syndrome sur sa femme et sur son enfant. Mais il n'informa pas ses relations de travail de ce qu'il venait d'apprendre. Il ne changea pas sa manière d'investir, par exemple, ni sa façon de communiquer avec ses investisseurs, à qui il ne dit rien de son trouble. « J'estimais que ce n'était pas un fait matériel qu'il fallait révéler, explique-t-il. Ça ne changeait rien. On ne m'avait pas diagnostiqué quoi que ce soit de nouveau. C'était quelque chose que j'avais toujours eu. » D'un autre côté, ça expliquait grandement ce qu'il faisait pour gagner sa vie, et sa manière de le faire : sa quête obsessionnelle de faits concrets, son insistance sur la logique, sa capacité à décortiquer des liasses d'états financiers rébarbatifs. Les personnes atteintes du syndrome d'Asperger sont incapables de contrôler ce qui les intéresse. C'était un coup de chance que sa passion soit les marchés financiers, et non, disons, les catalogues de tondeuses à gazon. Quand il envisageait les choses sous cet angle, il s'apercevait que les marchés financiers modernes étaient si complexes qu'ils semblaient avoir été spécialement conçus pour les personnes atteintes du même syndrome que lui. « Seule une personne Asperger lirait une brochure sur une obligation hypothécaire subprime », affirme-t-il.

Début 2007, Michael Burry se retrouva dans une situation typiquement bizarre. Il avait acheté des assurances sur un tas d'obligations hypothécaires subprime réellement pourries, créées à partir de prêts émis en 2005, mais c'étaient *ses* credit default swaps. Ils n'étaient pas souvent échangés par les autres ; nombre de gens estimaient que les prêts émis en 2005 étaient pour une raison ou pour une autre plus sains que ceux émis en 2006 ; dans le jargon du marché obligataire, ils étaient « *off the run* », plus d'actualité. C'était leur principal argument : les assemblages de prêts contre lesquels il avait parié étaient « relativement propres ». Pour contredire cette affirmation, il commanda une étude privée, et découvrit que les assemblages de prêts qu'il avait shortés étaient presque deux fois plus susceptibles de faire défaut que les autres prêts subprime émis en 2005, et qu'ils avaient un tiers de chances en plus d'entraîner des saisies. Les prêts émis en 2006 étaient certes pires que ceux de 2005, mais les prêts de 2005 demeuraient atroces, et la date où leur taux d'intérêt serait revu à la hausse était plus proche. Il avait choisi les meilleurs emprunteurs contre lesquels parier.

Tout au long de 2006, et durant les premiers mois de 2007, Burry envoya ses listes de CDS à Goldman Sachs, Bank of America et Morgan Stanley en supposant qu'ils les montreraient à des acheteurs éventuels, histoire de se faire une idée du prix du marché. Après tout, c'était la fonction qu'étaient censés remplir les opérateurs de Bourse : ils étaient censés être des intermédiaires. Des teneurs de marché. Mais ce n'était pas la fonction qu'ils remplissaient. « Il semble que les opérateurs gardaient mes listes pour eux et faisaient des offres pour eux-mêmes d'une manière extrêmement opportuniste », affirme Burry. Les données des administrateurs de prêts hypothécaires empiraient de mois en mois – les prêts sous-jacents des obligations se dégradaient de plus en plus vite – et pourtant le prix pour assurer ces prêts, disaient-ils, diminuait. « La logique m'échappait, dit-il. Je n'arrivais pas à expliquer les résultats que je voyais. » À la fin de chaque journée, il était censé y avoir un minuscule règlement : si le marché des subprimes avait chuté, ils lui viraient de l'argent ; s'il s'était renforcé, c'était lui qui leur virait de l'argent. Le sort de Scion Capital dépendait de ces paris, mais ce sort n'était pas, à court terme, déterminé par un marché libre et concurrentiel. Il était déterminé par Goldman Sachs et Bank of America et Morgan Stanley, qui décidaient chaque jour si les CDS de Mike Burry avaient gagné ou perdu de l'argent.

Il était cependant vrai que son portefeuille de CDS était inhabituel. Ils avaient été choisis par un personnage inhabituel, qui avait une vision inhabituelle des marchés financiers et travaillait seul dans son coin. Ce seul fait permettait à Wall Street de lui imposer un prix du marché. Comme personne d'autre n'achetait ni ne vendait exactement ce que Michael Burry achetait ou vendait, rien ne permettait de fixer précisément la valeur de ces choses – elles valaient donc ce que Goldman Sachs et Morgan Stanley décidaient. Burry repéra un motif récurrent dans leur façon de procéder : toute bonne nouvelle à propos du marché de l'immobilier, ou de l'économie, leur servait d'excuse pour demander du collatéral à Scion Capital ; toute mauvaise nouvelle était ignorée comme si elle n'avait rien à voir avec les paris qu'il avait faits. Les banques prétendaient sans cesse qu'elles n'avaient pas de position elles-mêmes – qu'elles géraient des books neutres – mais leur comportement lui indiquait le contraire. « Les banques évaluaient en fonction de leur position nette, dit-il. Je ne crois pas qu'elles regardaient le marché pour fixer leur prix. Je crois qu'elles regardaient leurs besoins. » C'est-à-dire que la raison pour laquelle elles refusaient de reconnaître que son pari était payant était qu'elles étaient de l'autre côté. « Quand vous parlez aux opérateurs, écrivit-il en mars 2006 à son avocat, Steve Druskin, ce qu'ils vous disent dépend de leur portefeuille. C'est leur portefeuille qui détermine leur vision. Il s'avère que Goldman Sachs possède une grande partie de son risque. Ils font comme s'ils n'avaient rien remarqué dans les assemblages de prêts. Inutile de semer la panique... et ça a fonctionné. Tant qu'ils peuvent attirer plus [d'argent] dans leur marché, le problème est résolu. Telle est l'histoire de ces 3 ou 4 dernières années. »

En avril 2006, il avait fini d'acheter des assurances sur les obligations hypothécaires subprime. Dans un portefeuille de 555 millions de dollars, il avait pour 1,9 milliard de dollars de position sur ces titres – mais ces paris qui auraient dû rapporter ne rapportaient toujours rien. En mai, il adopta une nouvelle stratégie : il demanda aux traders de Wall Street s'ils accepteraient de lui vendre encore plus de CDS au prix qu'ils prétendaient qu'ils valaient, tout en sachant qu'ils refuseraient. « Jamais une contrepartie n'a été disposée à me vendre des CDS à mon prix, écrivit-il dans un e-mail. 80 à 90 % des titres sur ma liste ne sont même pas disponibles à quelque prix que ce soit. » Un marché fonctionnant correctement ajusterait le prix de ses titres en fonction des nouvelles informations ; mais ce marché qui comportait des milliers de milliards de dollars en risque subprime ne bougeait jamais. « L'un des plus vieux adages de l'investissement dit que si vous le lisez dans le journal, c'est trop tard, expliquait-il. Mais pas cette fois-ci. » Steve Druskin s'intéressait de plus en plus au marché – et il n'en revenait pas de voir à quel point il était contrôlé. « Ce qui est ahurissant, c'est qu'ils font un marché avec ces trucs fantaisistes, dit-il. Ce ne sont pas de vrais actifs. » C'était comme si Wall Street avait décidé de permettre à tout le monde de parier sur la ponctualité des compagnies aériennes commerciales. La probabilité que le vol United 001 arrive à l'heure variait de toute évidence – en fonction du temps, des problèmes mécaniques, de la qualité du pilote, et ainsi de suite. Mais les probabilités variables pouvaient être ignorées, jusqu'à ce que l'avion arrive ou non. Ça n'avait aucune importance que de gros émetteurs de prêts comme Ownit ou ResCap fassent faillite, ou qu'un assemblage de prêts subprime essuie des pertes plus importantes que prévu. Tout ce qui avait de l'importance, c'était ce que Goldman Sachs et Morgan Stanley jugeaient important.

Le plus grand marché de capitaux du monde n'était pas un marché, c'était autre chose – mais quoi ? « Je proteste auprès de mes contreparties qu'il doit y avoir une fraude sur le marché pour que les credit default swaps soient à des niveaux historiquement bas, écrivit Burry à un investisseur de confiance. Et si les CDS étaient une escroquerie ? C'est la question que je me pose tout le temps, et je n'ai jamais été si près de le croire qu'en ce moment. Il est impossible que nous soyons en baisse de 5 % cette année juste sur les CDS hypothécaires. » À sa vendeuse de Goldman Sachs, il écrit : « Je crois que je shorte l'immobilier mais c'est faux, parce que les CDS sont une arnaque. » Lorsque, quelques mois plus tard, Goldman Sachs annonça mettre de côté 542 000 dollars par employé pour les bonus de 2006, il écrivit de nouveau : « En tant qu'ancien employé de station-service, ancien employé de parking, ancien interne en médecine, et actuellement pigeon de Goldman Sachs, je suis outré. »

À la mi-2006, il commença à entendre parler d'autres gestionnaires de fonds qui voulaient faire le même pari que lui. Quelques-uns l'appelèrent même pour lui demander conseil. « Il y avait tous ces gens qui me disaient que je devais sortir de cette position, dit-il. Et je regardais les autres en songeant à la chance qu'ils avaient de pouvoir y entrer. » Si le marché avait été un tant soit peu rationnel, il se serait désintégré bien plus tôt. « Certains des plus gros fonds de la planète ont disséqué mon cerveau et copié ma stratégie, écrivit-il dans un e-mail. Il n'y aura donc pas que Scion qui gagnera de l'argent si ça se produit. Cependant, tout le monde n'en gagnera pas. »

Il était désormais indéniablement malheureux. « J'ai l'impression que mes entrailles se digèrent toutes seules », écrivit-il à sa femme à la mi-septembre. La cause de son malheur était, comme d'habitude, les autres. Et ceux qui l'agaçaient le plus étaient ses propres investisseurs. Quand il avait ouvert son fonds en 2000, il n'avait publié que ses résultats trimestriels, et annoncé à ses investisseurs qu'il prévoyait de ne presque rien leur dire de ce qu'il ferait. Maintenant ils exigeaient des rapports mensuels, voire bimensuels, et remettaient constamment en question le bien-fondé de son pessimisme. « J'en viens presque à croire que plus on a une bonne idée, et plus on est iconoclaste, plus on est susceptible de se faire gueuler dessus par ses investisseurs », dit-il. Il se fichait de savoir que le marché pour tel ou tel titre se détraque car il savait qu'au bout du compte il serait discipliné par la logique : soit le business prospérait, soit il s'écroulait. Soit les prêts étaient remboursés, soit ils tombaient en défaut. Mais ces gens dont il gérait l'argent étaient incapables de conserver une distance émotionnelle entre eux et le marché. Ils réagissaient désormais aux mêmes stimuli de surface que la totalité du marché détraqué des subprimes, et tentaient de le forcer à se conformer à sa folie. « Je fais de mon mieux pour être patient, écrivit-il à un investisseur. Mais je ne peux qu'être aussi patient que mes investisseurs. » À un autre investisseur râleur il écrivit :

« La définition d'un gestionnaire intelligent dans le monde des hedge funds, c'est quelqu'un qui a une bonne idée, et que ses investisseurs lâchent juste avant que l'idée ne s'avère payante. » Quand il leur rapportait d'énormes sommes d'argent, il ne les entendait presque jamais ; dès l'instant où il avait commencé à en perdre un peu, ils l'avaient bombardé de leurs doutes et de leurs soupçons :

> Je suppose donc que le monstre qui nous entraîne au large est le CDS. Vous avez créé le fléau du vieil homme et la mer.

> Quand voyez-vous la fin de l'hémorragie ? (Août encore moins 5 %.) Suivez-vous une stratégie encore plus risquée maintenant ?

> Vous me rendez physiquement malade... Comment osez-vous ?

> Pouvez-vous m'expliquer pourquoi nous ne cessons de perdre de l'argent avec cette position ? Si nos pertes potentielles sont fixes, il me semblerait, après tout ce que nous avons perdu, qu'elles ne devraient plus représenter qu'une minuscule part du portefeuille.

Cette dernière question ne cessait de ressurgir : comment quelqu'un dont le travail était de choisir des actions pouvait-il perdre autant à cause de cet unique pari farfelu sur le marché obligataire ? Et il essayait constamment d'y répondre : il s'était engagé à payer des primes qui s'élevaient à environ 8 % du portefeuille, chaque année, aussi longtemps que les prêts sous-jacents existeraient – probablement environ cinq ans, mais peut-être jusqu'à trente ans. 8 % fois cinq ans représentaient 40 %. Si la valeur des CDS chutait de moitié, Scion aurait une perte potentielle instantanée de 20 %.

Plus alarmants encore, ses contrats de CDS contenaient une clause qui permettait aux grandes banques de Wall Street d'annuler leurs dettes envers Scion si les actifs de Scion tombaient sous un certain niveau. Et il y avait soudain un risque réel que ça se produise. La plupart de ses investisseurs avaient accepté un « *lock-up* » de deux ans, ce qui signifiait qu'ils ne pouvaient pas reprendre leur argent quand ils le voulaient durant cette période. Mais sur les 555 millions de dollars dont il avait la gestion, 302 millions allaient pouvoir être débloqués soit à la fin 2006, soit à la mi-2007, et les investisseurs faisaient la queue pour récupérer leur argent. En octobre 2006, alors que les prix de l'immobilier américain connaissaient leur plus grand déclin depuis trente-cinq ans, et juste quelques semaines avant que l'indice ABX d'obligations hypothécaires triple-B ne connaisse son premier « accident de parcours » (c'est-à-dire, une perte), Michael Burry envisagea la possibilité de forts retraits sur son fonds – un fonds qui ne faisait désormais rien que parier contre le marché des subprimes. « Nous étions cliniquement déprimés, déclare l'un des divers analystes que Burry employait sans jamais savoir quoi en faire, puisqu'il insistait pour effectuer lui-même toutes les analyses. On allait travailler et on se disait : *Je n'ai pas envie d'être ici*. La position évoluait en notre défaveur, et les investisseurs voulaient nous laisser tomber. »

Un soir, alors que Burry se plaignait auprès de sa femme de l'absence complète de perspective à long terme sur les marchés financiers, une idée lui vint : son accord avec les investisseurs lui donnait le droit de conserver leur argent s'il l'avait investi dans « des titres pour lesquels il n'y avait pas de marché officiel ou qui n'étaient pas librement échangeables ». Il revenait au gestionnaire de décider s'il y avait ou non un marché officiel pour un titre. Si Michael Burry estimait qu'il n'y en avait pas – par exemple, s'il lui semblait qu'un marché ne fonctionnait pas temporairement ou était d'une manière ou d'une autre frauduleux –, il était autorisé à mettre les investissements dans une *side pocket*[1].

---

1. Mettre un investissement dans une *side pocket* consiste à l'isoler et le traiter à part en valorisation et liquidité.

C'est-à-dire qu'il pouvait annoncer à ses investisseurs que ceux-ci ne pourraient pas récupérer leur argent tant que le pari qu'il avait fait avec n'aurait pas suivi son cours naturel. Et il fit donc ce qui lui semblait la seule chose appropriée et logique : il mit ses CDS dans une *side pocket*. Les nombreux investisseurs désireux de récupérer leur argent – parmi lesquels son soutien original, Gotham Capital – apprirent la nouvelle dans une lettre laconique : il bloquait entre 50 et 55 % de leur argent. Après sa lettre, Burry envoya son rapport trimestriel, qui, espérait-il, remettrait un peu de baume au cœur à tout le monde. Mais il n'était pas doué pour caresser les gens dans le sens du poil : c'était presque comme s'il ne savait pas comment s'y prendre. Et ce qu'il écrivit ressemblait moins à une excuse qu'à une agression. « Jamais je ne me suis senti aussi optimiste à propos du portefeuille, et ce pour une raison qui n'a rien à voir avec les actions », commençait-il, avant d'expliquer qu'il avait établi une position sur les marchés que n'importe quel gestionnaire de fonds devrait lui envier. Qu'il avait parié non pas sur un « Armageddon immobilier » (bien qu'il suspectât que c'était ce qui allait se produire) mais sur « environ les pires 5 % des prêts émis en 2005 ». Que ses investisseurs devraient se sentir *chanceux*. Il écrivait comme s'il était le maître du monde, quand ses investisseurs le considéraient plutôt comme la lie de l'humanité. L'un de ses plus importants investisseurs de New York lui envoya un e-mail : « Je ferais attention si j'étais vous avant de prononcer des phrases désobligeantes comme "nous sommes short du portefeuille immobilier idéal que tout le monde aurait choisi si quelqu'un savait à peu près ce qu'il faisait" ou "tôt ou tard un des cadors de Wall Street devrait vraiment lire une brochure". » L'un des deux amis avec qui il correspondait par e-mail – tous deux continuaient de le soutenir – écrivit : « Personne sauf le dictateur nord-coréen Kim Jong-Il n'écrirait une telle lettre après avoir été moins 17 % pour l'année. »

Aussitôt, ses partenaires de Gotham Capital menacèrent de le traîner en justice. Ils furent bientôt rejoints par d'autres, qui commencèrent à s'organiser en vue d'une bataille judiciaire. Mais Gotham alla plus loin, et ses directeurs effectuèrent le trajet de New York à San Jose pour tenter d'obliger Burry à leur rendre les 100 millions de dollars qu'ils avaient investis dans son fonds. En janvier 2006, Joel Greenblatt, le créateur de Gotham, était apparu à la télévision pour la promotion d'un livre, et lorsqu'on lui avait demandé qui était son « investisseur *value* » préféré, il avait fait l'éloge d'un talent rare nommé Mike Burry. Dix mois plus tard, il parcourait 5 000 kilomètres avec son partenaire, John Petry, pour traiter Mike Burry de menteur et le forcer à abandonner le pari que Burry considérait comme le plus audacieux de sa carrière. « S'il y a eu un moment où j'aurais pu céder, ç'a été celui-là, affirme Burry. Joel était comme un parrain pour moi – un partenaire de ma société, le type qui m'avait "découvert" et soutenu avant n'importe qui d'autre en dehors de ma famille. Je le respectais et je l'admirais. » Mais maintenant que Greenblatt lui disait qu'aucun juge ne soutiendrait sa décision de mettre dans une *side pocket* ce qui était clairement un titre échangeable, les sentiments que Mike Burry éprouvaient à son égard s'évanouirent. Lorsque Greenblatt demanda à voir la liste des obligations hypothécaires subprime contre lesquelles Burry avait parié, ce dernier refusa. Ce que Greenblatt voyait, c'était qu'il avait confié 100 millions de dollars à un type qui non seulement refusait de les lui rendre, mais refusait même de lui parler.

Et Greenblatt avait un argument de poids. Il était parfaitement inhabituel de mettre dans une *side pocket* un investissement pour lequel il y avait de toute évidence un marché. Il était clair qu'il existait un prix bas auquel Michael Burry pouvait se sortir de son pari contre le marché des obligations hypothécaires subprime. Aux yeux de bon nombre de ses investisseurs, Burry ne semblait tout simplement pas disposé à accepter le jugement du marché : il avait perdu et refusait de l'accepter. Mais aux yeux de Burry, le jugement du marché était frauduleux, et Joel Greenblatt ne savait pas de quoi il parlait. « Il est devenu clair pour moi qu'ils ne comprenaient toujours pas les positions [en credit default swaps] », explique-t-il.

Il avait parfaitement conscience qu'une grande partie des gens qui lui avaient confié leur argent le méprisaient désormais. Cette prise de conscience le poussa à : (a) se retirer dans son bureau et jurer à pleins poumons encore plus que d'habitude ; (b) développer une nouvelle forme de mépris envers ses propres investisseurs ; (c) continuer d'essayer de leur expliquer ses décisions, même s'il était clair qu'ils ne l'écoutaient plus. « Je préférerais que tu parles moins et que tu écoutes plus, lui écrivit son avocat, Steve Druskin, en octobre 2006. Ils sont en train de monter une stratégie pour te poursuivre en justice. »

« C'était dans un sens intéressant, affirme Kip Oberting, qui s'était arrangé pour que White Mountains soit l'autre investisseur original de Burry, avant de s'en aller poursuivre d'autres projets. Parce qu'il avait expliqué exactement ce qu'il faisait. Et il leur avait rapporté un paquet d'argent. On aurait pu s'attendre à ce qu'ils le soutiennent. » Non seulement ils ne le soutenaient pas, mais ils prenaient la fuite dès qu'il leur en laissait la possibilité. Ils le *détestaient*. « Je ne comprends pas pourquoi les gens ne voient pas que je n'ai pas de mauvaises intentions », écrivit-il. Tard le soir du 29 décembre, Michael Burry était seul dans son bureau et il envoya un rapide e-mail à sa femme : « Si incroyablement déprimant ; j'essaie de rentrer à la maison, mais je suis juste si furieux et déprimé pour le moment. »

Et donc, en janvier 2007, juste avant que Steve Eisman et Charlie Ledley ne se rendent à Las Vegas dans la joie et la bonne humeur, Michael Burry entreprit d'expliquer à ses investisseurs comment, au cours d'une année qui avait vu le S&P grimper de plus de 10 %, il avait perdu 18,4 %. Quelqu'un qui aurait placé de l'argent chez lui dès le début aurait empoché des gains de

186 % au cours des six dernières années, comparé à 10,13 % pour l'indice S&P 500, mais le succès à long terme de Burry n'était plus pertinent. Il était désormais jugé chaque mois. « Au cours de l'année qui vient de s'achever j'ai fait moins bien que presque tous mes pairs et amis de – le chiffre est variable – 30 ou 40 points de pourcentage, écrivit-il. Un gestionnaire d'argent qui est un parfait inconnu ne devient pas une personne quasi universellement applaudie, puis quasi universellement dénigrée, sans en ressentir l'effet. » L'effet, expliquait-il ensuite, était qu'il était plus certain que jamais que le monde financier dans sa totalité avait tort, et que lui avait raison. « J'ai toujours cru qu'un seul analyste talentueux, s'il travaillait très dur, pouvait couvrir une quantité considérable de champs d'investissements, et cette certitude reste intacte dans mon esprit. »

Puis il en revint, comme toujours, à la question primordiale de ses credit default swaps : tous les signes importants indiquaient qu'ils finiraient par rapporter. Rien qu'au cours des deux derniers mois, trois gros émetteurs de prêts immobiliers avaient fait faillite... Le Center for Responsible Lending prévoyait désormais que, en 2007, 2,2 millions d'emprunteurs perdraient leur maison, et qu'un prêt subprime sur cinq émis en 2005 et 2006 ferait défaut...

Michael Burry était en passe de devenir un méchant de Wall Street. Ses lettres trimestrielles à ses investisseurs, qu'il considérait comme privées, finissaient régulièrement dans la presse. Un article acerbe parut dans une revue financière, laissant entendre qu'il s'était comporté de manière immorale en mettant son pari dans une *side pocket*, et Burry était certain qu'il avait été rédigé par l'un de ses investisseurs. « Mike n'était pas parano, affirme un investisseur de New York qui observa le comportement des autres investisseurs de Scion Capital basés à New York. Les gens voulaient vraiment sa peau. Dès qu'ils ont commencé à le considérer comme un sale type, ils se sont imaginé que c'était un sociopathe cupide qui allait voler tout leur argent. Et il pouvait toujours reprendre sa carrière de neurologue. C'était ce qui revenait toujours à propos de Mike : il était médecin. » Burry commença à entendre des rumeurs étranges à son sujet. Il aurait quitté sa femme et se cacherait quelque part. Il se serait enfui en Amérique du Sud. « Je vis une vie intéressante ces temps-ci », écrivit-il à l'un de ses deux amis.

Avec tout ce qui s'est passé récemment, j'ai eu l'opportunité de parler à nombre de nos investisseurs, pour la première fois depuis la création du fonds. J'ai été choqué par ce que j'ai entendu. Il apparaît que les investisseurs ont à peine prêté attention à mes lettres, et que nombre d'entre eux se sont accrochés à divers rumeurs et ouï-dire au lieu de privilégier l'analyse ou la pensée originale. À les croire, j'aurais lancé un fonds de *private equity*, tenté d'acheter une société aurifère vénézuélienne, lancé un hedge fund séparé appelé Milton's Opus, divorcé, été désintégré, dissimulé mon pari sur les dérivés, emprunté 8 milliards, passé l'essentiel des deux dernières années en Asie, accusé tout le monde sauf moi à Wall Street d'être un idiot, détourné les capitaux du fonds sur mon compte personnel, et plus ou moins transformé Scion en un nouvel Amaranth*. Je n'invente rien.

Il avait toujours été différent de ce qu'on pourrait attendre d'un gestionnaire de hedge fund. Il portait les mêmes shorts et les mêmes T-shirts au travail jour après jour. Il refusait de porter des chaussures avec des lacets. Il refusait de porter une montre ou même son alliance. Pour se calmer il passait souvent du heavy metal à fond dans son bureau. « Je crois que mes petites manies ont été tolérées par de nombreuses personnes tant que tout allait bien, explique-t-il. Mais quand les choses ont mal tourné, elles sont devenues un signe d'incompétence

---

*Un hedge fund basé dans le Connecticut qui perdit 6,8 milliards de dollars en pariant sur le gaz naturel au début de 2006 et se désintégra de façon spectaculaire.

ou d'instabilité de ma part – même parmi mes employés et mes associés. »

Après la conférence de Las Vegas le marché avait chuté, puis il s'était repris jusqu'à la fin mai. Charlie Ledley de Cornwall Capital estimait que le système financier américain était systématiquement corrompu par une cabale des banques de Wall Street, des agences de notation et des régulateurs gouvernementaux. Steve Eisman de FrontPoint Partners considérait pour sa part que le marché était principalement stupide et à côté de la plaque : une culture financière qui avait connu tant de minuscules paniques suivies de reprises solides considérait n'importe quelle correction comme une opportunité d'achat. Quant à Michael Burry, il jugeait que le marché des subprimes ressemblait de plus en plus à une escroquerie perpétrée par une poignée de salles de marché obligataire subprime. « Étant donné les énormes tricheries de nos contreparties, l'idée de sortir les CDS de la *side pocket* n'est plus à l'ordre du jour », écrivit-il à la fin mars 2007.

La première moitié de 2007 fut une période très étrange dans l'histoire de la finance. La réalité du marché immobilier était de moins en moins en rapport avec le prix des obligations et des assurances sur les obligations. Placées face à une réalité déplaisante, les grandes banques de Wall Street semblaient simplement préférer fermer les yeux. Des changements subtils se produisaient néanmoins sur le marché, comme en attestaient les e-mails que recevait Burry. Ainsi, le 19 mars, son vendeur chez Citigroup lui envoya, pour la première fois, une analyse sérieuse sur un assemblage de prêts. Ce n'étaient pas des prêts subprime, mais des prêts Alt-A*. Pourtant, le type essayait d'expliquer

---

*La distinction était devenue superficielle. Les emprunteurs Alt-A avaient un score FICO supérieur à 680, tandis que les emprunteurs subprime avaient un score FICO inférieur à 680. Cependant, les prêts Alt-A étaient pauvrement documentés, l'emprunteur omettant par exemple de fournir une preuve de revenus. En pratique, les prêts immobiliers Alt-A émis aux États-Unis entre 2004

quelle proportion de l'assemblage consistait en prêts in fine, quel était le pourcentage de maisons occupées par leurs propriétaires, et ainsi de suite – comme pourrait le faire une personne intéressée par la solvabilité des emprunteurs. « Quand je les analysais en 2005, écrivit Burry dans un e-mail tel un explorateur regardant des touristes emprunter une voie qu'il aurait lui-même percée, pas un seul broker n'effectuait le même genre d'analyse. Je me servais des "secondaires silencieuses" pour identifier les emprunteurs en difficulté, et elles étaient un critère essentiel dans mon processus de sélection, mais à l'époque aucune des personnes qui échangeaient des dérivés n'avait la moindre idée de ce que je racontais et aucune n'estimait qu'elles avaient de l'importance. » Mais durant la longue période d'accalmie entre février et juin 2007, elles avaient commencé à en avoir. Le marché était à cran. Et durant le premier trimestre de 2007, Scion Capital gagna près de 18 %.

Puis quelque chose changea – bien qu'il fût au début difficile de voir quoi. Le 14 juin, les deux hedge funds de Bear Stearns spécialisés dans les obligations subprime se cassèrent la figure. Durant les deux semaines qui suivirent, l'indice d'obligations hypothécaires subprime triple-B échangé sur le marché chuta de près de 20 %. Au même moment Mike Burry eut le sentiment que Goldman Sachs faisait une dépression nerveuse. Ses plus grosses positions étaient avec Goldman Sachs, et Goldman était depuis peu incapable de, ou réticent à, déterminer la valeur de ces positions, et la banque ne pouvait donc pas dire combien de collatéraux devait changer de mains. Le vendredi 15 juin, la vendeuse de Burry chez Goldman sachs, Veronica Grinstein, se volatilisa. Il l'appela et lui envoya des e-mails, mais elle ne répondit pas avant tard le lundi suivant – pour lui dire qu'elle avait été « absente pour la journée ».

---

et 2008, représentant un total de 1 200 milliards de dollars, étaient aussi susceptibles de faire défaut que les prêts subprime, qui représentaient 1 800 milliards de dollars.

« C'est toujours la même chose quand le marché bouge en notre faveur, écrivit Burry. Les gens tombent malade, ils sont absents pour des raisons inexpliquées. »

Le 20 juin, Grinstein revint finalement pour l'informer que Goldman Sachs avait eu une « panne de système ».

Burry répondit que c'était marrant, parce que Morgan Stanley avait plus ou moins dit la même chose. Et son vendeur chez Bank of America avait affirmé qu'ils avaient eu une « coupure de courant ».

« Je considérais ces "pannes de système" comme des excuses pour gagner du temps afin de mettre de l'ordre dans le bazar en coulisses », explique-t-il. La vendeuse de Goldman s'efforça piètrement de lui assurer que, même si l'indice d'obligations hypothécaires subprime s'était effondré, le marché de leurs assurances n'avait pas bougé. Mais elle le fit à partir de son téléphone portable, plutôt que depuis la ligne de son bureau, sur laquelle les conversations étaient enregistrées.

Ils fléchissaient. Tous sans exception. À la fin de chaque mois, pendant près de deux ans, Burry avait vu les traders de Wall Street évaluer ses positions à son désavantage. C'est-à-dire qu'à la fin de chaque mois ses paris contre les obligations subprime perdaient mystérieusement de la valeur. La fin du mois était aussi le moment où les traders de Wall Street envoyaient leurs rapports de profits et de pertes à leurs directeurs et aux gestionnaires de risque. Le 29 juin, Burry reçut une note de son vendeur chez Morgan Stanley, Art Ringness, qui affirmait que Morgan Stanley voulait désormais s'assurer que « les prix [étaient] justes ». Le lendemain, Goldman fit de même. C'était la première fois en deux ans que Goldman Sachs n'avait pas valorisé la position en sa défaveur en fin de mois. « C'était la *première* fois qu'ils évaluaient correctement nos positions, note-t-il, parce que eux aussi commençaient à se créer une position. » Le marché acceptait finalement le diagnostic de son propre trouble.

Le moment où Goldman commença à adopter sa stratégie fut aussi celui où le marché paniqua. C'était une sorte de débâcle : tout le monde semblait soudain vouloir lui parler. Morgan Stanley, qui avait été, de loin, la banque la plus réticente à admettre la moindre nouvelle négative concernant les subprimes, l'appelait désormais pour l'informer qu'ils aimeraient acheter ce qu'il avait « quelle que soit la taille ». Burry entendit une rumeur – bientôt confirmée – qui affirmait qu'un fonds géré par Goldman nommé Global Alpha avait essuyé d'énormes pertes sur le marché des subprimes, et que Goldman avait rapidement changé son fusil d'épaule pour désormais parier contre le marché hypothécaire subprime.

C'était précisément le moment que, comme il le leur avait annoncé dès l'été 2005, ses investisseurs devaient attendre. Les prêts pourris d'une valeur de 750 milliards de dollars passaient de leur taux d'appel fixe à un nouveau taux plus élevé. Un unique assemblage de prêts, contre lequel Burry avait placé un pari, suffisait à illustrer la situation générale : OOMLT 2005-3. OOMLT 2005-3 désignait un assemblage de prêts subprime émis par Option One – la société dont le P-DG avait prononcé à Las Vegas le discours durant lequel Steve Eisman avait agité son zéro en l'air avant de quitter les lieux. La plupart des prêts avaient été émis entre avril et juillet 2005. De janvier à juin 2007, les nouvelles de l'assemblage – ses défauts, ses faillites, ses saisies de maisons – avaient été plutôt constantes. Les pertes étaient bien plus grandes qu'elles n'auraient dû l'être, étant donné la notation des obligations, mais elles n'évoluaient guère de mois en mois. Du 25 février au 25 mai (les informations concernant les remboursements arrivaient toujours le 25 du mois), les défauts, saisies et faillites combinées, à l'intérieur d'OOMLT 2005-3 étaient passés de 15,6 % à 16,9 %. Le 25 juin, le nombre total de prêts en défaut atteignait 18,68 %. En juillet, il grimpait de nouveau, pour atteindre 21,4 %. En août, il faisait un bond à 25,44 %, et à la fin de l'année il était à 37,7 % – plus d'un tiers des emprunteurs avaient échoué à rembourser leur prêt. Les pertes étaient suffisantes pour balayer non seulement les obligations contre lesquelles Michael Burry avait parié, mais aussi bon nombre des obligations mieux notées de la même tour. Le fait que la panique avait atteint Wall Street avant le 25 juin signifiait principalement pour Michael Burry que les banques de Wall Street devaient avoir des informations non encore rendues publiques sur les taux de remboursement. « Les opérateurs possédaient souvent les administrateurs [de prêts hypothécaires], écrivit-il, et ils étaient peut-être en mesure d'obtenir des données non publiques sur la détérioration des chiffres. »

Durant les mois qui menèrent à l'effondrement d'OOMLT 2005-3 – et de tous les autres assemblages de prêts immobiliers sur lesquels il avait acheté des CDS –, Michael Burry releva plusieurs interventions de Ben Bernanke et de Henry Paulson, le secrétaire au Trésor. Chacun affirmait, à plusieurs reprises, qu'il ne voyait aucune possibilité de « contagion » des prêts subprime aux marchés financiers. « Quand j'ai commencé à shorter ces prêts en 2005, écrit Burry dans un e-mail, je savais pertinemment que ça ne risquait pas de rapporter avant deux ans – et pour une raison toute simple : la vaste majorité des prêts émis au cours des dernières années avaient une caractéristique funestement attractive nommée la "période de taux d'appel". Ces prêts de 2005 atteignent seulement maintenant la fin de leur période de taux d'appel, et il faudra attendre 2008 avant que les prêts de 2006 l'atteignent à leur tour. Quelle personne sensée peut en toute confiance conclure, au beau milieu de la plus grande escroquerie au taux d'appel, que les retombées des subprimes ne donneront pas lieu à une contagion ? Nous n'avons encore rien vu. »

Partout dans Wall Street, les traders en obligations subprime s'étaient trompés en misant long, et ils faisaient des pieds et des mains pour vendre leurs positions – ou pour acheter des assurances dessus. Les CDS de Michael Burry étaient soudain à la mode. Ce qui continuait de le sidérer, cependant, c'était que le marché avait mis si longtemps à assimiler des informations concrètes. « Vous pouviez voir que *tous* ces contrats étaient à bout de souffle à mesure que la date de révision du taux d'intérêt approchait, dit-il, et le nouveau taux n'a fait qu'accroître l'étendue de la débâcle. J'étais dans un état d'incrédulité permanent. J'aurais cru que quelqu'un verrait ce qui allait se passer avant juin 2007. S'il a vraiment fallu attendre le rapport des remboursements de juin pour qu'ils comprennent soudain, eh bien, ça me pousse à me demander ce que les soi-disant analystes de Wall Street font de leurs journées. »

À la fin du mois de juillet, ses positions évoluaient rapidement en sa faveur – et il lisait des articles sur le génie de personnes comme John Paulson, qui avait copié sa stratégie un an après lui. Le service Bloomberg News publia un article sur les quelques personnes qui semblaient avoir vu la catastrophe arriver. Seule l'une d'elles travaillait comme trader d'obligations dans une grande banque de Wall Street : un trader jadis obscur de Deutsche Bank nommé Greg Lippmann. Ni FrontPoint ni Cornwall n'étaient mentionnés dans l'article de Bloomberg News, mais l'investisseur dont l'absence était la plus criante était assis seul dans son bureau, à Cupertino, Californie. Michael Burry découpa l'article et l'envoya par e-mail à ses associés, accompagné d'une note qui disait : « Lippmann est le type qui a au fond pris mon idée et s'est tiré avec. À son honneur. » Ses propres investisseurs, dont il était en train de doubler la mise, au minimum, ne disaient pas grand-chose. Il ne reçut pas d'excuses, pas de témoignages de gratitude. « Personne n'est venu me dire : "Oui, tu avais raison", déclare-t-il. C'était très calme. C'était extrêmement calme. Ce silence me mettait hors de moi. » Ne lui restait donc que son mode de communication préféré, sa lettre aux investisseurs. Début juillet 2007, tandis que les marchés s'effondraient, il posa une excellente question. « Un aspect plutôt surprenant de tout ça, écrivit-il, est qu'il a relativement peu été question des investisseurs qui ont pâti des problèmes du marché des subprimes... Pourquoi n'avons-nous pas encore entendu parler du Long-Term Capital[1] de notre ère ? »

---

1. Hedge fund américain qui se retrouva au bord de la faillite en 1998 suite à des prises de position inouïes, manquant d'entraîner dans sa chute le système financier international. Les grandes banques américaines et quelques banques européennes durent le recapitaliser d'urgence pour le sauver et parer à la catastrophe.

9
La mort de l'intérêt

Howie Hubler avait grandi dans le New Jersey et joué au football au State Montclair College. Quiconque le rencontrait remarquait son épais cou de footballeur, son énorme tête, et ses manières autoritaires qui étaient à la fois interprétées comme une attitude admirablement directe et comme un masque. Il était fort en gueule, têtu, dominateur. « Quand on questionnait ses opérations d'un point de vue intellectuel, Howie ne répondait pas de façon intellectuelle, déclare l'une des personnes chargées de superviser Hubler à ses débuts chez Morgan Stanley. Il disait : "Foutez-moi la paix." » Certains appréciaient Howie Hubler, d'autres non, mais, au début de 2004, ce que les autres pensaient n'avaient plus guère d'importance, car depuis près d'une décennie Howie Hubler gagnait de l'argent en négociant des obligations pour Morgan Stanley. Il était en charge des échanges d'obligations adossées à des actifs, ce qui, de fait, faisait de lui le responsable maison des paris sur les prêts subprime. Jusqu'au moment où le marché des obligations hypothécaires subprime explosa, bouleversant l'essence même de la fonction, la carrière de Hubler avait ressemblé à celle de Greg Lippmann. Comme tous ses homologues, il avait joué à une partie de poker à enchères basses truquée en sa faveur, puisque rien n'avait jamais sérieusement mal tourné sur le marché. Les prix chutaient, mais ils remontaient toujours. Vous pouviez soit apprécier les obligations adossées à des actifs, soit les adorer. Mais il était inutile de les détester, car il n'existait pas d'outil pour parier contre.

Au sein de Morgan Stanley, le boom des prêts subprime avait un peu agacé, comme si on empiétait sur leurs plates-bandes. La banque avait été l'une des premières à appliquer aux prêts à la consommation la technologie financière utilisée pour assembler les prêts de société. Les forts en maths financières de Morgan Stanley – les *quants* – avaient joué un rôle déterminant quand il s'était agi de montrer aux agences de notation, Moody's et S&P, comment évaluer les CDO composés d'obligations adossées à des actifs. Il était donc naturel que quelqu'un au sein de Morgan Stanley se demande aussi s'il pourrait inventer un credit default swap sur une obligation adossée à des actifs. Le département subprime de Howie Hubler créait des véhicules à un rythme sans précédent. Pour y parvenir, le groupe de Hubler devait « héberger » les prêts, parfois pendant des mois. Entre le moment de l'achat des prêts et celui de la vente des obligations, son groupe était donc exposé aux chutes de prix. « L'unique raison pour laquelle nous avons créé le credit default swap était de protéger la salle dirigée par Howie Hubler », affirme l'un de ses inventeurs. Si Morgan Stanley pouvait trouver quelqu'un à qui vendre ses assurances sur ses prêts, Hubler pouvait éliminer le risque de marché qu'il y avait à héberger les prêts immobiliers.

En 2003, dans sa conception originale, le CDS sur les prêts subprime était un contrat d'assurance exceptionnel et non standard conclu entre Morgan Stanley et une autre banque ou une compagnie d'assurances, hors de vue du reste du marché. Aucun être humain ordinaire n'avait jamais entendu parler de ces CDS, et si Morgan Stanley avait eu son mot à dire, personne n'en aurait jamais entendu parler. Ils étaient par essence obscurs, opaques, non liquides, et donc idéalement difficiles à évaluer pour n'importe qui sauf Morgan Stanley. Des CDS sur mesure. À la fin 2004, Hubler avait commencé à envisager certaines obligations hypothécaires subprime avec cynisme – et il voulait trouver une manière intelligente de parier contre. La même idée était venue aux intellectuels de Morgan Stanley. Début 2003, l'un d'eux avait suggéré qu'ils cessent de se prendre pour des grosses têtes et forment un petit groupe que lui, l'intellectuel en chef, dirigerait – un fait que les traders ne tarderaient pas à oublier. « L'un des *quants* a en fait créé ce truc et ils [Hubler et ses traders] le lui ont volé », affirme une vendeuse d'obligations de Morgan Stanley qui observa de près les événements. L'un des proches associés de Hubler, un trader nommé Mike Edman, devint le créateur officiel d'une nouvelle idée : un CDS sur ce qui n'était qu'un assemblage intemporel de prêts subprime.

L'un des risques qu'il y avait à parier contre les prêts subprime était que, tant que les prix de l'immobilier continuaient de monter, les emprunteurs pouvaient refinancer, et rembourser leurs anciens prêts. L'assemblage de prêts sur lesquels vous aviez acheté une assurance rétrécissait, et le montant de votre assurance diminuait avec. Le CDS d'Edman réglait ce problème grâce à une clause du contrat, qui stipulait que Morgan Stanley achetait une assurance sur le dernier prêt non remboursé de l'assemblage. Morgan Stanley faisait donc un pari non pas sur la totalité de l'assemblage de prêts immobiliers subprime, mais sur les quelques prêts de l'assemblage qui étaient le moins susceptibles d'être remboursés. La taille du pari, cependant, demeurait la même que si aucun prêt de l'assemblage n'était jamais remboursé. Ils avaient acheté une assurance inondation qui, dès qu'une goutte d'eau effleurait n'importe quelle partie de la maison, leur rapporterait la valeur de toute la maison.

Ainsi conçu, le nouveau CDS cousu main de Morgan Stanley était quasi-certain de rapporter un jour. Et pour qu'il rapporte pleinement, il suffisait que l'assemblage essuie des pertes de 4 %, ce qui arrivait aux assemblages de prêts subprime même dans les bonnes périodes ! Le seul problème, du point de vue des traders de Howie Hubler, c'était de trouver un client de Morgan Stanley assez idiot pour prendre l'autre côté du pari – c'est-à-dire de trouver le client qui vendrait à Morgan Stanley l'équivalent d'une assurance habitation sur une maison vouée à la démolition. « Ils ont trouvé un client disposé à parier long sur la tranche triple-B d'une véritable merde », déclare l'un de leurs anciens collègues, ce qui, pour faire court, signifie qu'ils s'étaient trouvé un pigeon. Un idiot. Un client à berner. « C'est comme ça que ça a commencé – ça a été à l'origine de la première opération de Howie. »

Au début de 2005, Howie Hubler avait trouvé suffisamment d'idiots sur le marché pour acquérir des CDS cousus main pour une valeur de 2 milliards. Du côté des idiots, les CDS que Howie Hubler cherchait à acheter devaient s'apparenter à de l'argent facilement gagné : Morgan Stanley leur payait 2,5 % par an au-dessus du taux sans risque pour posséder, de fait, des obligations bien notées (triple-B) adossées à des actifs. L'idée plaisait particulièrement aux investisseurs institutionnels allemands qui soit oubliaient de lire les clauses du contrat, soit prenaient les notations pour argent comptant.

Au printemps 2005, Howie Hubler et ses traders étaient persuadés, et pour cause, que ces polices d'assurance diaboliques qu'ils avaient créées paieraient à coup sûr. Ils en voulaient donc plus. C'est cependant à ce moment que Michael Burry commença à mener campagne pour acheter des CDS standardisés. Greg Lippmann à Deutsche Bank, une paire de traders chez Goldman Sachs et quelques autres se rassemblèrent pour définir les détails du contrat. Mike Edman de Morgan Stanley fut entraîné dans leur discussion, contre sa volonté, car à l'instant où les CDS sur les obligations subprime seraient ouvertement échangés et standardisés, le groupe de Howie Hubler ne serait plus en mesure de refourguer ses opaques CDS faits maison.

Nous voici en avril 2006, et la machine à obligations hypothécaires subprime tourne à plein régime. Howie Hubler est la star de Morgan Stanley, et son groupe de huit traders génère, selon ses propres estimations, environ 20 % des bénéfices de Morgan Stanley. Ses profits sont passés d'environ 400 millions de dollars en 2004 à 700 millions en 2005, et ils devraient atteindre le milliard en 2006. Hubler va toucher 25 millions de dollars à la fin de l'année, mais travailler comme un trader d'obligations ordinaire ne le satisfait plus. Les traders les plus doués et intelligents de Wall Street quittent les grandes banques pour travailler dans des hedge funds, où ils peuvent gagner non pas des dizaines, mais des centaines de millions. Collecter les miettes des transactions d'investisseurs irréfléchis paraissait indigne d'un trader de premier plan. « Howie estimait que travailler pour des clients était stupide, affirme l'un des traders les plus proches de lui. C'est ce qu'il avait toujours fait, mais ça ne l'intéressait plus*. » Si Hubler pouvait gagner des centaines de millions en exploitant la bêtise des clients de Morgan Stanley, il pouvait aussi gagner des milliards en utilisant les capitaux de la banque pour parier contre eux.

La direction de Morgan Stanley, pour sa part, craignait constamment que Hubler et sa petite équipe démissionnent pour créer leur propre hedge fund. Pour les garder, ils offrirent à Hubler un marché : il pourrait monter son propre groupe de trading au sein de Morgan Stanley, avec son propre nom grandiose, GPCG, ou Global Proprietary Credit Group. Grâce à ce nouvel arrangement, Hubler conserverait pour lui une partie des profits générés par son groupe. « L'idée, se souvient un membre du groupe, était que nous passions d'un milliard de dollars de profits par an à deux milliards, tout de suite. » L'idée était aussi que Hubler et son petit groupe de traders gardent pour eux une grosse part des profits générés par le groupe. Et dès que ce serait faisable, promettait Morgan Stanley, Hubler serait autorisé à le transformer en une société de gestion financière séparée, dont

---

*À peu près toutes les personnes impliquées dans la crise financière risquent de perdre de l'argent si elles se font prendre à raconter ce qu'elles ont vu et fait. C'est de toute évidence vrai pour celles qui continuent de travailler pour les grandes banques, mais aussi pour celles qui sont passées à autre chose, puisqu'elles ont en règle générale signé une clause de confidentialité. Les anciens employés de Morgan Stanley ne sont pas aussi effrayés que les anciens de Goldman Sachs, mais ils n'en sont pas loin.

il posséderait 50 %. Entre autres, cette société gérerait les CDO adossés à des subprimes. Ils seraient en compétition avec, par exemple, Harding Advisory, le fonds de Wing Chau.

Les traders d'obligations considérés comme les plus doués et intelligents de Morgan Stanley firent pression pour le rejoindre. « C'était censé être la crème de la crème, explique l'un d'eux. Howie a pris toutes les personnes les plus intelligentes avec lui. » Les heureux élus s'installèrent dans un étage séparé des bureaux de Morgan Stanley dans Midtown Manhattan, huit étages au-dessus de leurs anciennes salles des marchés. Ils s'entourèrent de nouvelles cloisons, pour donner l'illusion que Morgan Stanley n'avait pas de conflit d'intérêts. Les traders du troisième étage achèteraient et vendraient à leurs clients et ne communiqueraient aucune information sur leurs transactions à Hubler et son groupe au onzième. Tony Tufariello, le responsable du département obligataire de Morgan Stanley, et donc, en théorie, le patron de Howie Hubler, était dans une situation si ambiguë qu'il s'installa un bureau à l'étage de Hubler et passait son temps à faire la navette entre le troisième et le onzième*. Mais Howie Hubler ne voulait pas seulement du personnel. Il tenait à emporter avec lui les positions de son groupe. Leurs détails étaient si compliqués que l'un des traders d'obligations de Morgan Stanley affirme : « Je ne crois pas que qui que ce soit au-dessus de Howie comprenait ce qu'il faisait. » Mais au fond c'était simple : Hubler et son groupe avaient placé un énorme pari sur la désintégration des prêts subprime. Et le joyau de

---

*De tous les conflits d'intérêts au sein d'une société de trading d'obligations de Wall Street, ce fut à la fois le plus pernicieux et le moins discuté. Quand une société fait des paris sur des actions et des obligations pour son propre compte tout en servant d'intermédiaire à des clients, elle se retrouve exposée à la tentation considérable d'utiliser ses clients pour son propre compte. Les banques de Wall Street aiment dire qu'elles construisent des murailles de Chine pour empêcher les informations sur les opérations des clients de parvenir à leurs propres traders. C'est Vincent Daniel de FrontPoint Partners qui offrit la réponse la plus succincte à cette affirmation : « Quand j'entends "muraille de Chine", je pense : *vous vous foutez de ma gueule.* »

leurs positions complexes était toujours les CDS cousus main sur 2 milliards dont Hubler était certain qu'ils rapporteraient très bientôt 2 milliards de purs profits. Les assemblages de prêts hypothécaires étaient sur le point d'essuyer leurs premières pertes, et quand ça se produirait, Hubler serait pleinement récompensé.

Il y avait, cependant, un petit problème : les primes en cours de ces contrats d'assurance rognaient sur les retours à court terme du groupe de Howie. « Le groupe était censé gagner 2 milliards par an, dit un membre. Et nous avions cette position en credit default swaps qui nous coûtait 200 millions de dollars. » Pour compenser les frais courants, Hubler décida de vendre quelques CDS sur des CDO subprime triple-A, histoire d'encaisser lui-même quelques primes*. Le problème était que les primes sur les CDO triple-A soi-disant beaucoup moins risqués ne représentaient qu'un dixième des primes des triple-B, et donc, pour encaisser la même somme que celle qu'il déboursait, il avait besoin de vendre *grosso modo* dix fois plus de CDS que ce qu'il possédait déjà. Lui et ses traders s'y attelèrent rapidement, apparemment sans guère de discussions, et conclurent une douzaine d'énormes transactions avec Goldman Sachs, Deutsche Bank et quelques autres.

À la fin de janvier 2007, lorsque la totalité de l'industrie des obligations subprime prit la direction de Vegas pour s'auto-célébrer, Howie Hubler avait vendu pour environ 16 milliards de dollars de tranches triple-A de CDO. Jamais les illusions d'un des plus prestigieux traders d'obligations de Wall Street et, par extension, de la totalité du marché obligataire subprime n'avaient été plus évidentes : entre septembre 2006 et janvier 2007, le trader

---

*Il est ici bon de se souvenir que lorsque vous vendez un credit default swap sur quelque chose, vous vous retrouvez avec le même risque financier que si vous l'aviez tout de suite en portefeuille. Si le CDO triple-A finit par valoir zéro, vous perdez le même montant, que vous l'ayez acheté directement ou que vous ayez vendu un credit default swap dessus.

d'obligations le plus haut placé de Morgan Stanley avait, en pratique, acheté pour 16 milliards de dollars de CDO triple-A, entièrement composés d'obligations hypothécaires subprime triple-B, qui perdraient toute leur valeur quand les assemblages de prêts sous-jacents essuieraient des pertes d'environ 8 %. De fait, Howie Hubler pariait que certaines obligations subprime triple-B se dégraderaient, mais pas toutes. Il était assez intelligent pour considérer son marché avec cynisme, mais pas assez intelligent pour comprendre à quel point il devait être cynique.

Au sein de Morgan Stanley, on ne se demanda apparemment jamais vraiment s'il était judicieux de laisser l'élite des preneurs de risques de la société acheter pour 16 milliards de dollars d'obligations subprime. Le groupe de Howie devait naturellement fournir des informations sur ses positions aussi bien à la direction qu'aux gestionnaires de risques, mais les informations fournies par les traders camouflaient la nature de leur risque. Les 16 milliards de dollars de risque subprime que Hubler avait pris apparaissaient sur les rapports de risques de Morgan Stanley dans une case marquée « triple-A » – c'est-à-dire qu'il aurait tout aussi bien pu s'agir de bons du Trésor américain. Ils apparaissaient encore dans un calcul nommé *value at risk* (VaR). Le VaR, qui était l'outil le plus communément utilisé par les directeurs de Wall Street pour voir ce que leurs traders venaient de faire, mesurait uniquement le degré de fluctuation d'une action ou d'une obligation donnée dans le passé, avec un accent mis sur les mouvements récents plutôt que sur les plus anciens. Comme leur valeur n'avait jamais beaucoup fluctué, les CDO subprime triple-A apparaissaient sur les rapports internes de Morgan Stanley comme pratiquement sans risque. En mars 2007, les traders de Hubler préparèrent une présentation, que les patrons de Hubler montrèrent au conseil d'administration, mettant en avant leur « formidable position structurelle » sur le marché des prêts immobiliers subprime. Personne ne posa la question évidente : Qu'advient-il de la formidable position structurelle si les emprunteurs subprime commencent à faire défaut en plus grand nombre que prévu ?

Howie Hubler prenait un risque énorme, même s'il ne le communiquait pas ou, peut-être, ne le comprenait pas. Il avait placé un pari gigantesque sur des tranches de CDO qui étaient quasiment les mêmes que celles contre lesquelles Cornwall Capital avait parié, et qui étaient quasiment composées des mêmes obligations subprime que celles contre lesquelles FrontPoint Partners et Scion Capital avaient parié. Pendant plus de vingt ans, la complexité du marché obligataire avait aidé les traders à duper le client de Wall Street. Elle poussait désormais les traders à se duper eux-mêmes.

L'une des questions était de savoir quel était le degré de corrélation entre les prix des diverses obligations subprime au sein d'un même CDO. Les réponses possibles allaient de 0 % (les prix n'avaient rien à voir les uns avec les autres) à 100 % (les prix évoluaient conjointement). Moody's et Standard & Poor's jugeaient que les assemblages d'obligations triple-B avaient un taux de corrélation d'environ 30 %, ce qui était trompeur. Ça ne signifiait pas, par exemple, que si une obligation se dégradait, il y avait 30 % de chances que les autres se dégradent aussi. Ça signifiait que si l'une se dégradait, les autres ne connaîtraient qu'un déclin infime.

Moody's et S&P avaient justifié leur décision d'attribuer une note triple-A à environ 80 % de chaque CDO en prétextant que ces prêts n'étaient fondamentalement pas similaires, qu'ils n'étaient pas voués à faire défaut en masse dès que les prix de l'immobilier cesseraient de monter. (Rendant ainsi possible tout le business du CDO.) Ce même prétexte justifiait également la décision de Howie Hubler d'en acheter pour 16 milliards de dollars. Morgan Stanley avait autant fait pression que n'importe quelle banque de Wall Street pour convaincre les agences de notation de traiter les prêts à la consommation comme des prêts de société – comme des actifs dont le risque pouvait être spectaculairement diminué si on les rassemblait. Les gens qui s'étaient chargés de convaincre les agences s'étaient contentés de vendre leur camelote : ils savaient qu'il y avait une différence entre des prêts à la consommation et des prêts de société que les agences de notation n'avaient pas saisie. La différence, c'était que le marché des obligations subprime était trop récent pour qu'on puisse se baser sur son histoire, et qu'on n'avait encore jamais vu le marché de l'immobilier s'effondrer au niveau national. L'élite des traders obligataires de Morgan Stanley avait éludé la question. Et Howie Hubler faisait confiance aux notes des agences.

Howie Hubler donnait aux traders obligataires de Wall Street à qui il parlait au téléphone l'impression de considérer ses paris comme totalement sans risque. Il récupérerait des miettes d'intérêt... pour rien. Il n'était pas le seul à le croire, bien entendu. Hubler et un trader de Merrill Lynch marchandèrent pendant un temps le possible achat par Morgan Stanley de 2 milliards de CDO triple-A auprès de Merrill Lynch. Hubler voulait que Merrill Lynch lui verse 28 points de base (0,28 %) au-dessus du taux sans risque, tandis que Merrill Lynch n'était prête à en payer que 24. Sur une transaction de 2 milliards – une transaction qui, au bout du compte, aurait transféré une perte de 2 milliards de dollars de Merrill Lynch vers Morgan Stanley –, les deux traders se chamaillaient pour des paiements d'intérêt qui s'élevaient à 800 000 dollars par an. Et à cause de cette somme, la transaction tomba l'eau. Hubler eut une chamaillerie similaire avec Deutsche Bank, mais avec une différence. Au sein de Deutsche Bank, Greg Lippmann criait sur tous les toits que ces CDO triple-A risquaient un jour de valoir zéro. La machine à CDO de Deutsche Bank paya à Hubler les 28 points de base qu'il voulait tant et, en décembre 2006 et janvier 2007, conclut deux transactions, de 2 milliards chacune. « Quand nous avons fait ces transactions, nous étions tous les deux là à dire : "On sait l'un comme l'autre que ces choses ne présentent aucun risque" », se souvient le responsable CDO de Deutsche Bank qui traita avec Hubler.

Durant la période trouble et curieuse qui s'étira de début février à juin 2007, le marché des subprimes ressembla à un gigantesque ballon d'hélium, relié à la terre par une douzaine de grandes banques de Wall Street. Chaque banque s'accrochait à sa corde ; mais l'une après l'autre, elles s'aperçurent qu'elles avaient beau tirer de toutes leurs forces, le ballon finirait par les soulever du sol. En juin, elles lâchèrent silencieusement prise. Sur décret de son P-DG Jamie Dimon, JP. Morgan avait abandonné le marché dès la fin de l'automne 2006. Deutsche Bank, à cause de Lippmann, ne s'était jamais accrochée trop fort. Goldman fut la suivante à laisser tomber, et non seulement elle lâcha la corde, mais elle changea son fusil d'épaule et plaça un gros pari contre le marché des subprimes – accélérant d'autant l'ascension fatale du ballon*. Lorsque ses hedge funds subprime s'effondrèrent en juin, Bear Stearns vit sa corde se rompre – et le ballon s'éleva un peu plus.

Un peu plus tôt, en avril 2007, Howie Hubler, peut-être inquiet de la taille de son pari, avait conclu un marché avec le type qui gérait les hedge funds de Bear Stearns voués à la faillite, Ralph Cioffi. Le 2 avril, le plus gros émetteur de prêts immobiliers subprime du pays, New Century, croulait sous les défauts de paiement et avait déposé le bilan. Morgan Stanley vendrait

---

*Le moment du départ de Goldman du marché des subprimes est intéressant. Longtemps après les faits, Goldman prétendrait avoir pris cette mesure en décembre 2006. Mais les traders des grandes banques de Wall Street qui traitèrent avec Goldman sont certains que la banque n'avait pas changé d'avis avant le printemps et le début de l'été 2007, après que New Century, le plus gros émetteur de prêts subprime du pays, eut déposé le bilan. Si c'est en effet à ce moment-là que Goldman « devint short », cela expliquerait le chaos aussi bien sur le marché des subprimes qu'au sein de Goldman Sachs, chaos perçu par Mike Burry et d'autres à la fin juin. Goldman Sachs ne quitta pas la maison avant que l'incendie ne se déclare ; elle fut seulement la première à foncer vers la sortie – puis elle referma la porte derrière elle.

à Cioffi pour 6 milliards de ses 16 milliards de CDO triple-A. Comme le prix avait un peu chuté – Cioffi demandait un rendement de 40 points de base (0,40 %) au-dessus du taux sans risque. Hubler s'entretint avec la présidente de Morgan Stanley, Zoe Cruz; ensemble ils décidèrent qu'il valait mieux conserver le risque subprime plutôt que réaliser une perte qui s'élevait à quelques dizaines de millions de dollars. Cette décision coûta à Morgan Stanley près de 6 milliards de dollars, et pourtant le P-DG de Morgan Stanley, John Mack, ne fut jamais impliqué. « Mack n'est jamais venu parler à Howie, déclare l'un de ses associés les plus proches. De tout ce temps, Howie n'a jamais eu le moindre tête-à-tête avec Mack*. »

En mai 2007, cependant, il y avait un désaccord croissant entre Howie Hubler et Morgan Stanley. Étonnamment, celui-ci n'avait rien à voir avec le bien fondé qu'il y avait à posséder pour 16 milliards de dollars de véhicules complexes dont la valeur dépendait au bout du compte de la capacité d'une strip-teaseuse de Las Vegas avec cinq investissements immobiliers, ou d'un cueilleur de fraises mexicain avec une maison à 750 000 dollars, à rembourser des intérêts qui grimpaient à vue d'œil. Le désaccord

---

*Il y a quelques désaccords quant aux conversations entre Hubler et Cruz. La version des événements donnée par les proches de Zoe Cruz est qu'elle s'inquiétait du risque légal qu'il y avait à traiter avec les hedge funds en difficulté de Bear Stearns, et que Hubler ne lui avait jamais complètement expliqué le risque des CDO triple-A, la menant ainsi à croire que Morgan Stanley ne courait aucun risque d'essuyer une grosse perte – probablement parce que Hubler lui-même ne comprenait pas le risque. Les amis de Hubler prétendent au contraire que Cruz prit le contrôle effectif des opérations de Hubler et l'empêcha de se débarrasser d'une bonne partie de ses CDO triple-A. À mon avis, et de l'avis des traders de Wall Street, l'histoire de Hubler est beaucoup moins plausible. « Il est absolument impossible qu'il ait dit : "Je dois sortir maintenant" et qu'elle s'y soit opposée, affirme un trader qui était proche de la situation. Impossible que Howie ait dit : "Si on ne sort pas maintenant on risque de perdre des milliards de dollars." Howie lui a présenté des arguments pour ne pas sortir. » La capacité des traders de Wall Street à se reconnaître dans leurs succès et à reconnaître leur direction dans leurs échecs trouverait plus tard un écho, lorsque les banques, qui méprisaient le besoin de régulation gouvernementale quand tout leur souriait, insisteraient pour être secourues par le gouvernement quand les choses auraient mal tourné. Le succès est un accomplissement individuel; l'échec est un problème social.

concernait le fait que Morgan Stanley n'avait pas tenu sa promesse de transformer le groupe de Hubler en un fonds indépendant, dont il aurait possédé 50 %. Scandalisé de voir Morgan Stanley traîner ainsi des pieds, Howie Hubler menaça de démissionner. Pour le garder, Morgan Stanley promit de lui verser, ainsi qu'à ses traders, une portion encore plus grosse des profits de GPCG. En 2006, Hubler avait été payé 25 millions de dollars ; en 2007, il était entendu qu'il percevrait beaucoup plus.

Un mois après que Hubler et ses traders eurent revu les termes du contrat entre eux et leur employeur, Morgan Stanley posa finalement la question dérangeante : Qu'arriverait-il à leur énorme pari sur le marché des subprimes si les Américains des classes modestes défaillaient en plus grand nombre que prévu ? Qu'arriverait-il, par exemple, si l'on se basait sur les hypothèses de pertes des analystes les plus pessimistes de Wall Street ? Jusqu'alors, le pari de Hubler avait subi un *stress test* à partir de scénarios dans lesquels les assemblages de subprimes ne connaissaient des pertes que de 6 %, le taux de défaut le plus élevé de l'histoire récente. On demandait désormais aux traders de Hubler d'imaginer ce qu'il adviendrait de leur pari si les pertes atteignaient 10 %. Cette requête provenait directement du responsable de la gestion du risque de Morgan Stanley, Tom Daula, et elle irrita autant qu'elle troubla Hubler et ses traders. « C'était franchement bizarre, dit l'un d'eux. Ça a entraîné beaucoup d'énervement. On se disait que ces gens ne savaient pas de quoi ils parlaient. Si les pertes atteignaient 10 %, alors il y aurait, genre, un million de sans-abri. » (Les pertes des assemblages sur lesquels le groupe de Hubler avait parié atteignirent finalement 40 %.) Selon un haut responsable extérieur au groupe de Hubler : « Ils ne voulaient pas montrer les résultats. Ils n'arrêtaient pas de dire : "Une telle chose ne peut pas se produire." »

Les traders de Hubler mirent dix jours à présenter les résultats qu'ils auraient vraiment préféré ne montrer à personne : des pertes de 10 % transformeraient un bénéfice escompté de 1 milliard de dollars en une perte de 2,7 milliards. « Après avoir reçu les résultats du *stress test*, les gestionnaires de risque semblaient très contrariés », affirme un haut responsable de Morgan Stanley. Hubler et ses traders tentèrent d'apaiser tout le monde. Du calme, qu'ils disaient, de telles pertes ne se produiront jamais.

Mais le département du risque avait du mal à se calmer. Aux yeux des personnes qui y travaillaient, Hubler et ses traders ne semblaient pas vraiment comprendre leur propre pari. Hubler n'arrêtait pas de dire qu'il pariait contre le marché des obligations subprime. Mais si c'était le cas, pourquoi perdrait-il des milliards si le marché s'effondrait ? Comme un gestionnaire de risque senior de Morgan Stanley l'exprima : « C'est une chose de parier sur le rouge ou le noir en sachant qu'on parie sur le rouge ou le noir. C'en est une autre de parier sur une forme de rouge sans le savoir. »

Début juillet, Morgan Stanley reçut son premier avertissement. Il vint de Greg Lippmann et ses patrons à Deutsche Bank qui, lors d'une téléconférence, informèrent Howie et ses supérieurs que les CDS sur 4 milliards de dollars que Hubler avait vendus au département CDO de Deutsche Bank six mois plus tôt avaient bougé en faveur de cette dernière. Est-ce que Morgan Stanley pourrait transférer 1,2 milliard de dollars à Deutsche Bank avant la fin de la journée, s'il vous plaît ? Ou, avec les mots de Lippmann – d'après quelqu'un qui entendit l'échange : « Mec, tu nous dois un milliard deux. »

Les CDO subprime triple-A, dont il y avait pour des centaines de milliards de dollars enterrés dans diverses banques de Wall Street, et qui étaient censés être sans risque, ne valaient plus, d'après Greg Lippmann, que 70 cents par dollar. Howie Hubler était sidéré.

« Comment ça, 70 ? Notre modèle dit qu'ils valent 95, répondit l'une des personnes de Morgan Stanley présente durant la téléconférence.

– Notre modèle dit qu'ils valent 70 », rétorqua l'une des personnes de Deutsche Bank.

– Eh bien, notre modèle dit qu'ils valent 95 », répéta l'employé de Morgan Stanley, avant d'expliquer que le taux de corrélation entre les milliers d'obligations triple-B de ses CDO était très bas, et que la dégradation de quelques obligations ne signifiait donc pas qu'elles avaient toutes perdu leur valeur.

Greg Lippmann intervint alors :
« Mec, ton modèle est à chier. Je vais te proposer un marché. Ils sont à 70-77. Tu as trois choix. Tu peux me les revendre à 70. Tu peux en acheter d'autres à 77. Ou tu peux me donner mon putain de un milliard deux. »

Morgan Stanley ne voulait pas acheter d'autres obligations hypothécaires subprime. Howie Hubler ne voulait pas acheter d'autres obligations adossées à des subprimes : il avait lâché la corde qui le reliait au ballon. Pourtant, il ne voulait pas accepter une perte, et il insista que, outre sa réticence à en acheter d'autres à 77, ses CDO triple-A valaient toujours 95 cents par dollar. Il se contenta d'en référer à ses supérieurs, qui s'entretinrent avec leurs homologues de Deutsche Bank, et acceptèrent finalement de leur virer 600 millions de dollars. L'alternative, pour Deutsche Bank, aurait été de soumettre la question à un panel de trois banques de Wall Street, choisies au hasard, pour déterminer ce que valaient vraiment ces CDO triple-A. Le fait que Deutsche Bank n'était pas disposée à courir ce risque donne une idée de la confusion qui régnait à Wall Street.

De toute manière, du point de vue de Deutsche Bank, le collatéral ne signifiait pas grand-chose. « Quand Greg a passé ce coup de fil, déclare un haut responsable de Deutsche Bank, c'était à peu près la dernière chose dont nous avions besoin pour poursuivre notre business. Morgan Stanley avait 70 milliards de dollars de capital. Nous savions que l'argent était là. » Il y eut même des désaccords au sein de Deutsche Bank quant à l'exactitude du prix fixé par Lippmann. « C'était un montant tellement élevé, affirme une personne impliquée dans ces discussions, que beaucoup de gens disaient qu'il ne pouvait pas être correct. Il était impossible que Morgan Stanley nous doive 1,2 milliard de dollars. »

Et pourtant, si. Et ce fut le début d'une dégringolade qui s'achèverait quelques mois plus tard lors d'une téléconférence entre le P-DG de Morgan Stanley et des analystes de Wall Street. Le nombre de défauts grimpait, les obligations se désintégraient toutes, et les CDO composés de ces obligations suivaient le mouvement. Plusieurs fois durant cette dégringolade, Deutsche Bank proposa à Morgan Stanley une chance de sortir de sa position. La première fois que Greg Lippmann l'appela, Howie Hubler aurait pu sortir de sa position de 4 milliards de dollars auprès de Deutsche Bank avec une perte de 1,2 milliard ; la fois suivante, le prix de sortie avait grimpé à 1,5 milliard. Chaque fois, Howie Hubler, ou l'un de ses traders, contestait le prix, et refusait de sortir. « Nous nous sommes battus avec ces connards jusqu'à la fin », déclare un trader de Deutsche Bank. Et jusqu'à la fin, les personnes de Deutsche Bank chargées de recouvrer la créance sentirent que les traders de Morgan Stanley comprenaient mal leur propre position. Ils ne mentaient pas ; ils n'arrivaient simplement pas à percevoir la vraie nature des CDO subprime. Le taux de corrélation entre les obligations subprime triple-B n'était pas de 30 % ; il était de 100 %. Quand une obligation s'effondrait, toutes les autres s'effondraient avec, car elles étaient soumises aux mêmes forces économiques globales. Au bout du compte, ça n'avait guère de sens qu'un CDO chute de 100 à 95, puis à 77, à 70, à 7. Les obligations subprime qui les constituaient étaient soit toutes mauvaises, soit toutes bonnes. Les CDO valaient soit 0, soit 100.

À un prix de 7, Greg Lippmann autorisa Morgan Stanley à sortir d'une position qu'elle avait acquise pour environ 100 cents par dollar. Sur les 4 premiers milliards de la folie à 16 milliards de Howie Hubler, les pertes s'élevaient à environ

3,7 milliards de dollars. Lippmann ne traitait alors plus avec Howie Hubler, pour la simple et bonne raison que ce dernier n'était plus employé par Morgan Stanley. « Howie est parti en vacances quelques semaines, se souvient un membre de son groupe, et il n'est jamais revenu. » Il avait été autorisé à démissionner en octobre 2007, en emportant avec lui tous les millions que la banque lui avait promis à la fin de 2006 pour l'empêcher, à l'époque, de démissionner. Les pertes totales qu'il laissa derrière lui furent estimées à un peu plus de 9 milliards de dollars : la position qui entraîna le plus de pertes de toute l'histoire de Wall Street. D'autres banques perdraient beaucoup, beaucoup plus ; mais ces pertes seraient généralement associées à l'émission de prêts immobiliers subprime. Citigroup, Merrill Lynch et d'autres étaient assis sur d'énormes piles de ces prêts lorsque le marché s'effondra, mais il s'agissait de sous-produits de leur martingale à CDO. Ces banques possédaient des CDO adossés à des prêts subprime moins pour ce qu'ils étaient que pour les commissions que les contrats généreraient lorsqu'elles les auraient vendus. Alors que la perte de Howie Hubler était le résultat d'un simple pari. Hubler et ses traders pensaient être les petits malins qui exploiteraient l'inefficacité d'un marché stupide. À la place, ils ne firent que contribuer à cette inefficacité.

Une fois retiré dans le New Jersey, avec son numéro sur liste rouge, Howie Hubler eut le réconfort de s'apercevoir qu'il n'avait pas été le plus gros idiot de la partie. Il avait peut-être lâché la corde trop tard pour sauver Morgan Stanley, mais lorsqu'il fut retombé sur terre, il put lever les yeux et voir des corps de Wall Street toujours accrochés au ballon qui continuait de s'élever dans le ciel. Début juillet, quelques jours avant que Greg Lippmann ne l'appelle pour lui demander 1,2 milliard de dollars, Hubler avait trouvé une paire d'acheteurs pour ses CDO triple-A. Le premier était le Mizuho Financial Group, la branche trading de la deuxième plus grande banque du Japon. Dans l'ensemble, les Japonais avaient été déroutés par ces nouvelles créations financières américaines, et ils n'y avaient pas touché. Mais les gens du Mizuho Financial Group, pour une raison connue d'eux seuls, avaient décidé qu'ils étaient assez malins pour se lancer sur le marché, et ils avaient débarrassé Morgan Stanley de 1 milliard de CDO adossés à des subprimes.

L'autre acheteur – plus conséquent – fut UBS, qui avait acheté à Howie Hubler pour 2 milliards de CDO triple-A, ainsi que pour 200 millions de sa position short en obligations triple-B. C'est-à-dire que, en juillet, juste avant que le marché ne s'effondre, UBS avait regardé la position de Hubler et déclaré : « Nous aussi on en veut. » Ainsi, des 16 milliards de CDO triple-A achetés par Hubler ne restait-il que quelque chose comme 13 milliards. Quelques mois plus tard, tandis qu'elle tenterait d'expliquer à ses actionnaires comment elle avait perdu 37,4 milliards de dollars sur le marché des subprimes américains, UBS publierait un rapport à demi honnête, dans lequel elle révélerait qu'un petit groupe de traders obligataires américains qu'elle employait avait fortement fait pression jusqu'à la fin pour que UBS achète encore plus d'obligations hypothécaires subprime auprès des autres banques de Wall Street. « Si les gens avaient été au courant de la position, ça aurait été une révolte pure et simple, déclare un trader obligataire d'UBS qui était proche des événements. C'était une position très controversée chez UBS. Elle était gardée très, très secrète. Il y avait beaucoup de gens qui, s'ils avaient su ce qui se passait, auraient foutu un bazar sans nom. Nous avons débarrassé Howie de sa double position soi-disant couverte alors que tout le monde savait que la corrélation était totale. » Il explique ensuite que les traders d'UBS qui effectuèrent la transaction étaient principalement motivés par leurs propres modèles – qui, au moment de la transaction, suggéraient qu'ils avaient fait un bénéfice de 30 millions de dollars.

Le 19 décembre 2007, Morgan Stanley organisa une téléconférence pour ses investisseurs. La société voulait expliquer comment une perte de 9,2 milliards – à quelques millions près – avait plus qu'englouti les bénéfices générés par ses quelque 50 000 employés. « Les résultats que nous avons annoncés aujourd'hui sont embarrassants pour moi, pour notre banque, commença John Mack. Ils sont la conséquence d'une erreur de jugement dans l'un de nos départements obligataires, et aussi d'un échec à gérer ce risque de façon appropriée... Pratiquement toutes les pertes de ce trimestre ont été le résultat d'opérations à propos [sic] d'un unique département de notre branche obligataire. » Le P-DG expliqua que Morgan Stanley possédait certaines « protections » contre le risque subprime mais que « les protections n'[avaient] pas fonctionné de manière adéquate dans les conditions de marché extraordinaires de la fin octobre et de novembre ». Mais les conditions du marché en octobre et novembre n'étaient pas extraordinaires ; en octobre et novembre, pour la première fois, le marché avait commencé à évaluer correctement le risque lié aux prêts subprime. Ce qui était extraordinaire, c'était ce qui s'était produit avant octobre et novembre.

Après avoir affirmé qu'il était « absolument clair [que,] en tant que directeur de la banque, [il] accept[ait] la responsabilité de ces résultats », Mack répondit aux questions d'analystes d'autres banques de Wall Street. Il leur fallut un moment pour découvrir la source de cet embarras, mais ils finirent par y parvenir. Quatre analystes décidèrent de ne pas soumettre Mack à un interrogatoire trop serré sur ce qui était presque certainement la position qui avait entraîné la plus grosse perte pour compte propre de l'histoire de Wall Street, mais William Tanona, de Goldman Sachs, prit alors la parole :

> TANONA : Une nouvelle question sur le risque, [que] tout le monde a évité d'aborder directement... Aidez-nous à comprendre comment vous avez pu essuyer une perte aussi considérable. Enfin quoi, j'imagine que vous avez des limites de position et des limites de

risque. Je... ça me [sidère] de penser que vous avez pu avoir une unité d'un département qui a perdu 8 milliards de dollars [sic].

MACK : Ce n'est pas une question appropriée.

TANONA : Excusez-moi ?

MACK : Bonjour. Oui. Et...

TANONA : Je ne vous ai pas entendu...

MACK : Bill, écoutez, soyons clairs. *Primo*, cette position a été reconnue et enregistrée dans nos comptes. *Secundo*, elle a été entrée dans notre système de gestion du risque. C'est très simple. Quand elles ont été, c'est simple, c'est très douloureux, alors j'ai du mal à parler. Quand ces types ont soumis la position à un *stress test*, ils n'ont pas envisagé... que nous pourrions atteindre ce degré de défauts, d'accord. Il est juste d'affirmer que notre division de gestion du risque n'a pas stressé ces pertes aussi bien*. C'est aussi simple que ça. Ce sont de gros retours de manivelle qui nous ont frappés de plein fouet, d'accord. Voilà ce qui s'est passé.

TANONA : OK. Soit. Il y a autre chose qui m'intrigue. Je suis surpris que votre *value at risk* soit resté stable pendant le trimestre étant donné le niveau de cette perte, et étant donné que je soupçonne qu'il s'agit de positions. Donc comment pouvez-vous m'aider à comprendre pourquoi votre *value at risk* n'a pas augmenté spectaculairement pendant le trimestre** ?

MACK : Bill, je crois que le *value at risk* est une très bonne représentation du risque de trading quand il y a de la liquidité. Mais

---

*Ce serait trop que demander aux gens qui dirigent les grandes banques de Wall Street de parler correctement, puisqu'ils gagnent en grande partie leur vie en faisant croire aux autres que ce qu'ils font ne peut pas être exprimé par des mots. Ce que John Mack essaie d'expliquer, sans dire franchement que personne chez Morgan Stanley n'avait la moindre idée des risques courus par Howie Hubler, c'est que personne chez Morgan Stanley n'avait la moindre idée des risques courus par Howie Hubler – pas même Howie Hubler.

**Une autre manière de poser la même question : Comment les obligations de Howie Hubler ont-elles pu plonger de 100 à 7 pendant que les rapports que vous receviez continuaient de laisser entendre qu'elles étaient incapables d'une évolution spectaculaire ?

en termes de [inaudible] de ça, je serai très heureux de vous en reparler quand nous en serons sortis, parce que je ne peux pas répondre à ça pour le moment.

Ce flot de paroles sans queue ni tête put donner à l'assistance le sentiment qu'elle était incapable de saisir la profonde complexité des opérations obligataires de Morgan Stanley. Mais ce que les mots révélaient en fait, c'était que le P-DG lui-même ne comprenait pas vraiment la situation. John Mack était généralement considéré par ses homologues comme un homme bien informé des risques de sa société. Après tout, c'était lui-même un ancien trader d'obligations, et il avait été appelé pour renforcer la culture du risque chez Morgan Stanley. Pourtant, non seulement il avait échoué à saisir ce que ses traders faisaient à l'époque où ils le faisaient encore, mais il n'arrivait toujours pas à expliquer complètement ce qui s'était passé maintenant qu'ils avaient perdu 9 milliards de dollars.

Le moment était enfin venu : le dernier acheteur de risque lié aux prêts subprime avait cessé d'acheter. Le 1er août 2007, les actionnaires lançaient les premières poursuites judiciaires à l'encontre de Bear Stearns suite à l'effondrement de ses hedge funds consacrés aux subprimes. Et dans leur coin, les trois jeunes hommes de Cornwall Capital, qui étaient assis sur une énorme pile de CDS achetés principalement à Bear Stearns, commençaient à sérieusement s'inquiéter. Depuis Las Vegas, Charlie Ledley était toujours abasourdi par l'énormité des événements qu'ils vivaient. Ben Hockett, le seul des trois à avoir travaillé dans une grande banque de Wall Street, avait lui aussi tendance à s'imaginer un dénouement catastrophique. Quant à Jamie Mai, il estimait simplement que beaucoup de gens à Wall Street étaient des ordures. Tous trois craignaient que Bear Stearns fasse faillite et soit incapable d'honorer ses dettes de jeu. « Il peut y avoir un moment où vous ne pouvez plus traiter avec une banque de

Wall Street, déclare Ben, et ce moment peut arriver du jour au lendemain. »

Durant cette première semaine d'août, ils attendirent, tentant d'obtenir une estimation du prix des CDO double-A, qui tout juste quelques mois auparavant s'échangeaient à des prix qui suggéraient qu'ils étaient essentiellement sans risque. « Les obligations sous-jacentes s'écroulaient, et tous les gens avec qui nous avions traité disaient : "On va vous donner deux points" », se souvient Charlie. Jusqu'à la fin juillet, Bear Stearns et Morgan Stanley avaient affirmé, de fait, que les CDO double-A valaient 98 cents par dollar. La dispute qui s'était déroulée entre Howie Hubler et Greg Lippmann se rejouait désormais à travers tout le marché.

Cornwall Capital possédait des CDS sur vingt CDO pourris, mais chacun était pourri à sa façon, et il était donc difficile de savoir exactement où ils en étaient. Une chose était cependant claire : leur pari audacieux n'avait plus rien d'audacieux. Leurs opérateurs à Wall Street leur avaient toujours dit qu'ils n'arriveraient jamais à se débarrasser de ces obscurs CDS sur les tranches double-A de CDO, mais le marché paniquait, et il semblait vouloir acheter des assurances sur tout ce qui était lié aux obligations hypothécaires subprime. La donne avait changé : pour la première fois, Cornwall risquait de perdre un bon paquet d'argent si quelque chose se produisait qui faisait rebondir le marché – si, par exemple, le gouvernement américain s'en mêlait et garantissait tous les prêts subprime. Et bien entendu, si Bear Stearns coulait, ils perdaient tout. Eux qui avaient toujours été étrangement conscients de la possibilité d'une catastrophe se sentaient soudain étrangement exposés. Ils cherchèrent aussitôt à se couvrir – en trouvant un acheteur pour ces étranges polices d'assurance soudain précieuses qu'ils avaient accumulées.

La mission incomba à Ben Hockett. Charlie Ledley avait essayé à quelques reprises de jouer le rôle du trader du groupe, mais il avait échoué lamentablement. « Il y a toutes ces petites règles, dit Charlie. Il faut savoir exactement quoi dire, et si vous ne le savez pas, tout le monde est furax après vous. Je croyais dire "Vendez!" et il s'avérait que je disais "Achetez!" Je me suis peu à peu rendu compte que je ferais mieux d'arrêter.» Ben Hockett avait gagné sa vie en tant que trader, et il était le seul des trois à savoir quoi dire et comment le dire. Mais il était dans le sud de l'Angleterre, en vacances chez sa belle-famille.

Et c'est ainsi que Ben Hockett se retrouva assis dans un pub nommé le Powder Monkey, dans la ville d'Exmouth, dans le Devon, Angleterre, à chercher un acheteur pour ses CDS sur 205 millions de dollars de tranches double-A de CDO mezzanine subprime. Le Powder Monkey possédait l'unique connexion Internet fiable de la ville, et aucun des enthousiastes buveurs britanniques ne semblait gêné, ni même intrigué, par l'Américain à la table dans le coin qui cognait sur son terminal Bloomberg et parlait dans son téléphone portable de 2 heures de l'après-midi à 11 heures du soir. Jusqu'alors, seules trois banques de Wall Street avaient été disposées à traiter avec Cornwall Capital et leur avaient donné les accords ISDA nécessaires pour négocier des CDS : Bear Stearns, Deutsche Bank et Morgan Stanley. «Ben avait toujours affirmé qu'il était *possible* de négocier sans ISDA, mais que ce n'était vraiment pas habituel», explique Charlie. Mais la situation n'était pas habituelle. Le vendredi 3 août, Ben appela toutes les principales banques de Wall Street et annonça : *Vous ne me connaissez pas et je sais que vous ne nous accorderez pas d'accord ISDA, mais j'ai des assurances sur des CDO adossés à des prêts subprime que je suis prêt à vendre. Accepteriez-vous de traiter avec moi sans ISDA ?* «La réponse classique était non, se souvient Ben. Alors je disais : "Appelez votre responsable des taux et votre responsable de gestion du risque et voyez s'ils sont du même avis."» Ce vendredi, seule une banque sembla tentée de traiter avec lui : UBS. Elle semblait même plus que tentée. Le dernier homme accroché au ballon d'hélium venait de lâcher sa corde.

Le lundi 6 août, Ben retourna au Powder Monkey et commença à négocier. Pour des polices d'assurance qui avaient coûté 0,5 %, UBS offrait désormais 30 points comptant – c'est-à-dire que les CDS de Cornwall sur 205 millions de dollars, qui avaient coûté environ un million de dollars à l'achat, valaient soudain un peu plus de 60 millions (30 % de 205 millions). Mais UBS n'était plus la seule banque intéressée ; les gens de Citigroup, Merrill Lynch et Lehman Brothers, qui s'étaient montrés si dédaigneux le vendredi précédent, se laissaient tenter le lundi. Tous cherchaient frénétiquement à évaluer le risque de ces CDO que leurs banques avaient créés. « C'était plus facile pour moi parce qu'ils devaient examiner chaque transaction, dit Ben. Alors que moi, tout ce que je voulais, c'était de l'argent. » Cornwall avait vingt positions distinctes à vendre. La connexion Internet de Ben avait des hauts et des bas, de même que la réception de son téléphone portable. Seule l'ardeur des banques de Wall Street, qui crevaient d'envie d'acheter une assurance incendie pour leur maison en feu, ne diminuait pas. « C'était la première fois qu'on voyait des prix qui reflétaient à peu près leur réelle valeur, déclare Charlie. Nous avions des positions que Bear Stearns avait évaluées à 600 000 dollars et qui passaient soudain à 6 millions du jour au lendemain. »

À 11 heures jeudi soir Ben en eut fini. C'était le 9 août, le jour où la BNP annonça que les investisseurs de leurs sicav monétaires ne pourraient pas retirer leurs économies à cause de problèmes avec les prêts subprime américains. Ben, Charlie et Jamie ne comprenaient pas trop pourquoi les trois quarts de leurs paris avaient été achetés par une banque suisse. Les lettres *U B S* n'avaient quasiment jamais été prononcées chez Cornwall Capital jusqu'à ce que la banque se mette à les supplier de leur vendre des assurances subprime qui étaient désormais très coûteuses. « Je n'avais même aucune raison de croire qu'UBS était sur le marché des subprimes, déclare Charlie. En y repensant, je n'arrive pas à croire que nous n'ayons pas changé d'avis et shorté UBS. » En débarrassant Cornwall Capital de ses CDS, ni UBS ni aucun des autres acheteurs de Wall Street n'exprimait la moindre réserve sur le fait qu'ils assumaient désormais le risque d'une faillite de Bear Stearns : que cela puisse se produire était pour les grandes banques de Wall Street pratiquement inimaginable. Cornwall Capital, qui avait débuté quatre ans et demi plus tôt avec 110 000 dollars, venait de faire un bénéfice net, à partir d'un pari d'un million, de plus de 80 millions de dollars. « Nous étions soulagés de ne pas avoir été les pigeons de service », affirme Jamie. Ils n'avaient en effet pas été les pigeons de service. Leur pari audacieux avait payé à 80 contre 1. Et personne au Powder Monkey ne demanda jamais à Ben ce qu'il fabriquait.

La famille anglaise de sa femme se demandait naturellement où il était passé, et il tenta de leur expliquer. Il se disait que ce qui se produisait était d'une importance cruciale. Il supposait que le système bancaire était insolvable, ce qui impliquait de sérieux bouleversements. Sans banques, pas de crédit, sans crédit, pas de commerce, et sans commerce... eh bien, la ville de Chicago n'avait qu'un jour de réserve de chlore pour son approvisionnement en eau. Les hôpitaux tomberaient à court de médicaments. Tout le monde moderne était basé sur la capacité à acheter maintenant et à payer plus tard. « Je suis rentré à minuit et j'ai essayé de parler à mon beau-frère de l'avenir de nos enfants, se souvient Ben. J'ai demandé à tout le monde dans la maison de vérifier que leurs comptes chez HSBC étaient assurés. Je leur ai dit de garder des espèces sous la main, car nous risquions de faire face à des perturbations. Mais c'était difficile à faire comprendre. » Comment expliquer à un citoyen innocent du monde libre l'importance d'un CDS sur la tranche double-A d'un CDO adossé à des subprimes ? Il essaya, mais sa belle-famille anglaise se contenta de le regarder bizarrement. Ils comprenaient que quelqu'un venait de perdre un paquet d'argent et que Ben venait d'en gagner beaucoup, mais ça s'arrêtait là. « Je ne peux pas vraiment leur parler de ça, conclut-il. Ils sont anglais. »

Vingt-deux jours plus tard, le 31 août 2007, Michael Burry retira ses CDS de la *side pocket* et commença à s'en défaire pour de bon. Ses investisseurs pouvaient récupérer leur argent. Il y en avait désormais plus de deux fois plus que ce qu'ils lui avaient confié. Quelques mois plus tôt, Burry s'était vu proposer 200 points de base – soit 2 % du principal – pour ses CDS qui représentaient 1,9 milliard de dollars. Les banques de Wall Street, dans leur désir effréné d'amortir leur chute, lui proposaient désormais 75, 80, voire 85 points ! À la fin du trimestre, il rapporterait que le fonds avait gagné plus de 100 %. À la fin de l'année, dans un portefeuille de moins de 550 millions de dollars, il aurait réalisé plus de 720 millions de profits. Pourtant, il n'entendit jamais un mot de ses investisseurs. « Même quand il a été clair que c'était une superbe année et que j'avais eu raison, je n'ai éprouvé aucun sentiment de triomphe, dit-il. Gagner de l'argent, ce n'était pas du tout comme j'avais cru. » À son investisseur fondateur, Gotham Capital, qui ne l'avait même pas remercié, il envoya un e-mail spontané qui disait simplement : « De rien. » Il avait déjà décidé de se séparer d'eux, et insisté pour qu'ils vendent leurs parts de son business. Lorsqu'ils lui demandèrent son prix, il répondit : « Et si vous gardiez les dizaines de millions que vous avez failli m'empêcher de gagner pour vous l'année dernière et que nous disions que nous sommes quittes ? »

Quand il avait monté son fonds, il avait décidé de ne pas faire payer à ses investisseurs les quelque 2 % habituels de frais de gestion pour ses services. Durant l'année où il n'avait pas réussi à faire fructifier l'argent de ses investisseurs, cette absence de commissions l'avait forcé à renvoyer des employés. Il décida donc d'envoyer une lettre à ses investisseurs pour les informer qu'il avait changé de politique – ce qui permit à ces derniers de s'en prendre une fois de plus à lui, alors même qu'il les enrichissait. « Je me demande juste comment tu te démerdes pour tout le temps mettre les gens en rogne, lui écrivit un de ses deux amis. Tu as un don. »

L'une des choses qu'il avait apprises sur le syndrome d'Asperger, depuis qu'il avait découvert qu'il en était atteint, c'était le rôle que jouaient ses centres d'intérêt. Ils étaient le refuge où il pouvait fuir un monde hostile. C'était pourquoi les personnes atteintes du syndrome d'Asperger avaient des centres d'intérêt si intenses. C'était aussi la raison pour laquelle, étrangement, ils ne parvenaient pas à les contrôler. « Le thérapeute que je vois m'a aidé à comprendre ça, écrivit-il dans un e-mail, et ça crève les yeux quand je repense à ma vie. »

Voyons si je peux exprimer ça clairement – ça sonne toujours mieux quand c'est le thérapeute qui le dit. Bon, si tu prends quelqu'un qui a d'énormes difficultés à s'intégrer dans la société, et qui se sent souvent incompris, rabaissé, et par conséquent seul, tu comprendras qu'un intérêt intense pour une chose puisse contribuer à bâtir un ego dans le sens classique du terme. Les gamins Asperger peuvent faire preuve d'une concentration phénoménale et acquérir des connaissances très rapidement pourvu que le sujet les intéresse, souvent bien plus que les autres enfants. Ce renforcement de l'ego est très apaisant, il apporte quelque chose que les gamins Asperger ne connaissent pas souvent, voire jamais. Dès que l'intérêt apporte ce renforcement, il n'y a guère de risque de changement. Mais si l'intérêt se heurte à une difficulté, ou si la personne éprouve un affaiblissement de son intérêt, la négativité peut-être ressentie de façon très intense, surtout quand ça vient d'autres personnes. Le centre d'intérêt, dans ce cas, finit par représenter tout ce que la personne cherchait à fuir – la persécution apparente, l'incompréhension, l'exclusion par les autres. Et la personne Asperger doit se trouver un nouveau centre d'intérêt pour bâtir et maintenir un ego.

Pendant l'essentiel de 2006 et le début de 2007, le Dr Michael Burry avait vécu un cauchemar personnel. Dans un e-mail, il écrivit : « Les partenaires les plus proches de moi ont tendance à finir par me détester... Ce business tue une partie de la vie qui est assez essentielle. Le problème, c'est que je n'ai pas identifié ce qu'il tue. Mais il y a une chose vitale qui est morte en moi. Je le sens. » Comme son intérêt pour les marchés financiers commençait à le quitter, il s'acheta sa première guitare. C'était étrange : il ne savait pas en jouer et n'avait aucun don pour la guitare. Il n'avait même pas *envie* d'en jouer. Il avait juste besoin de se renseigner sur les types de bois qui servaient à fabriquer les guitares, et d'acheter des guitares et des lampes et des amplis. Il avait juste besoin de... savoir tout ce qu'il y avait à savoir sur les guitares.

Il avait choisi le bon moment pour laisser mourir son intérêt. C'était le moment où la fin était écrite : le moment où plus rien ne pourrait empêcher le dénouement. Six mois plus tard, le Fonds monétaire international estimerait les pertes des actifs adossés à des subprimes émis aux États-Unis à mille milliards de dollars. Mille milliards de pertes avaient été créées à partir de rien par les financiers américains, et injectées dans le système financier américain. Chaque banque de Wall Street essuierait une partie des pertes, sans rien pouvoir y faire. Aucune d'entre elles ne parviendrait à se tirer de ce mauvais pas, puisqu'il n'y aurait plus d'acheteurs. C'était comme si des bombes de différentes tailles avaient été placées dans quasiment chaque grande institution financière occidentale. Les amorces avaient été allumées et ne pouvaient plus être éteintes. Tout ce qu'il restait à faire, c'était observer la vitesse de l'étincelle, et l'ampleur de l'explosion.

10
Deux hommes sur un bateau

*P**ratiquement personne – qu'il s'agisse des emprunteurs, des institutions financières, des agences de notation, des régulateurs ou des investisseurs – n'a anticipé ce qui arrive.*

Deven Sharma, président de S&P
Témoignage devant la Chambre des députés américaine,
22 octobre 2008

Le pape Benoît XVI a été le premier à prédire la crise du système financier global [...]. La prédiction qu'une économie indisciplinée s'écroulerait à cause de ses propres règles peut être trouvée dans un article écrit par le cardinal Joseph Ratzinger [en 1985], a affirmé hier le ministre des Finances italien Giulio Tremonti à l'université catholique de Milan.

Bloomberg News, 20 novembre 2008

Greg Lippmann s'était représenté le marché des subprimes sous la forme d'une grande partie de tir à la corde financier : d'un côté tirait la machine de Wall Street qui fabriquait des prêts, assemblait les obligations, rempaquetait les pires obligations dans des CDO, puis, quand elle était à court de prêts, en créait des fictifs à partir de rien ; de l'autre côté, sa noble armée de vendeurs à découvert qui pariaient contre les prêts. Les optimistes contre les pessimistes. Les doux rêveurs contre les réalistes. Les vendeurs de CDS contre les acheteurs. Les aveugles contre les clairvoyants. La métaphore avait été pertinente, mais seulement jusqu'à un certain point. Désormais, la métaphore, c'était plutôt deux hommes dans un bateau, ligotés l'un à l'autre, se livrant à une lutte à mort. L'un des deux tue l'autre, balance son corps inerte par-dessus bord, avant de se retrouver à son tour entraîné par-dessus bord. « Être short en 2007 et gagner de l'argent grâce à ça, c'était marrant, parce qu'on était les *méchants*, dit Steve Eisman. En 2008, c'était le système financier dans sa totalité qui était en danger. Nous étions toujours short. Mais nous ne voulions pas que le système s'effondre. C'était un peu comme être Noé juste avant le Déluge. Vous êtes dans l'Arche. Certes, vous allez vous en tirer. Mais vous n'êtes pas heureux quand vous regardez le Déluge approcher. Ce n'est pas un moment *heureux* pour Noé. »

À la fin de 2007, les paris de FrontPoint contre les prêts subprime avaient si spectaculairement rapporté qu'ils avaient doublé la taille de leur fonds, qui était passé d'un peu plus de 700 millions de dollars à 1,5 milliard. Dès qu'il fut clair qu'ils avaient gagné une somme d'argent fantastique, aussi bien Danny que Vinny voulurent encaisser leur pactole. Aucun d'entre eux n'était jamais vraiment parvenu à faire complètement confiance à Greg Lippmann, en dépit du fantastique cadeau qu'il leur avait fait. « Je n'achèterai jamais une voiture à Lippmann, affirme Danny. Mais je lui ai acheté des CDS sur 500 millions de dollars. » Vinny avait des scrupules presque karmiques à l'idée de gagner autant d'argent aussi vite. « C'était l'opportunité d'une vie, dit-il. Si nous l'avions laissée passer en étant trop gourmands, je me serais suicidé. »

Vinny, Danny et Eisman lui-même estimaient que ce dernier n'avait pas le tempérament qu'il fallait pour prendre des décisions à court terme. Eisman était émotionnel, et il se laissait guider par ses émotions. Ses paris contre les obligations subprime étaient à ses yeux plus que de simples paris ; il voulait qu'ils soient un affront. Chaque fois que des gens de Wall Street tentaient d'expliquer – comme ils le faisaient souvent – que c'étaient les mensonges et l'irresponsabilité financière des Américains moyens qui étaient à l'origine du problème des prêts subprime, il rétorquait : « Quoi ? Toute la population américaine s'est réveillée un beau matin en se disant : "Tiens, je vais mentir sur ma demande de prêt" ? En effet, les gens ont menti. Mais ils ont menti parce qu'on leur a dit de mentir. » Le sentiment d'indignation qui avait motivé son pari n'était pas dirigé envers le système financier dans sa totalité, mais envers ses responsables, ceux qui savaient, ou auraient dû savoir : les gens au sein des grandes banques de Wall Street. « C'était plus qu'une dispute, dit Eisman. C'était une croisade morale. Le monde était sens dessus dessous. » Les prêts subprime à la base de leur pari ne valaient rien, expliquait-il, et si les prêts ne valaient rien, les assurances sur ces prêts ne pouvaient que monter. Et ils s'étaient donc accrochés à leurs CDS, en attendant que de plus en plus de prêts fassent défaut. « Vinny et moi aurions misé 50 millions de dollars et gagné 25 millions, dit Danny. Steve a misé 550 millions et gagné 400 millions. »

Suite à leur Grande Chasse au trésor, ils avaient constitué une longue liste de sociétés exposées aux prêts subprime. Avant le 14 mars 2008, ils avaient shorté les actions de pratiquement toutes les sociétés financières liées d'une manière ou d'une autre à la machine de l'apocalypse. « Nous étions positionnés pour l'apocalypse, affirme Eisman, mais une question nous taraudait constamment : Et si l'apocalypse ne se produisait pas ? »

Le 14 mars 2008, la question n'avait plus été d'actualité. Dès l'instant où les hedge funds de Bear Stearns s'étaient effondrés, en juin 2007, le marché s'était interrogé sur le reste de Bear Stearns. Durant la dernière décennie, comme toutes les autres banques de Wall Street, Bear Stearns avait augmenté la taille des paris passés avec chaque dollar de son capital. Rien qu'au cours des cinq dernières années, l'effet de levier de Bear Stearns était passé de 20:1 à 40:1. Celui de Merrill Lynch était passé de 16:1 en 2001 à 32:1 en 2007. Morgan Stanley et Citigroup étaient désormais à 33:1, et Goldman Sachs semblait plafonner à un modeste 25:1, mais Goldman avait un talent pour dissimuler son véritable effet de levier. Pour que ces banques fassent faillite, il suffisait d'une très légère baisse de la valeur de leurs actifs. La question à mille milliards était : Quels étaient ces actifs ? Jusqu'au 14 mars, le marché des actions avait accordé aux grandes banques le bénéfice du doute. Personne ne savait ce qui se passait à l'intérieur de Bear Stearns, Merrill Lynch ou Citigroup, mais comme ces banques avaient toujours su gagner de l'argent intelligemment, l'opinion générale était que leurs paris devaient être des paris intelligents. Mais le 14 mars 2008, le marché changea d'avis.

Ce matin-là, Eisman avait été invité à la dernière minute par l'éminent analyste bancaire de Deutsche Bank Mike Mayo à s'adresser à une assemblée de gros investisseurs. Dans un auditorium du siège de Deutsche Bank à Wall Street, Eisman était censé prendre la parole avant l'ancien président de la Réserve fédérale, Alan Greenspan, en tandem avec un célèbre investisseur nommé Bill Miller – dont il s'avérait qu'il possédait pour plus de 200 millions de dollars d'actions Bear Stearns. Eisman considérait évidemment que c'était pure folie que d'investir d'énormes sommes d'argent dans une banque de Wall Street. Quant à Greenspan, il le jugeait presque indigne de son mépris, ce qui n'était pas rien. « Je crois qu'Alan Greenspan restera comme le pire président de la Réserve fédérale de l'histoire, affirmait-il dès qu'on lui tendait la perche. Qu'il ait maintenu les taux d'intérêt bas pendant trop longtemps n'est même pas la question. Je suis convaincu qu'il savait ce qui se passait avec les subprimes, et qu'il a laissé faire, parce que ce n'était pas son problème que le client se fasse entuber. Dans le fond je suis désolé pour lui parce que c'est un type réellement intelligent, mais il s'est trompé sur toute la ligne. »

Il ne restait quasiment plus une personnalité de Wall Street qu'Eisman n'avait pas insultée, ou essayé d'insulter. Lors d'une réunion publique à Hongkong, après que le président de HSBC avait affirmé que les pertes de sa banque étaient « contenues », Eisman avait levé la main et lancé : « Vous ne le pensez pas réellement, si ? Parce que votre book est complètement flingué. » Eisman avait invité l'analyste pro-subprimes de Bear Stearns, Gyan Sinha, à son bureau et l'avait cuisiné si impitoyablement qu'un vendeur de Bear Stearns avait par la suite téléphoné pour se plaindre.

« Gyan est vexé, avait affirmé le vendeur.

– Dites-lui de ne pas l'être, avait rétorqué Eisman. Ça nous a bien amusés ! »

À la fin 2007, Bear Stearns avait néanmoins invité Eisman à une rencontre chaleureuse et confuse avec son nouveau P-DG, Alan Schwartz. Ils avaient appelé l'événement « Noël avec Bear ». Schwartz avait expliqué à l'assistance combien le marché des obligations subprime était « fou », puisque ses acteurs ne semblaient pas capables de se mettre d'accord sur le prix de la moindre obligation.

« Et la faute à qui ? avait lâché Eisman. C'est exactement ce que vous autres *vouliez*. Pour pouvoir arnaquer vos clients. »

À quoi le nouveau P-DG avait répondu :

« Je ne veux rejeter la responsabilité sur personne. »

Dès qu'Eisman était autorisé à s'approcher d'un des grands pontes de Wall Street, on pouvait être sûr qu'il allait l'insulter. Et le 14 mars 2008, on l'invitait à côtoyer un type célèbre pour avoir considérablement investi dans les banques de Wall street, plus l'illustre ancien président de la Réserve fédérale. C'était un jour chargé pour les marchés – des rumeurs affirmaient que Bear Stearns était en difficulté – mais lorsqu'ils eurent à choisir entre observer les marchés et observer Eisman, Danny Moses et Vincent Daniel n'y réfléchirent pas à deux fois. « Soyons honnêtes, se souvient Vinny. Nous avons choisi de nous amuser.

C'était comme Ali contre Frazier[1]. Qui n'aurait pas voulu y être ? » Ils se rendirent donc au combat de boxe, mais prirent place au fond de la salle, et se préparèrent à se cacher au besoin.

Eisman s'assit à la longue table avec le légendaire Bill Miller. Miller parla pendant peut-être trois minutes, et il expliqua la sagesse de ses investissements dans Bear Stearns.

« Et maintenant à notre grand baissier, annonça Mike Mayo, Steve Eisman.

– Je dois me lever pour mon intervention », dit Eisman.

Miller avait prononcé son petit laïus assis. L'événement était censé être plus une table ronde qu'un discours, mais Eisman prit la direction du podium. Notant la présence de sa mère au troisième rang, mais ignorant ses partenaires au fond, ainsi que la vingtaine d'amis qu'ils avaient prévenus (billets gratuits pour Ali-Frazier !), Eisman se lança dans une dissection impitoyable du système financier américain. *Pourquoi cette fois c'est différent*, tel était l'intitulé de son discours – même s'il n'était toujours pas certain qu'il était censé prononcer une allocution aussi formelle. « Nous assistons à la plus grande diminution de l'effet de levier de l'histoire des actifs financiers, et elle va se poursuivre encore et encore et encore, déclara-t-il. Il n'y a aucune solution à part le temps. Le temps d'encaisser le choc... »

Quand Eisman s'était levé, Danny s'était recroquevillé dans son fauteuil, instinctivement. « Il y a toujours le risque de ne plus savoir où se mettre, explique-t-il. Mais c'est comme avec les accidents de voiture. On ne peut pas s'empêcher de regarder. » Tout autour de lui, des hommes étaient penchés sur leurs BlackBerrys. Ils voulaient entendre ce qu'Eisman avait à dire, mais étaient distraits du spectacle par le marché des actions. À 9 h 13, quand Eisman avait pris place à la table, Bear Stearns avait annoncé avoir reçu un prêt de J. P. Morgan. Neuf minutes plus tard, alors que Bill Miller expliquait pourquoi c'était une

---

1. L'un des plus grands combats de boxe de tous les temps.

tellement bonne idée de posséder des actions Bear Stearns, Alan Schwartz avait publié un communiqué de presse qui commençait ainsi : « Bear Stearns a été l'objet d'une multitude de rumeurs concernant sa liquidité. » *Liquidité*. Quand un responsable disait que sa banque avait beaucoup de liquidités, ça signifiait *toujours* le contraire.

À 9 h 41, soit à peu près au moment où Eisman s'était dirigé vers le podium, Danny avait vendu quelques actions Bear Stearns qu'Eisman, bizarrement, avait achetées la veille en fin d'après-midi à 53 dollars l'unité. Elles avaient rapporté quelques dollars, mais il ne comprenait toujours pas pourquoi Eisman les avait achetées, en dépit des objections de tout le monde. De temps à autre, Eisman faisait une opération à court terme d'une taille insignifiante qui contredisait totalement leurs convictions fondamentales. Danny et Vinny estimaient l'un comme l'autre que, dans ce cas, il l'avait fait par affinité envers Bear Stearns. C'était la banque la plus détestée de Wall Street, principalement célèbre pour son indifférence à l'opinion de ses rivales – et Eisman s'identifiait à elle ! « Il disait toujours que Bear Stearns ne pourrait jamais être rachetée par qui que ce soit parce que la culture de la société ne pourrait jamais être assimilée dans autre chose, explique Vinny. Je crois qu'il se reconnaissait en partie dans Bear Stearns. » La femme d'Eisman, Valerie, avait sa propre théorie. « C'est son étrange antidote à sa théorie de la désintégration du monde, suggère-t-elle. De temps en temps il débarquait à la maison avec une position acheteuse bizarre. »

Quelles qu'aient été les raisons psychologiques qui avaient soudain poussé Eisman à acheter la veille quelques actions Bear Stearns, Danny était simplement content de s'en être débarrassé. Eisman expliquait alors pourquoi le monde allait se désintégrer, mais ses partenaires ne l'écoutaient que d'une oreille... parce que le marché financier était en train de se désintégrer. « À l'instant où Steve s'est mis à parler, se souvient Vinny, le titre s'est mis à chuter. » Tandis qu'Eisman expliquait pourquoi aucune personne sensée ne devrait posséder les actions qu'il avait achetées seize heures plus tôt, Danny envoyait des SMS à ses partenaires.

9 h 49. Bon sang – Bear à 47

« Si [le système financier américain] ressemble à une pyramide de Ponzi circulaire, c'est parce que c'en est une. »

9 h 55. Bear est à 43 dernier traité

« Les banques aux États-Unis commencent seulement à s'attaquer à leur énorme problème lié aux prêts. Par exemple, je n'investirais dans aucune banque de l'État de Floride parce que je pense qu'elles pourraient toutes disparaître. »

10 h 02. Bear 29 (dernier) !!!!

« Les classes supérieures de ce pays ont violé ce pays. Vous avez entubé les gens. Vous avez bâti un château pour arnaquer les gens. Pas une seule fois au cours de toutes ces années je n'ai rencontré une personne dans une grande banque de Wall Street qui avait une crise de conscience. Personne n'a jamais dit : "C'est mal." Et personne n'a jamais rien eu à foutre de ce que j'avais à dire. »

En fait, Eisman ne prononça pas ces dernières phrases ce matin-là ; il se contenta de les penser. Et il ne savait pas ce qui se passait sur le marché des actions ; le seul moment où il ne pouvait pas consulter son BlackBerry, c'était quand il parlait. Mais alors même qu'il parlait, une banque d'investissement de Wall Street était en train de faire faillite, et pas à cause d'une fraude. La question évidente était donc : pourquoi ?

L'effondrement de Bear Stearns serait par la suite décrit comme une ruée bancaire, et dans un sens c'était correct

— d'autres banques refusaient de traiter avec elle, les hedge funds clôturaient leurs comptes. Mais cela soulevait une question, qui serait de nouveau soulevée six mois plus tard : Pourquoi le marché se méfiait-il soudain d'une gigantesque banque de Wall Street dont il tenait il y a encore peu la pérennité pour acquise ? La fin de Bear Stearns avait été si inimaginable en mars 2007 que Cornwall Capital avait acheté des assurances contre son effondrement pour moins de trois dixièmes de 1 %. Ils avaient déboursé 300 000 dollars pour gagner 105 millions.

« L'effet de levier », fut la réponse d'Eisman, ce jour-là. Pour générer des profits, Bear Stearns, comme toutes les autres banques de Wall Street, plaçait de plus en plus de paris spéculatifs sur chaque dollar de son capital. Mais le problème était plus complexe que ça. Il tenait aussi à la nature de ces paris spéculatifs.

Le marché des subprimes avait connu au moins deux phases distinctes. La première, au cours de laquelle AIG avait accepté l'essentiel du risque d'un effondrement du marché, avait duré jusqu'à la fin 2005. Quand AIG avait brutalement changé son fusil d'épaule, les traders d'AIG FP avaient supposé que cette décision risquait de fermer complètement le marché des subprimes*. Ce n'est pas ce qui s'est passé, naturellement. Wall Street gagnait déjà trop d'argent en se servant des CDO pour transformer des obligations subprime triple-B pourries en obligations triple-A soi-disant sans risque pour s'arrêter à ce stade. Les gens qui faisaient fonctionner la machine à CDO dans les diverses banques avaient acquis trop d'autorité. De la fin 2005 à la mi-2007, les banques de Wall Street avaient créé

---

*Il est intéressant d'imaginer comment le désastre aurait pu se dérouler si AIG FP avait simplement continué d'accepter tout le risque. Si Wall Street, suivant l'exemple de Goldman Sachs, avait refourgué tout le risque des obligations hypothécaires subprime à AIG FP, on aurait pu considérer que le problème n'avait rien à voir avec Wall Street et était la seule responsabilité de cette compagnie d'assurances bizarre.

entre 200 et 400 milliards de CDO adossés à des subprimes : personne ne connaissait le montant exact. Disons 300 milliards, dont 240 milliards auraient été notés triple-A et donc considérés, pour des raisons comptables, comme sans risque, ce qui faisait qu'il n'était pas nécessaire de les dévoiler. La plupart, voire tous, n'apparaissaient pas dans les bilans comptables.

En mars 2008, le marché des actions avait finalement compris ce que chaque trader d'obligations savait depuis longtemps : quelqu'un avait perdu au moins 240 milliards de dollars. Mais qui ? Morgan Stanley possédait toujours pour environ 13 milliards de CDO, grâce à Howie Hubler. Les idiots en Allemagne en avaient un peu, Wing Chau et les gestionnaires de CDO de son acabit en avaient un peu plus, même si l'on ne savait pas trop à qui appartenait l'argent dont ils s'étaient servis pour acheter les obligations. Ambac Financial Group et MBIA Inc., qui gagnaient depuis longtemps leur vie en assurant des obligations municipales, avaient pris la relève quand AIG avait abandonné la partie, et en possédaient peut-être pour 10 milliards de dollars chacun. La vérité, c'est qu'il était impossible de savoir quelle était l'étendue des pertes, ni qui les avait subies. Tout ce que tout le monde savait, c'était que toutes les banques de Wall Street qui étaient enfoncées jusqu'au cou dans le marché des subprimes risquaient probablement d'en subir beaucoup plus que ce qu'elles avaient avoué. Bear Stearns était enfoncée jusqu'au cou dans le marché des subprimes. Elle avait 40 dollars de paris sur ses obligations subprime pour chaque dollar de capital qu'elle détenait contre ces paris. La question n'était pas comment Bear Stearns pouvait faire faillite, mais comment elle pouvait survivre.

Une fois son petit discours achevé, Steve Eisman regagna sa chaise et donna au passage une tape dans le dos à Bill Miller, presque avec compassion. Durant la brève session de questions-réponses qui suivit, Miller indiqua combien il était improbable que Bear Stearns fasse faillite, parce que, jusqu'alors, les seules grandes banques d'affaires de Wall Street à avoir fait faillite étaient celles qui s'étaient fait prendre tandis qu'elles s'adonnaient à des activités illégales. Eisman lâcha : « Il n'est que 10 h 05. Donnez-lui un peu de temps. » À part ça, il avait été presque poli. Au fond de la pièce, Vinny et Danny éprouvaient le curieux mélange de soulagement et de déception qu'on ressent quand une tornade vient d'éviter de peu une grande ville.

Ce ne fut pas Eisman qui plomba l'ambiance, mais un jeune type au fond de la salle. Il semblait âgé d'une petite vingtaine d'années et avait passé, comme tout le monde, son temps à pianoter sur son BlackBerry pendant les interventions de Miller et Eisman. « Monsieur Miller, dit-il, depuis le moment où vous avez commencé de parler, l'action Bear Stearns a chuté de plus de 20 points. En achèteriez-vous d'autres maintenant ? »

Miller semblait abasourdi. « Il était clair qu'il n'avait pas la moindre idée de ce qui s'était passé, affirme Vinny. Il a juste répondu : "Oui, bien sûr, j'en achèterais d'autres en ce moment même." »

Sur ce, tous les hommes présents se ruèrent vers les sorties, manifestement pour vendre leurs actions Bear Stearns. Lorsque Greenspan arriva pour prendre la parole, il n'y avait plus grand monde pour l'écouter. Le public avait disparu. Et le lundi, Bear Stearns avait bien sûr elle aussi disparu, vendue à J. P. Morgan pour 2 dollars l'action*.

Les personnes qui débouchaient d'un trou dans le sol à l'angle nord-est de Madison Avenue et de la 47ᵉ Rue à 6 h 40 du matin en disaient long sur elles-mêmes, pourvu qu'on sache quoi observer. À cet endroit et à cette heure, ils travaillaient par exemple probablement tous pour Wall Street. En revanche, les personnes qui émergeaient des trous autour de Penn Station, où arrivait le train de Vinny Daniel à exactement la même heure, étaient nettement moins prévisibles. « Les voyageurs du train de

---

*Plus tard revu à environ 10 dollars l'action.

Vinny ne travaillent qu'à 55 % dans la finance, parce ce qu'il y a aussi beaucoup de travailleurs du secteur du bâtiment, explique Danny Moses. Dans le mien, nous sommes 95 %. » Pour l'œil non entraîné, les gens de Wall Street qui reliaient les banlieues du Connecticut à Grand Central constituaient une masse indifférenciée, mais, dans cette masse, Danny observait de nombreuses petites distinctions importantes. S'ils étaient penchés sur leurs BlackBerrys, ils travaillaient probablement dans un hedge fund et vérifiaient leurs profits et leurs pertes sur les marchés asiatiques. S'ils dormaient dans le train, c'étaient probablement des vendeurs – des brokers qui n'avaient personnellement rien à perdre. En revanche, quiconque portait une serviette ou un sac n'était probablement pas un vendeur, car si on portait une serviette, c'était qu'on trimballait de la recherche de brokers, et les brokers ne lisaient pas leurs propres rapports – du moins pas pendant leur temps libre. Quiconque avait un exemplaire du *New York Times* était probablement avocat, ou employé de back-office, ou quelqu'un qui travaillait sur les marchés financiers sans en être réellement partie prenante.

Leurs vêtements étaient également révélateurs. Les types qui géraient de l'argent s'habillaient comme pour aller assister à un match des Yankees. Leur performance financière était censée être tout ce qui comptait pour eux, et ils éveillaient les soupçons s'ils s'habillaient trop bien. Si vous voyiez un gérant affublé d'un costume, ça signifiait généralement qu'il avait des problèmes, ou qu'il avait rendez-vous avec quelqu'un qui lui avait confié de l'argent, ou les deux. À part ça, il était difficile de déduire quoi que ce soit d'un gérant à partir de ce qu'il portait. Les vendeurs, en revanche, c'était une autre histoire, ils auraient tout aussi bien pu avoir leur carte de visite collée sur le front : celui qui portait un blazer et un pantalon de coton était broker dans une société de deuxième ordre ; celui qui avait un costume à 3 000 dollars et la coupe de cheveux assortie travaillait chez J. P. Morgan ou dans une banque similaire. Danny pouvait aussi deviner où les gens travaillaient en fonction de leur position dans le train. Les gens de Goldman Sachs, Deutsche Bank et Merrill Lynch, qui allaient Downtown, se dirigeaient vers les wagons de tête – même si, tout bien réfléchi, rares étaient les employés de Goldman qui prenaient encore le train. Ils avaient tous une voiture de fonction. Les types des hedge funds tels que lui travaillaient Uptown et quittaient Grand Central par le nord, où les taxis jaillissaient de nulle part et se jetaient sur eux comme des morts de faim pour les prendre. Les gens de Lehman et Bear Stearns prenaient auparavant la même sortie que lui, mais ils n'étaient plus là. C'était en partie pourquoi, le 18 septembre 2008 à 6h40, il y avait beaucoup moins de monde à l'angle nord-est de la 47e et de Madison Avenue que le 18 septembre 2007.

Danny observait de nombreux petits détails chez ses collègues financiers – c'était son boulot, dans un sens : observer les petits détails. Eisman était le type à la vision globale. Vinny était l'analyste. Et Danny, le trader en chef, avait les yeux et les oreilles braqués sur le marché. C'était lui qui trouvait les informations qui n'étaient jamais diffusées sur les ondes ou sur papier : les rumeurs, le comportement des brokers du côté vente, les tendances sur les écrans. Son boulot, c'était de veiller aux détails, de jongler avec les nombres – et d'éviter de se faire avoir.

Aussi avait-il cinq écrans d'ordinateur sur son bureau. Sur l'un défilaient les bulletins d'informations ; un autre montrait en temps réel les mouvements au sein de leur portefeuille ; les trois autres affichaient ses conversations avec peut-être quarante brokers de Wall Street et collègues investisseurs. Sa boîte e-mail recevait 33 000 messages par mois. Quelqu'un de l'extérieur aurait été déconcerté par ce déluge de détails insignifiants sur les marchés financiers. Mais pour lui, tout ça avait un sens, tant qu'il n'avait pas réellement besoin d'y trouver un sens. La vision globale, c'était pour Eisman, Danny était le type qui voyait les détails.

Mais le jeudi 18 septembre 2008, la vision globale était devenue si instable que les détails étaient presque incohérents pour lui. Le lundi, Lehman Brothers avait déposé le bilan, et Merrill Lynch, après avoir annoncé 55,2 milliards de pertes sur des CDO adossés à des obligations subprime, avait été rachetée par Bank of America. Le marché américain des actions avait connu une chute plus importante que celle enregistrée le jour de la réouverture après l'attaque sur le World Trade Center. Le mardi, la Réserve fédérale avait annoncé qu'elle avait prêté 85 milliards de dollars à la compagnie d'assurances AIG, pour rembourser les pertes sur les CDS subprime qu'AIG avait vendus aux banques de Wall Street – la plus grosse d'entre elles s'élevant à 13,9 milliards qu'AIG devait à Goldman Sachs. Si vous ajoutiez les 8,4 milliards en cash qu'AIG avait déjà refilés à Goldman en guise de collatéral, vous voyiez que Goldman avait transféré pour plus de 20 milliards de risque associé aux obligations subprime auprès de la compagnie d'assurances, qui était, d'une manière ou d'une autre, couverte par le contribuable américain. Ce seul fait suffisait à pousser tout le monde à se demander combien de ces CDS avaient été échangés, et qui les possédait.

La Réserve fédérale et le Trésor faisaient de leur mieux pour calmer les investisseurs, mais le mercredi, de toute évidence, personne n'était calme. Un fonds du marché monétaire nommé le Reserve Primary Fund annonça avoir tellement perdu dans des prêts à court terme à Lehman Brothers que ses investisseurs risquaient de ne pas récupérer leur argent, et il gela les remboursements. Les sicav monétaires n'étaient pas exactement comme du cash – elles payaient des intérêts, et présentaient donc un risque – mais, jusqu'alors, les gens les considéraient comme du cash. *Vous ne pouviez même pas avoir confiance dans votre propre cash.* Dans le monde entier, les sociétés commençaient à retirer leur argent des fonds des marchés monétaires, et les taux d'intérêt à court terme grimpaient en flèche comme jamais auparavant. Le Dow Jones Industrial Average avait chuté de 449 points pour atteindre son niveau le plus bas en quatre ans, et la plupart des nouvelles qui faisaient bouger le marché ne provenaient pas du secteur privé mais des responsables du gouvernement. Quand Danny était arrivé au bureau à 6 h 50 ce jeudi matin, il avait appris que le principal régulateur financier britannique envisageait d'interdire la vente à découvert – une mesure qui, entre autres, mettrait l'industrie des hedge funds sur la paille – mais ça n'expliquait en rien ce qui se produisait alors. « C'était un bazar comme je n'en avais jamais vu de ma carrière », se souvient Danny.

FrontPoint était parfaitement positionné pour le moment. Suite à un accord avec ses investisseurs, le fonds pouvait être 25 % net short ou 50 % net long sur le marché des actions, et les positions brutes ne pouvaient en aucun cas excéder 200 %. Par exemple, pour chaque 100 millions de dollars qu'ils avaient à investir, ils pouvaient être net short de 25 millions net, ou être long de 50 millions – et tous leurs paris combinés ne pouvaient excéder 200 millions de dollars. L'accord ne disait rien des CDS, mais ça n'avait plus d'importance. (« Nous n'avons jamais su comment les inclure », explique Eisman.) Ils avaient revendu leur dernier à Greg Lippmann deux mois plus tôt, début juillet, et étaient redevenus, exclusivement, des investisseurs du marché des actions.

À cet instant, ils avaient quasiment shorté le maximum qu'ils étaient autorisés à shorter, et tous leurs paris étaient contre des banques, les sociétés qui s'effondraient le plus vite : quelques minutes après l'ouverture du marché ils avaient gagné 10 millions de dollars. Les sociétés qu'ils avaient shortées s'écroulaient, celles sur lesquelles ils étaient acheteurs – principalement les petites banques en dehors du marché des subprimes – chutaient moins. Danny aurait dû être fou de joie : tout ce qu'ils avaient prédit était en train de se produire. Mais il n'était pas fou de joie : il était anxieux. À 10 h 30, une heure après l'ouverture, toutes les actions financières tombèrent en chute libre, qu'elles le méritent ou non. « Toutes ces informations passaient par moi, dit-il. J'étais censé savoir comment les transmettre. Mais les prix bougeaient si vite que je n'arrivais pas à me faire une idée claire. C'était comme être dans un trou noir. Dans un abîme. »

Ça faisait quatre jours que Lehman Brothers avait été autorisée à faire faillite, mais les effets les plus dévastateurs de son effondrement n'étaient ressentis que maintenant. Les actions de Morgan Stanley et Goldman Sachs s'effondraient, et il était clair que seul le gouvernement américain pourrait les sauver. « C'était l'équivalent d'un séisme, dit Danny, et après, bien plus tard, le tsunami arrive. » Pour Danny, la finance, c'était des hommes qui affrontaient des hommes, mais soudain ça ressemblait plus à un combat contre la nature : le CDO synthétique était devenu un désastre naturel synthétique. « Normalement, vous sentez que vous avez la capacité de contrôler votre environnement, explique-t-il. Vous êtes bon parce que vous savez ce qui se passe. Mais ce jour-là, ce que je savais n'avait aucune importance. Mon instinct m'avait lâché. »

FrontPoint avait peut-être soixante-dix paris en cours, dans diverses actions aux quatre coins de la planète. Tous concernaient des institutions financières. Danny faisait son possible pour les surveiller tous, mais il n'y parvenait pas. Ils possédaient des actions KeyBank et avaient shorté celles de Bank of America, et les deux avaient un comportement qu'elles n'avaient jamais eu jusqu'alors. « Il n'y avait plus de demande pour rien sur le marché, se souvient Danny. Il n'y avait pas de marché. C'est véritablement seulement alors que j'ai compris que la question dépassait notre simple portefeuille. Les fondamentaux ne comptaient plus. Les mouvements des actions seraient déterminés par l'émotion pure et par les spéculations quant à ce que ferait le gouvernement. » Il n'arrivait pas à s'ôter de la tête que Morgan Stanley risquait de couler. Leur fonds appartenait à Morgan Stanley. Ils n'avaient presque rien à voir avec

Morgan Stanley, et n'avaient guère d'affinités avec cette banque. Ils n'agissaient pas comme, et n'avaient pas l'impression d'être, des employés de Morgan Stanley – Eisman disait souvent qu'il adorerait shorter les actions de la banque. En fait, ils avaient l'impression de gérer leur propre fonds, et agissaient à leur guise. Mais si Morgan Stanley faisait faillite, la part que la banque possédait dans leur fonds deviendrait un actif lors d'une procédure de règlement judiciaire. « Je me disais : *On tient le monde par les couilles et la banque pour laquelle nous travaillons fait faillite ?* »

Puis Danny sentit que quelque chose clochait sérieusement – en lui. Juste avant 11 heures du matin, des lignes noires se mirent à onduler entre ses yeux et les écrans, dont l'éclairage semblait osciller. « J'ai ressenti une douleur lancinante dans la tête, explique-t-il. Je n'ai jamais de migraines. J'ai cru que c'était un anévrisme. » C'est alors qu'il sentit son cœur – il baissa les yeux et le vit littéralement cogner contre sa poitrine. « J'avais passé toute la matinée à essayer de contrôler toute cette énergie et toutes ces informations, déclare-t-il, et j'ai perdu le contrôle. »

Il n'avait vécu ça qu'une fois jusqu'alors. Le 11 septembre 2001, à 8 h 46, alors qu'il était à son bureau en haut du World Financial Center. « Vous savez, quand vous êtes à New York et qu'un de ces camions poubelles passe, et vous vous demandez : "Qu'est-ce que c'était que ça ?" » Il avait cru que le bruit qu'il avait entendu avait été provoqué par l'un de ces camions, jusqu'à ce que quelqu'un lui dise qu'un petit avion avait heurté la tour nord. Il était alors allé à la fenêtre et avait levé les yeux en direction du gratte-ciel de l'autre côté de la rue. Il avait alors songé qu'un petit avion n'aurait pas fait autant de dégâts, et il s'était attendu à le voir planté dans le flanc de la tour. Alors que tout ce qu'il voyait, c'était le trou noir, et de la fumée. « Ma première pensée a été : *Ce n'était pas un accident. Impossible.* » Il travaillait toujours chez Oppenheimer and Co. – Steve et

Vinny étaient déjà partis – et une voix impérieuse avait jailli d'un haut-parleur pour annoncer que personne ne devait quitter le bâtiment. Danny était donc resté à la fenêtre. « C'est à ce moment que les gens ont commencé à sauter, se souvient-il. Il y avait des corps qui tombaient. » Puis le rugissement d'un autre camion poubelle avait retenti. « Quand j'ai vu le deuxième avion frapper, je me suis dit : *Au revoir tout le monde.* » Il avait gagné l'ascenseur, et s'était retrouvé à escorter deux femmes enceintes. Il avait pris la direction du nord, en avait raccompagné une à son appartement dans la 14e Rue, puis l'autre au Plaza Hotel, avant d'aller rejoindre sa femme, elle aussi enceinte, chez lui, dans la 72e Rue.

Quatre jours plus tard, il quittait, ou plutôt fuyait, New York avec sa femme et son enfant en bas âge. Ils roulaient de nuit sur l'autoroute au milieu d'un orage lorsqu'il avait soudain eu la certitude qu'un arbre allait tomber et écraser la voiture. Il s'était mis à trembler et à transpirer de terreur. Pourtant, les arbres étaient à 50 mètres ; ils n'auraient jamais atteint la voiture. « Il faut que tu voies un médecin », avait dit sa femme. Et, craignant d'avoir un problème cardiaque, il avait passé une demi-journée relié à un électrocardiographe. Il était embarrassé d'avoir perdu le contrôle – il préférait ne pas en parler – et avait été profondément soulagé lorsque les crises étaient devenues moins fréquentes et moins sévères. Finalement, quelques mois après l'attaque terroriste, elles avaient complètement disparu.

Mais le 18 septembre 2008, il ne fit pas le lien entre les crises qu'il avait eues des années auparavant et ce qu'il ressentait désormais. Il se leva de son bureau et chercha quelqu'un. Eisman était normalement assis face à lui, mais il s'était rendu à une conférence pour essayer de lever des fonds – ce qui montre à quel point ils n'étaient pas préparés à l'arrivée de ce qu'ils avaient tant attendu. Danny se tourna vers un collègue.

« Porter, je crois que je suis en train d'avoir une attaque cardiaque », dit-il.

Porter éclata de rire et répondit :

« Non, tu te trompes. »

Sa carrière de rameur olympique avait rendu Porter un peu insensible aux douleurs des autres, car il estimait qu'ils ne savaient généralement pas ce qu'était la douleur.

« Non, insista Danny, faut que j'aille à l'hôpital. »

Il était pâle, mais tenait toujours sur ses jambes. Était-ce vraiment sérieux ? Danny était toujours un peu nerveux.

« C'est pour ça qu'il est bon à son boulot, affirme Porter. Je n'arrêtais pas de lui dire : "Tu n'es pas en train d'avoir une attaque cardiaque." Puis il a arrêté de parler. Et j'ai dit : "D'accord, peut-être que si." » Ce qui n'arrangea rien. Chancelant, Danny se tourna vers Vinny, qui avait tout observé depuis l'autre bout de la salle et songeait à appeler une ambulance.

« Il faut que je sorte d'ici, dit-il. Tout de suite. »

Le pari de Cornwall Capital contre les obligations hypothécaires subprime avait quadruplé son capital, qui était passé d'un peu plus de 30 millions de dollars à 135 millions. Mais ses fondateurs n'eurent jamais le temps de sabler le champagne. « On passait notre temps à se demander où mettre notre argent pour qu'il soit en sécurité », déclare Ben Hockett. Avant, ils n'avaient pas un sou. Maintenant, ils étaient riches ; mais ils craignaient de ne pas être en mesure de préserver leur fortune. Ils étaient par nature un peu torturés, mais la situation n'arrangeait rien. De fait, ils passaient leur temps à se demander comment des gens qui avaient eu si fantastiquement raison (à savoir, eux) pouvaient préserver la circonspection, le doute, l'incertitude qui leur avaient permis d'avoir raison. Plus vous étiez sûr de vous et de votre jugement, plus il était difficile de voir les opportunités qui, au bout du compte, pouvaient remettre en cause vos certitudes.

Leur pari audacieux, étrangement, avait été le fait de jeunes hommes. Mais Charlie Ledley et Jamie Mai ne se sentaient plus aussi jeunes, et leur comportement s'en ressentait. Charlie souffrait désormais de migraines, et il était hanté par ce qui risquait de se produire. « Je crois qu'il y a quelque chose de fondamentalement effrayant dans notre démocratie, dit-il. Parce que je crois que les gens se disent que le système est truqué, et c'est difficile de prétendre le contraire. » Jamie et lui consacraient une quantité de temps et d'énergie surprenante à concevoir des manières d'attaquer ce qu'ils considéraient comme un système financier profondément corrompu. Par exemple, ils envisagèrent de constituer une personne morale à but non lucratif avec pour seul objectif de poursuivre Moody's et S&P en justice, et de redistribuer les indemnités aux investisseurs qui avaient perdu de l'argent en investissant dans des titres triple-A.

Comme le dit Jamie : « Notre plan était d'aller voir les investisseurs et de leur dire : "Vous ne savez pas à quel point vous vous êtes fait entuber." » Mais ils avaient eu tellement de mauvaises expériences avec les grandes banques de Wall Street, et avec les gens qui dépendaient d'elles pour gagner leur vie, qu'ils avaient peur de faire part de leur idée à des avocats de New York. Ils se rendirent donc à Portland, dans le Maine, et trouvèrent un cabinet qui accepta de les écouter. « Ils nous ont dit : "Vous êtes cinglés" », se souvient Charlie. Les avocats du Maine leur expliquèrent que poursuivre en justice les agences de notation pour l'inexactitude de leurs notations reviendrait à poursuivre le magazine *Motor Trend* sous prétexte qu'il aurait fait la pub d'une voiture qui aurait eu un accident.

Charlie connaissait un éminent historien des crises financières, un de ses anciens professeurs, et il se mit à lui téléphoner. « Il appelait tard le soir, déclare l'historien, qui préfère rester anonyme. Et les coups de fil duraient longtemps. Je me rappelle qu'il a commencé par me demander : "Savez-vous ce qu'est un CDO mezzanine ?" Puis il m'a expliqué comment ça fonctionnait. » Comment les banques d'investissement de Wall Street avaient poussé les agences de notation à bénir des piles de prêts pourris ; comment ça leur avait permis de prêter des milliers de milliards de dollars à des Américains ordinaires ; comment les Américains ordinaires avaient gentiment joué le jeu et dit les mensonges qu'ils devaient dire pour obtenir les prêts ; comment la machine qui transformait les prêts en véhicules soi-disant sans risque était tellement complexe que les investisseurs avaient cessé d'évaluer les risques ; comment le problème était devenu si important que la fin ne pouvait qu'être cataclysmique et avoir de sérieuses conséquences sociales et politiques. « Il voulait m'exposer son raisonnement, dit le professeur, et voir si je le croyais cinglé. Il m'a demandé si la Réserve fédérale achèterait les prêts immobiliers, et j'ai répondu que ça me semblait plutôt improbable. Qu'il faudrait une calamité aux proportions colossales pour qu'elle envisage de faire quoi que ce soit de tel. » Ce qui frappa l'éminent historien financier, outre les faits inquiétants, c'était que... il les apprenait de la bouche de Charlie Ledley. « Est-ce que j'aurais pu imaginer que Charlie Ledley anticiperait la plus grande crise financière depuis la Grande dépression ? demande-t-il. La réponse est non. » Non pas que Charlie fût stupide, loin de là. C'était juste qu'il n'était pas porté sur l'argent. « Il n'est pas ostensiblement matérialiste, déclare le professeur. Il n'est pas ostensiblement motivé par l'argent. Il se mettait en colère. Il prenait les choses à titre personnel. »

Mais le matin du 18 septembre 2008, rien de tout ça n'empêcha Charlie Ledley d'être surpris. Jamie et lui ne restaient d'ordinaire pas assis devant leurs écrans Bloomberg à regarder les nouvelles défiler, mais le mercredi 17, c'est ce qu'ils firent. Les pertes liées aux obligations subprime annoncées par les grandes banques de Wall Street avaient été dès le début énormes, et elles ne cessaient de croître. Merrill Lynch, qui avait tout d'abord affirmé avoir perdu 7 milliards, admettait désormais que le montant était supérieur à 50 milliards. Citigroup semblait en être à environ 60 milliards. Morgan Stanley avait sa propre perte de plus de 9 milliards, et qui savait ce qu'il y avait derrière. « Nous nous étions trompés dans notre interprétation des événements, affirme Charlie. Nous avions toujours supposé que les banques vendaient les CDO triple-A à, par exemple, l'Association des fermiers coréens. La façon dont elles implosaient toutes signifiait que non. Elles les avaient gardés pour elles. »

Les grandes banques de Wall Street, en apparence si roublardes et intéressées, étaient d'une manière ou d'une autre devenues les imbéciles. Les gens qui les dirigeaient ne comprenaient pas leur propre business, et les régulateurs le comprenaient manifestement encore moins. Charlie et Jamie avaient toujours plus ou moins supposé qu'il y avait une personne responsable à la tête du système financier, quelqu'un qu'ils n'auraient jamais rencontré ; mais ils voyaient désormais que non. « Nous n'avions jamais été dans le ventre de la bête, dit Charlie. Nous voyions les victimes qui étaient emportées. Mais nous n'avions jamais vu l'intérieur. » Un titre de Bloomberg News attira le regard de Jamie et resta gravé dans son esprit : « Le chef de la majorité au Sénat déclare à propos de la crise : "Personne ne sait que faire." »

Au début, bien avant que d'autres n'embrassent sa vision du monde, Michael Burry avait noté combien il lui semblait morbide d'utiliser son portefeuille d'investissement pour parier sur l'effondrement du système financier. Ce n'est que lorsque cet effondrement lui eut rapporté une fortune qu'il commença à s'interroger sur les dimensions sociales de sa stratégie financière – et à se demander si la manière dont les autres le percevaient serait un jour aussi distordue que la manière dont ils avaient perçu le système financier. Le 19 juin 2008, trois mois après la mort de Bear Stearns, Ralph Cioffi et Matthew Tannin, les deux hommes qui avaient dirigé les hedge funds subprime de Bear Stearns qui avaient fait faillite, furent arrêtés par le FBI et traînés hors de chez eux menottes aux poignets*. Tard le même soir, Burry envoya un e-mail à son avocat, Steve Druskin. « Entre nous, cette histoire me stresse énormément. J'ai peur d'être assez instable pour avoir envoyé des e-mails qui pourraient être sortis de leur contexte et m'attirer des ennuis, même si mes actes et mes résultats sont parfaitement corrects... Je ne peux pas imaginer comment je supporterais de finir en prison sans avoir rien fait de mal, à part avoir eu l'imprudence de ne pas avoir eu de filtre entre mes pensées spontanées à certaines périodes difficiles et ce que j'ai écrit dans des e-mails. En fait ça m'inquiète tellement ce soir que j'ai commencé à envisager de fermer le fonds. »

Il se cherchait désormais de bonnes raisons d'abandonner la gestion financière. Et ses investisseurs l'aidaient à en trouver : il leur avait rapporté beaucoup d'argent, mais ça ne compensait manifestement pas à leurs yeux ce qu'il leur avait fait subir au cours des trois dernières années. Le 30 juin 2008, tout investisseur qui était resté fidèle à Scion Capital depuis sa création, le 1er novembre 2000, avait empoché un gain net de 489,34 %. (Les gains bruts du fonds s'élevaient à 726 %.) Au cours de la même période, le S&P 500 avait gagné juste un peu plus de 2 %. Rien qu'en 2007, Burry avait rapporté à ses investisseurs 750 millions de dollars – et pourtant il ne gérait plus que 600 millions. Ses investisseurs s'étaient rués pour récupérer leur argent. Et aucun nouvel investisseur ne l'avait contacté – pas un seul. Personne ne l'avait appelé pour connaître sa vision du monde, ni ses

---

*La plainte déposée par le ministère américain de la Justice contre Cioffi et Tannin cherchait à prouver que les deux hommes avaient délibérément trompé leurs investisseurs, ignorant la possibilité qu'ils ne savaient peut-être tout simplement pas ce qu'ils faisaient et avaient échoué à saisir le véritable risque des CDO triple-A adossés à des subprimes. Les arguments étaient légers, et reposaient sur quelques e-mails de toute évidence sortis de leur contexte. Une membre du jury qui vota pour l'acquittement des traders obligataires de Bear Stearns déclara par la suite à Bloomberg News que non seulement elle les croyait innocents, mais qu'elle leur confierait volontiers son argent.

prévisions pour l'avenir. D'après ce qu'il voyait, personne ne voulait même savoir comment il avait fait ce qu'il avait fait. « Nous n'avons pas été terriblement populaires », écrivit-il.

Il était scandalisé de voir que ceux dont on louait la perspicacité étaient ceux qui passaient le plus de temps à rechercher les faveurs des médias. Aucun business ne pouvait être plus objectif que la gestion d'argent, et pourtant, même dans ce business, les faits et la logique étaient éclipsés par la nébuleuse dimension sociale des choses. « Je dois dire que j'ai été effaré de voir le nombre de gens qui prétendent avoir vu arriver l'écroulement des subprimes, l'envol des matières premières, et l'affaiblissement de l'économie, écrivit Burry, en avril 2008, à ses derniers investisseurs. Et s'ils ne le disent pas toujours avec autant de mots, ils le font en apparaissant à la télé ou en accordant des interviews aux journalistes, prétendant haut et fort savoir ce qui va se passer maintenant. Ces gens n'auraient tout de même pas le culot de vous dire ce qui va arriver s'ils s'étaient horriblement trompés sur les événements de la veille, n'est-ce pas ? Pourtant je ne me souviens tout simplement pas que tant de gens aient été d'accord avec moi à l'époque. » C'était presque comme si on lui en voulait d'avoir eu exactement raison – comme si sa présence mettait beaucoup de gens mal à l'aise. Un magazine financier publia la liste des 75 meilleurs hedge funds de 2007, et Scion n'y figurait pas – bien que ses bénéfices l'eussent placé au sommet ou presque. « C'était comme si on forçait un nageur à nager dans une piscine séparée pendant les Jeux olympiques, dit Burry. Son temps lui vaut la médaille d'or. Mais il n'a pas de médaille d'or. Je crois honnêtement que c'est ça qui a tué l'envie pour moi. Je recherchais un peu de reconnaissance. Mais il n'y en a pas eu. Je m'étais entraîné pour les Jeux olympiques, et on m'a envoyé nager dans la piscine des attardés. » Quelques-uns de ses investisseurs lui demandèrent pourquoi il ne s'était pas montré plus agressif niveau relations publiques – comme si c'était son métier !

Début octobre 2008, après que le gouvernement américain eut annoncé qu'il absorberait de fait toutes les pertes du système financier et empêcherait les grandes banques de Wall Street de faire faillite, Burry se mit à acheter des actions avec enthousiasme, pour la première fois depuis des années. Le coup de pouce gouvernemental mènerait inévitablement à une inflation, pensait-il, mais aussi à une envolée du prix des actions. Il s'y prenait peut-être en avance, certes, et les actions continueraient peut-être de chuter quelque temps avant de remonter, mais ça n'avait pas d'importance pour lui : la valeur était là, et le pari fonctionnerait à long terme. Immédiatement, son dernier gros investisseur, qui avait 150 millions de dollars dans le fonds, mit son jugement en doute et menaça de retirer son argent.

Le 27 octobre, Burry écrivit à l'un de ses deux amis : « Je vends les positions ce soir. Je crois que j'ai atteint le point de rupture. Je n'ai rien mangé aujourd'hui, je ne dors plus, je ne parle plus à mes enfants, ni à ma femme, je suis brisé. Asperger m'a donné quelques dons fantastiques, mais ça me rend aussi la vie trop difficile depuis trop longtemps. » Un vendredi après-midi du début du mois de novembre, il ressentit des douleurs à la poitrine et se rendit aux urgences. Sa pression sanguine avait grimpé en flèche. « J'ai l'impression que je ne vais pas vivre longtemps », écrivit-il. Une semaine plus tard, le 12 novembre, il envoya sa dernière lettre à ses investisseurs. « J'ai été constamment poussé au bord du précipice par mes propres actes, par les investisseurs du fonds, par mes associés, et même par les anciens employés, écrivit-il. J'ai toujours été capable de reprendre pied et de poursuivre ma liaison excessivement intense avec ce business. Aujourd'hui, cependant, je me trouve face à des problèmes personnels qui m'ont irréfutablement fait basculer, et j'en suis venu à la triste conclusion que je devais fermer le fonds. » Sur ce, il disparut, laissant de nombreuses personnes se demander ce qui s'était passé.

Ce qui s'était passé, c'était qu'il avait eu raison, que le monde avait eu tort, et que maintenant le monde le détestait.

Et donc Michael Burry s'arrêta là où il avait commencé – seul et réconforté par sa solitude. Il resta à Cupertino, Californie, dans son bureau suffisamment grand pour accueillir vingt-cinq personnes. Mais le fonds était fermé, et les lieux étaient vides. Le dernier à partir avait été Steve Druskin, après s'être demandé que faire des CDS sur les obligations subprime de Michael Burry. « Mike en a gardé deux, juste pour rigoler, dit-il. Juste deux. Pour voir si on pouvait se faire payer intégralement. » Et c'était vrai, même s'il ne l'avait pas fait pour rigoler, mais pour se justifier : pour prouver au monde que les obligations bien notées contre lesquelles il avait parié n'avaient en effet aucune valeur. Les deux CDS qu'il avait gardés étaient des paris contre des obligations subprime créées en 2005 par Lehman Brothers. Elles étaient tombées à zéro en même temps que leur créateur. Burry avait misé environ 100 000 dollars sur chacune, et gagné 5 millions de dollars.

Le problème, pour l'avocat, était que ces étranges contrats n'expiraient pas avant 2035. Les brokers avaient depuis longtemps été intégralement payés : 100 cents par dollar. Aucune banque de Wall Street ne prenait plus la peine de leur envoyer d'évaluations pour ces machins. « Je ne reçois plus d'états de brokers me disant que nous avons une position ouverte avec eux, dit Druskin. Mais c'est pourtant le cas. C'est comme si plus personne ne voulait en parler. C'est comme s'ils disaient : "D'accord, vous avez eu vos 10 millions. Arrêtez de nous tanner avec ça." »

À Wall Street, les avocats jouent le même rôle que les médecins en temps de guerre : ils débarquent après les combats pour remettre de l'ordre dans le foutoir. Dans ce cas précis, tout ce qui restait du foutoir de Michael Burry, c'étaient des contrats de trente ans qui comportaient un lointain risque technique de remboursement – et ce que Druskin cherchait à déterminer, c'était quel était exactement ce risque. « Il est possible que les brokers aient jeté les contrats, affirme-t-il. Il y a trois ans, aucun d'entre eux ne s'attendait à ce qui est arrivé. Personne n'a donc été préparé à gérer la situation. En gros, nous avons dit : "Nous fermons boutique." Et ils ont répondu : "OK." »

Lorsque Danny appela Eisman pour l'informer qu'il croyait avoir une attaque cardiaque et qu'il était avec Vinny et Porter, assis sur les marches de la cathédrale Saint-Patrick, Eisman était en train de vivre une lente transformation, presque comme une mutation physique. Il n'avait pas été préparé aux premiers symptômes, à la fin de l'automne 2007. Il était désormais clair qu'il avait eu raison et que les autres avaient eu tort, et en plus de ça, il était devenu riche. Il s'était rendu à une conférence organisée par Merrill Lynch, dont le P-DG, Stan O'Neal, venait de se faire renvoyer, et la banque avait révélé environ 20 milliards de ses 52 milliards de pertes liées aux subprimes. Il s'était alors glissé jusqu'au directeur financier de Merrill Lynch, Jeff Edwards, le même Edwards dont Eisman avait raillé quelques mois plus tôt les modèles de gestion du risque. « Vous vous souvenez de ce que j'ai dit à propos de vos modèles ? avait-il demandé. Je suppose que j'avais raison, hein ? » Mais, étonnamment, il avait aussitôt regretté d'avoir dit ça. « Je m'en suis voulu, explique Eisman. C'était odieux. Edwards était un type adorable. Il s'était juste trompé. Je n'étais plus le loser de service, et je devais me comporter différemment. »

Valerie Feigen l'observait avec un quasi-ahurissement tandis que son mari développait, par à-coups, un trait de caractère qui ressemblait à du tact. « Il y a eu un vide quand tout a été fini, explique-t-elle. Lorsqu'il a été prouvé qu'il avait eu raison, sa colère et son énergie se sont envolées. Et il est resté un grand vide. Il a eu les chevilles qui ont gonflé pendant un moment. Il était vraiment imbu de lui-même. » Eisman avait tellement annoncé haut et fort la catastrophe inévitable que tout un tas de gens improbables voulaient désormais entendre ce qu'il avait à dire. Par exemple, après la conférence de Las Vegas, il avait attrapé un parasite et avait informé le médecin qui le traitait que le monde financier tel que nous le connaissions était sur le point de s'achever. Un an plus tard, il retourna voir le même médecin pour une coloscopie. Il était étendu sur la table lorsqu'il entendit le médecin s'exclamer : « Voici l'homme qui a annoncé la crise ! Venez écouter ça. » Et au beau milieu de la coloscopie d'Eisman, une assemblée de médecins et d'infirmières vint entendre l'histoire du génie d'Eisman.

Mais sa femme ne tarda pas à en avoir sa claque de l'histoire du génie d'Eisman. Elle avait depuis longtemps créé une sorte de force d'intervention d'urgence sociale avec la thérapeute de son mari. « On le remettait à sa place et on lui disait : "Faut vraiment que tu arrêtes tes conneries." Et il a compris. Il a commencé à être gentil. Et ça lui plaisait d'être gentil ! C'était une nouvelle expérience pour lui. » Toutes les personnes de leur entourage voyaient des signes qui indiquaient un homme changé. Pendant la fête de Noël des voisins, par exemple. Elle n'avait même pas eu l'intention d'en parler à Eisman, car elle ne savait jamais ce qu'il ferait ni dirait. « J'étais juste en train de sortir en douce de l'appartement, se souvient-elle. Et il m'arrête et me demande : "Qu'est-ce qu'ils vont penser si je n'y vais pas ?" » Elle fut tellement sidérée par la sincérité de son inquiétude qu'elle lui accorda une chance. « Tu peux venir, mais tu vas devoir te comporter convenablement », déclara-t-elle. À quoi Eisman répondit : « Eh bien, je sais me comporter convenablement maintenant. » Et elle l'emmena donc à la fête de Noël, et il fut aussi agréable que possible. « C'est devenu un plaisir d'être avec lui, ajoute Valerie. Allez comprendre ça. »

Cet après-midi du 18 septembre, le nouvel – et peut-être meilleur – Eisman alla retrouver d'un pas tranquille ses partenaires sur les marches de la cathédrale Saint-Patrick. Il lui fallait toujours une éternité pour se rendre quelque part à pied. « Steve marche tellement lentement, dit Danny. On dirait un éléphant qui ferait des petits pas d'humain. » Il faisait un temps magnifique – l'une de ces rares journées où le ciel bleu perce à travers la forêt de gratte-ciel et réchauffe les âmes. « On était assis là, ajoute Danny, à regarder les passants. »

Ils restèrent environ une heure assis ensemble sur les marches de la cathédrale. « Nous nous sentions étrangement calmes, affirme Danny. Nous nous sentions isolés de la réalité du marché. C'était comme une expérience extracorporelle. Nous étions assis là à regarder les gens passer et à discuter de ce qui risquait de se produire ensuite. Combien de ces gens allaient perdre leur boulot ? Qui allait louer ces immeubles, quand toutes les banques de Wall Street se seraient effondrées ? »

Pour Porter Collins, « c'était comme si le monde s'était arrêté. Nous regardions tous ces gens et nous disions : "Soit ils sont ruinés, soit ils sont sur le point d'être ruinés." » Mais à part ça, on ne se faisait pas trop de souci chez FrontPoint. C'était ce qu'ils avaient attendu : l'effondrement total.

« L'industrie des banques d'investissement est foutue, avait annoncé Eisman six semaines plus tôt. Ces types commencent seulement à comprendre à quel point ils sont foutus. C'est comme être un scolastique avant Newton. Un beau jour Newton débarque et vous vous dites : "Bon Dieu de merde, je me suis trompé !" » Lehman Brothers avait disparu, Merrill avait capitulé, et Goldman Sachs et Morgan Stanley étaient sur le point de cesser d'être des banques d'investissement. Les banquiers d'investissement n'étaient pas simplement foutus : ils avaient disparu. « Que Wall Street se soit cassé la gueule à cause de ça n'est que justice ! » affirme Eisman. Le seul d'entre eux qui avait un peu de mal à accepter le rôle qu'ils avaient joué – celui des types qui avaient empoché une fortune en pariant contre leur propre société – était Vincent Daniel. « Vinny, parce qu'il vient du Queens, a besoin de voir le côté sombre de tout », dit Eisman.

À quoi Vinny répond : « Ce que nous nous disions, et ça ne nous plaisait pas, c'était qu'en shortant ce marché nous avions créé la liquidité pour l'entretenir. »

« C'était comme nourrir le monstre, surenchérit Eisman. Nous avons nourri le monstre jusqu'à ce qu'il explose. »

Le monstre était en train d'exploser. Pourtant, dans les rues de Manhattan, rien n'indiquait qu'un événement aussi important venait de se produire. La force qui affecterait la vie de chacun était invisible. C'était ça, le problème avec l'argent : ce que les gens faisaient avait des conséquences, mais elles étaient si éloignées de l'acte original que l'esprit ne faisait jamais le lien. Les prêts à taux d'appel que vous accordez à des gens qui ne seront jamais capables de les rembourser ne se dégraderont pas immédiatement, mais dans deux ans, quand les taux d'intérêt grimperont. Les diverses obligations que vous créez à partir de ces prêts ne se dégraderont pas en même temps que les prêts, mais des mois plus tard, après une kyrielle de saisies et de faillites et de ventes forcées. Les divers CDO que vous fabriquez à partir des obligations ne se dégraderont pas tout de suite, mais après qu'un administrateur aura déterminé qu'il n'y aura jamais assez d'argent pour les rembourser. Après quoi le détenteur du CDO reçoit un petit mot : *Cher monsieur, Nous avons le regret de vous informer que votre obligation n'existe plus...* Mais le plus grand décalage était là, dans la rue. Combien de temps faudrait-il pour que les gens qui allaient et venaient devant la cathédrale Saint-Patrick comprennent ce qui venait de leur arriver ?

ÉPILOGUE
Tout est lié

À peu près au même moment qu'Eisman et ses partenaires étaient assis sur les marches de la cathédrale dans Midtown, j'étais assis sur une banquette dans l'*East Side*, attendant John Gutfreund, mon ancien patron, avec qui je devais déjeuner, me demandant, entre autres choses, pourquoi certains restaurants faisaient s'asseoir côte à côte deux hommes qui n'avaient aucune envie de se toucher l'un l'autre.

Quand j'avais publié mon livre sur les dérives financières des années 1980, ces dérives des années 1980 étaient censées arriver à leur terme. J'avais reçu beaucoup de félicitations imméritées pour mon timing. Les troubles sociaux engendrés par l'effondrement de l'industrie des caisses d'épargne et la montée des OPA hostiles et des acquisitions par emprunt avaient ouvert la voie à une brève période de récriminations. Si la plupart des étudiants de l'université de l'Ohio lisaient *Poker menteur* comme un guide pratique, la plupart des interviewers de la télé et de la radio me considéraient comme l'un de ceux qui tiraient la sonnette d'alarme. (À l'exception notoire de Geraldo Rivera, qui m'avait invité, en compagnie de quelques enfants acteurs qui avaient plongé dans la drogue, pour une émission intitulée « Les Gens qui réussissent trop tôt dans la vie ».) Le sentiment d'hostilité envers Wall Street était alors suffisamment fort pour que Rudolph Giuliani se bâtisse une carrière politique dessus, mais, au bout du compte, ça ressemblait plus à une chasse aux sorcières qu'à un honnête examen de l'ordre financier. Les lynchages publics de Michael Milken puis de Gutfreund, le

P-DG de Salomon Brothers, avaient été un prétexte pour éviter de se pencher sur les forces troublantes qui avaient étayé leur ascension. Idem pour la moralisation de la culture de Wall Street. Les banques condamneraient bientôt l'immoralité, imposant l'égalité des sexes, et renvoyant les traders qui auraient eu l'audace de poser les yeux sur une strip-teaseuse. Moyennant quoi Bear Stearns et Lehman Brothers ressembleraient plus en 2008 à des sociétés normales avec de solides valeurs bien américaines que n'importe quelle banque de Wall Street du milieu des années 1980.

Mais ces changements étaient un camouflage. Ils permettaient de cacher aux gens de l'extérieur l'événement réellement immoral : le décalage croissant entre les intérêts de ceux qui trafiquaient les risques financiers et ceux du reste de la population. Il y avait des remous en surface, mais en dessous, dans les profondeurs, la culture des bonus demeurait inchangée.

La raison pour laquelle la culture financière américaine était si difficile à modifier – la raison pour laquelle le processus politique mettait si longtemps à imposer des changements, même après la catastrophe des subprimes – était qu'il avait fallu si longtemps pour la créer, et que ses mœurs étaient désormais profondément ancrées. Un cordon ombilical reliait le ventre de la bête explosée à la finance des années 1980. La crise de 2008 avait ses racines non seulement dans les prêts subprime accordés en 2005, mais aussi dans les idées qui avaient germé en 1985. Un de mes amis, rencontré durant notre formation chez Salomon Brothers, avait créé le premier dérivé en 1986, alors que nous venions de quitter la formation. (« Les dérivés sont comme les armes, se plaît-il à dire. Le problème n'est pas l'outil. C'est la personne qui l'utilise. ») Le CDO mezzanine avait été inventé par le département d'obligations pourries de Michael Milken chez Drexel Burnham en 1987. Le premier CDO adossé à des prêts immobiliers avait été créé au Crédit Suisse en 2000 par un trader qui avait passé ses années de formation, dans les années 1980 et au début des années 1990, dans le département hypothécaire de Salomon Brothers. Son nom était Andy Stone. Et outre cette connexion intellectuelle avec la crise des subprimes, il avait aussi un lien personnel : il avait été le premier patron de Greg Lippmann à Wall Street.

Je n'avais pas revu Gutfreund depuis mon départ de Wall Street. Je n'avais rencontré mon P-DG que deux fois, dans la salle des marchés, quand mes supérieurs m'avaient demandé quelques mois avant ma démission de lui expliquer des transactions de dérivés en apparence exotiques que j'avais effectuées avec un hedge fund européen. J'avais donc essayé, nerveusement, mais il avait prétendu ne pas être assez intelligent pour y comprendre quoi que ce soit. Et j'avais supposé que c'était ainsi qu'un P-DG de Wall Street montrait que c'était lui le patron, en s'élevant au-dessus des détails. Il n'avait aucune raison de se souvenir de nos conversations, et, en effet, il les avait oubliées : quand mon livre était sorti et qu'on avait commencé à lui poser tout un tas de questions à mon sujet, il avait déclaré aux journalistes que nous ne nous étions jamais rencontrés. Au fil des années, j'avais entendu parler de lui à quelques reprises. Je savais qu'il avait été forcé de démissionner de Salomon Brothers, et qu'il avait connu une passe difficile. J'avais par la suite entendu dire que, quelques années avant notre déjeuner, il avait participé à une table ronde sur Wall Street à l'école de commerce de Columbia. Quand son tour était venu de prendre la parole, il avait conseillé aux étudiants de faire quelque chose de plus intéressant de leur vie plutôt que d'aller travailler à Wall Street. Et quand il avait commencé à décrire sa carrière, il avait fondu en larmes.

Lorsque j'ai envoyé un e-mail à Gutfreund pour l'inviter à déjeuner, il n'aurait pu se montrer plus poli, ni plus gracieux. Et c'est avec la même politesse qu'il s'est laissé escorter jusqu'à la table, bavardant avec le propriétaire, et passant sa commande. Il avait perdu un peu de vivacité, était plus mesuré dans ses mouvements, mais était autrement parfaitement reconnaissable.

Le même vernis de raffinement dissimulait le même instinct animal de voir le monde tel qu'il était, plutôt que comme il aurait dû être.

Nous avons passé une vingtaine de minutes à décider que notre présence à la même table n'était pas la fin du monde. Nous nous sommes découvert un ami commun. Nous avons convenu que les P-DG de Wall Street n'avaient aucun moyen réel de se tenir au courant des innovations frénétiques qui voyaient le jour au sein de leur banque. (« Je ne comprenais pas les lignes de produits, et eux non plus. ») Nous avons aussi convenu que les P-DG des banques d'affaires de Wall Street avaient terriblement peu de contrôle sur leurs employés. (« Ils vous passent de la pommade et puis ils font ce qui leur chante. ») Il estimait que la cause de la crise financière était simple : de l'avidité des deux côtés – l'avidité des investisseurs et l'avidité des banquiers. J'estimais pour ma part que c'était un peu plus compliqué. L'avidité de Wall Street était un fait acquis – presque une obligation. Le problème était que le système des primes avait canalisé l'avidité.

La frontière entre pari et investissement est artificielle et ténue. L'investissement le plus sûr a tout d'un pari (vous risquez de perdre tout votre argent dans l'espoir d'en gagner un peu plus), et la spéculation la plus folle a les caractéristiques fondamentales d'un investissement (vous pouvez récupérer votre argent avec un intérêt). Peut-être la meilleure définition de l'investissement est-elle la suivante : « un pari dont les probabilités sont en votre faveur ». Les personnes qui avaient shorté le marché des subprimes avaient les probabilités en leur faveur. Les personnes qui se trouvaient de l'autre côté – la totalité du système financier, pour ainsi dire – avaient parié avec les probabilités contre elles. Jusqu'à ce stade, l'histoire de ce livre n'aurait pu être plus simple. Ce qu'elle avait d'étrange et de compliqué, cependant, c'était qu'à peu près toutes les personnes des deux côtés du pari avaient quitté la table riches. Steve Eisman, Michael Burry et les jeunes hommes de Cornwall Capital avaient empoché chacun des dizaines de millions de dollars, bien entendu. Greg Lippmann avait été payé 47 millions de dollars en 2007, dont presque 24 millions en actions restreintes qu'il ne pourrait récupérer à moins de rester quelques années de plus à Deutsche Bank. Mais tous ceux-là avaient vu juste, ils étaient du bon côté du pari. La société de gestion de CDO de Wing Chau avait fait faillite, mais lui aussi avait empoché des dizaines de millions de dollars – et il avait même eu le culot de tenter de monter une société qui achèterait, à bon prix, les mêmes obligations hypothécaires subprime qui lui avaient déjà fait perdre des milliards de dollars qui ne lui appartenaient pas. Howie Hubler avait perdu plus d'argent que n'importe quel autre trader de l'histoire de Wall Street – et pourtant il avait été autorisé à conserver les dizaines de millions de dollars qu'il avait gagnés. Les P-DG de chaque principale banque de Wall Street étaient aussi du mauvais côté du pari. Tous, sans exception, avaient soit mené leur société à la faillite, soit été sauvés de la faillite par le gouvernement américain. Pourtant, eux aussi étaient devenus riches.

Pourquoi prendre des décisions intelligentes quand on peut s'enrichir en prenant des décisions idiotes ? Les motivations de Wall Street étaient toutes mauvaises ; et elles le sont toujours. Mais je n'ai pas contredit John Gutfreund. De la même manière qu'on redevient un gamin de 9 ans quand on rend visite à ses parents, on redevient un subalterne quand on est en présence de son ancien patron. John Gutfreund était toujours le Roi de Wall Street et j'étais toujours un sous-fifre. Il parlait d'un ton affirmatif, je posais des questions. Mais tandis qu'il parlait, mes yeux se sont posés sur ses mains. Ce n'étaient pas les mains douces d'un banquier de Wall Street, mais des mains de boxeur. J'ai relevé les yeux. Le boxeur souriait – même si c'était un sourire de façade. Et derrière ce sourire, Gutfreund semblait dire, très posément : « Votre... putain... de bouquin. »

Je lui ai retourné un sourire qui n'en était pas vraiment un.

« Pourquoi m'avez-vous invité à déjeuner ? » a-t-il demandé, d'un ton plaisant – il était sincèrement curieux.

On ne peut pas vraiment avouer à quelqu'un qu'on l'a invité à déjeuner pour lui dire qu'on ne le considère pas comme le diable. Ni pour lui dire qu'on pense pouvoir remonter l'origine de la plus grande crise financière de l'histoire à une décision qu'il a prise. En effet, John Gutfreund avait fait violence à l'ordre social de Wall Street – et s'était vu surnommer le Roi de Wall Street – quand, en 1981, il avait fait de Salomon Brothers, jusqu'alors une société de partenariat privé, la première banque de Wall Street cotée en Bourse, faisant fi de l'indignation des anciens partenaires de Salomon. (« J'étais dégoûté par son matérialisme », me dirait William Salomon, le fils de l'un des fondateurs de la banque, qui avait nommé Gutfreund P-DG après que celui-ci avait promis de ne jamais vendre la société.) C'était un gigantesque bras d'honneur en direction des autres P-DG de Wall Street et de leur désapprobation morale. Il avait profité de l'instant présent sans se soucier de l'avenir. Non seulement ses partenaires et lui avaient-ils fait un profit rapide, ils s'étaient aussi débarrassés du risque financier ultime en le transférant à leurs actionnaires. Ce qui, au bout du compte, n'avait pas grand sens pour les actionnaires. (Une action Salomon Brothers achetée à l'époque de mon arrivée dans une salle de marché, en 1986, au prix du marché d'alors, soit 42 dollars, vaudrait 2,26 actions Citigroup d'aujourd'hui, ce qui, au premier janvier 2010, aurait représenté une valeur de marché de 7,48 dollars.) Mais c'était une opportunité fantastique pour les traders d'obligations.

À partir de ce moment, la banque de Wall Street était devenue une boîte noire. Les actionnaires qui finançaient la prise de risques ne comprenaient pas réellement ce que les preneurs de risques faisaient, et plus les risques devenaient complexes, moins ils comprenaient. La seule chose qui était claire était que les profits que pouvaient rapporter des gens intelligents qui faisaient des paris complexes étaient bien plus grands que ceux qu'on pouvait gagner en servant les clients ou en répartissant le capital dans un but productif. Les clients étaient devenus, bizarrement, le dernier de leurs soucis. (Faut-il s'étonner que la méfiance des acheteurs envers les vendeurs du marché obligataire ait atteint un stade où les premiers n'ont pas été fichus de voir l'opportunité de s'enrichir rapidement lorsqu'un vendeur, Greg Lippmann, leur en a proposé une ?) À la fin des années 1980 et au début des années 1990, Salomon avait connu des années entières – des années magnifiques ! – durant lesquelles cinq de ses traders pour compte propre, les ancêtres intellectuels de Howie Hubler, avaient généré plus que les profits annuels de la banque. C'est-à-dire que les quelque 10 000 autres employés de la société, pris collectivement, perdaient de l'argent.

Le jour où Salomon Brothers avait démontré les gains potentiels qu'il y avait à transformer une banque d'investissement en une société cotée en Bourse et à « leverager » son bilan grâce à des risques exotiques, les fondements psychologiques de Wall Street avaient été modifiés, passant de la confiance à la foi aveugle. Aucune banque d'investissement possédée par ses employés n'aurait eu un effet de levier de 35:1, ni acheté et conservé pour 50 milliards de dollars de CDO mezzanine. Je doute qu'un partenariat aurait cherché à berner les agences de notation, ou aurait fricoté avec des usuriers, ou même qu'il aurait permis que des CDO mezzanine soient vendus à ses clients. Les gains attendus à court terme n'auraient pas justifié les pertes attendues à long terme.

Aucun partenariat, tant qu'on y est, ne m'aurait jamais embauché, ni n'aurait embauché quiconque me ressemblant un tant soit peu. Est-ce parce qu'on a fait ses études à Princeton qu'on est doué pour prendre des risques financiers ?

En haut de la liste des préoccupations de Charlie Ledley, après que Cornwall avait placé ses paris contre les prêts subprime, il y avait la crainte que les autorités n'interviennent à un moment ou un autre pour empêcher les emprunteurs américains de défaillir. Mais les autorités n'avaient jamais rien fait de tel, naturellement. À la place, elles étaient intervenues pour empêcher la faillite des grandes banques de Wall Street qui avaient trouvé le moyen de se mettre sur la paille en faisant un paquet de paris idiots sur les emprunteurs subprime.

Après la faillite de Bear Stearns, le gouvernement avait encouragé J. P. Morgan à la racheter en offrant un prix au rabais et en garantissant les actifs les plus douteux de Bear Stearns. Les détenteurs d'obligations Bear Stearns s'en tiraient indemnes, mais ses actionnaires perdaient l'essentiel de leur argent. Puis était survenu l'effondrement des organismes subventionnés par le gouvernement, Fannie Mae et Freddie Mac, tous deux rapidement nationalisés par l'État. La direction avait été remplacée, les actionnaires salement dilués, et les créanciers laissés intacts, quoiqu'un peu incertains. Ensuite il y avait eu Lehman Brothers, qui avait simplement été autorisée à faire faillite – après quoi les choses étaient devenues encore plus compliquées. Tout d'abord, le Trésor et la Réserve fédérale avaient prétendu avoir autorisé Lehman à faire faillite pour faire passer le message que les banques de Wall Street gérées de manière irresponsable ne bénéficieraient pas toutes de garanties gouvernementales ; mais alors, quand tout était allé de travers, que le marché s'était gelé, et que des voix avaient commencé à s'élever pour affirmer que laisser Lehman faire faillite avait été une bêtise, ils avaient changé leur version des faits et prétendu ne pas avoir eu légalement le pouvoir de sauver Lehman. Mais lorsque AIG avait fait faillite quelques jours plus tard, ou du moins avait essayé, la Réserve fédérale lui avait accordé un prêt de 85 milliards de dollars – bientôt monté à 180 milliards – pour couvrir ses paris sur les obligations hypothécaires subprime. Cette fois, le Trésor facturerait un paquet pour les prêts et s'emparerait de l'essentiel du capital. Ç'avait ensuite été au tour de Washington Mutual, qui avait été saisie sans ménagements par le Trésor, faisant passer à la trappe aussi bien ses créanciers que ses actionnaires. Après quoi Wachovia avait fait faillite, et le Trésor et la FDIC avaient encouragé Citigroup à la racheter – une fois encore à un prix au rabais et avec une garantie sur ses actifs douteux.

Les personnes en position de résoudre la crise financière étaient, bien entendu, celles qui avaient échoué à la prévoir : le secrétaire au Trésor Henry Paulson, le futur secrétaire au Trésor Timothy Geithner, le président de la Réserve fédérale Ben Bernanke, le P-DG de Goldman Sachs Lloyd Blankfein, le P-DG de Morgan Stanley John Mack, le P-DG de Citigroup Vikram Pandit, et ainsi de suite. Quelques P-DG de Wall Street avaient été renvoyés suite à leur rôle dans la catastrophe des subprimes, mais la plupart avaient conservé leur poste, et c'est eux, par-dessus le marché, qui avaient fini par opérer à l'abri des regards pour décider des mesures à prendre après la crise. Avec eux se trouvaient une poignée de membres de l'équipe gouvernementale – ceux-là mêmes qui auraient dû en savoir bien plus sur les activités des banques de Wall Street quand il était encore temps. Tous ces gens avaient un point commun : ils s'étaient avérés bien moins aptes à comprendre les vérités élémentaires au cœur du système financier américain qu'un gestionnaire de fonds borgne atteint du syndrome d'Asperger.

À la fin du mois de septembre 2008, le plus haut responsable financier de la nation, le secrétaire au Trésor américain Henry Paulson, persuada le Congrès qu'il avait besoin de 700 milliards de dollars pour racheter des actifs subprime aux banques. Ainsi naquit le TARP (Troubled Asset Relief Program). Mais lorsqu'il eut l'argent, Paulson abandonna la stratégie qu'il avait promise pour au bout du compte distribuer des milliards à Citigroup, Morgan Stanley, Goldman Sachs, et quelques autres entités dont on avait arbitrairement décidé de la survie. Par exemple, les 13 milliards qu'AIG devait à Goldman Sachs, suite à son pari sur les prêts subprime, furent intégralement remboursés par le gouvernement américain : à 100 cents par dollar. Ces subventions fantastiques – plus la garantie implicite du gouvernement qui allait avec – sauvèrent non seulement les banques de Wall Street de la faillite, mais elle leur évita d'avoir à reconnaître leurs pertes dans leurs portefeuilles subprime. Mais malgré ça, quelques semaines à peine après avoir reçu ses 25 premiers milliards d'argent du contribuable, Citigroup revint devant le Trésor pour confesser que – tenez-vous bien – les marchés ne croyaient toujours pas en sa survie. Moyennant quoi, le 24 novembre, le Trésor accordait 20 milliards supplémentaires et garantissait en toute simplicité 306 milliards de dollars d'actifs de Citigroup. Le Trésor ne demanda aucune part dans le capital, aucun changement de direction. Il ne demanda rien du tout à part une quantité négligeable de warrants en dehors de la monnaie[1] et d'actions de préférence. La garantie de 306 milliards – presque 2 % du PIB, soit à peu près les budgets cumulés des ministères de l'Agriculture, de l'Éducation, de l'Énergie, de la Sécurité intérieure, du Logement et du Développement urbain, et des Transports – fut présentée de façon non déguisée comme un cadeau. Le Trésor ne prit jamais la peine d'expliquer en quoi consistait la crise, se contentant d'affirmer que cette mesure était prise en réponse au « déclin du prix de l'action » Citigroup.

Il était dès lors clair que 700 milliards de dollars ne suffiraient pas à compenser les actifs douteux acquis au fil des dernières années par les traders obligataires de Wall Street. La Réserve fédérale américaine prit donc la décision scandaleuse et sans précédent de racheter les obligations hypothécaires subprime pourries directement aux banques. Début 2009, les risques et les pertes associés à plus de mille milliards de dollars de mauvais investissements furent transférés des grandes banques

---

1. Option dont le prix d'exercice se situe au-dessus des cours actuellement cotés.

de Wall Street au contribuable américain. Henry Paulson et Timothy Geithner affirmèrent tous deux que le chaos et la panique provoqués par la faillite de Lehman Brothers était la preuve que le système ne pourrait tolérer la faillite chaotique d'un autre grand établissement financier. Ils affirmèrent par la suite, mais plusieurs mois après les faits, qu'ils n'avaient pas eu le pouvoir légal de fermer de gigantesques organismes financiers sans créer de panique – c'est-à-dire, de faire mettre la clé sous la porte à des banques en faillite. Pourtant, même un an plus tard, ils n'auraient pas fait grand-chose pour se voir attribuer ce pouvoir. Ce qui était curieux, car ils n'hésitaient d'ordinaire pas à demander plus de pouvoirs.

Les événements qui se déroulèrent à Wall Street en 2008 furent rapidement décrits – pas simplement par les responsables de Wall Street, mais aussi par le Trésor et la Réserve fédérale – comme une « crise de confiance ». Une bonne vieille panique financière déclenchée par la faillite de Lehman Brothers. En août 2009, le président de Goldman Sachs, Gary Cohn, proclamait même en public que Goldman Sachs n'avait en fait jamais eu besoin de l'aide du gouvernement, car elle avait été assez forte pour supporter n'importe quelle panique temporaire. Mais il y a une différence entre une panique financière à l'ancienne et ce qui se produisit à Wall Street en 2008. Lors d'une panique à l'ancienne, la perception crée sa propre réalité : Quelqu'un crie « Au feu ! » dans un théâtre bondé et le public se piétine à mort dans sa ruée vers les sorties. À Wall Street en 2008, c'est la réalité qui l'emporta finalement sur la perception : comme si un théâtre bondé avait été réduit en cendres pendant que la plupart des gens étaient restés assis dans leur fauteuil. Chacune des principales banques de Wall Street était soit en faillite, soit fatalement empêtrée dans un système en faillite. Le problème n'était pas que Lehman Brothers avait été autorisée à faire faillite. Le problème avait été que Lehman Brothers avait été autorisée à réussir.

Ce nouveau régime – argent gratuit pour les capitalistes, marché concurrentiel pour tous les autres – plus la réécriture plus ou moins instantanée de l'histoire financière contrarièrent toutes sortes de gens, mais rares furent ceux à être aussi férocement contrariés que Steve Eisman. Les financiers les plus puissants et les mieux payés du monde avaient été complètement discrédités ; sans intervention du gouvernement chacun d'entre eux aurait perdu son boulot ; et pourtant ces mêmes financiers se servaient du gouvernement pour s'enrichir. « Je comprends que Goldman Sachs veuille participer aux débats sur l'avenir de Wall Street, déclare-t-il. Ce que je ne comprends pas, c'est pourquoi quelqu'un l'écouterait. » Du point de vue d'Eisman, la réticence du gouvernement à permettre aux banquiers de faire faillite était moins une solution que le symptôme d'un système financier atteint de dysfonctionnements profonds. Le problème n'était pas que les banques étaient, par essence, essentielles au succès de l'économie américaine. Le problème, il en était sûr, était que des CDS représentant une somme gigantesque et indéterminée avaient été achetés et vendus sur chacune d'entre elles. « Il n'y a pas de limite au risque sur le marché, dit-il. Une banque avec une capitalisation boursière d'un milliard de dollars peut avoir pour mille milliards de dollars de CDS en suspens. Personne ne sait combien il y en a ! Et personne ne sait où ils sont ! » La faillite de, disons, Citigroup pourrait peut-être être économiquement tolérable. Elle entraînerait des pertes chez ses actionnaires, ses détenteurs d'obligations et ses employés – mais les sommes en jeu sont connues de tous. Cependant, cette même faillite entraînerait aussi le règlement d'un pari énorme de dimension inconnue : de la part des gens qui auraient vendu des CDS sur Citigroup en faveur de ceux qui les auraient achetés.

C'était une autre des conséquences de la transformation des partenariats de Wall Street en sociétés cotées en Bourse : les banques devenaient des objets de spéculation. Ce n'était plus la pertinence sociale et économique d'une banque qui faisait qu'on ne pouvait pas la laisser faire faillite, mais le nombre de paris parallèles qui avait été fait sur elle.

À un moment, je n'ai pu me retenir d'interroger John Gutfreund sur sa principale et plus néfaste mesure : quand on fouille parmi les débris de l'avalanche, la décision de transformer un partenariat de Wall Street en une société cotée en Bourse semble être la boule de neige qui a tout déclenché. « Oui, a-t-il répondu. Ils – les dirigeants des autres banques de Wall Street – ont tous dit que c'était une chose horrible de se faire coter en Bourse, et ils me demandaient comment je pouvais faire ça. Mais quand la tentation s'est fait sentir, ils s'y sont tous abandonnés. » Il était cependant d'accord : le principal effet de sa mesure avait été de transférer le risque sur les actionnaires. « Quand les choses vont de travers, c'est leur problème », a-t-il déclaré. Mais de toute évidence, ce n'était pas simplement le leur. Quand les banques d'investissement de Wall Street ont suffisamment merdé, leurs risques sont devenus le problème du gouvernement américain. « On vous laisse faire jusqu'à ce que vous soyez dans la merde jusqu'au cou », a-t-il ajouté avec un petit ricanement. Il n'était plus de la partie. Tout était désormais la faute des autres.

Il m'a regardé curieusement tandis que je notais rapidement ses propos.

« Qu'est-ce que vous allez faire de ça ? » m'a-t-il demandé.

Je lui ai répondu que ça vaudrait peut-être le coup de revisiter le monde que j'avais décrit dans *Poker menteur*, maintenant qu'il mourait finalement. Peut-être en vue d'une réédition pour le vingtième anniversaire.

« C'est écœurant », a-t-il lâché.

S'il était difficile pour lui d'apprécier ma compagnie, il était encore plus difficile pour moi de ne pas apprécier la sienne : il était toujours dur, direct, et il ne mâchait pas ses mots. Il avait contribué à créer un monstre, mais il y avait encore beaucoup du vieux Wall Street en lui, celui où les gens disaient des choses comme : « La parole d'un homme est sacrée. » Dans ce Wall Street-là, les gens ne quittaient pas leur société pour aller causer des problèmes à leurs anciens patrons en écrivant à leur sujet. « Non, a-t-il dit, je crois que nous pouvons être d'accord sur ça : votre putain de bouquin a détruit ma carrière et fait la vôtre. » Sur ce, l'ancien roi d'un ancien Wall Street a soulevé l'assiette qui contenait son entrée et m'a demandé, gentiment : « Voudriez-vous un œuf à la diable ? »

Je n'avais jusqu'alors pas trop prêté attention à ce qu'il mangeait. Je voyais désormais qu'il avait commandé le meilleur plat de la maison, cette délicieuse composition vaporeuse venue d'un autre âge. Qui avait bien pu inventer l'œuf à la diable ? Qui savait qu'un simple œuf pouvait être si compliqué, et pourtant si appétissant ? J'ai tendu la main et en ai saisi un. Quelque chose de gratuit. Ça ne perd jamais de son charme.

REMERCIEMENTS

Mon éditeur du désormais défunt magazine *Portfolio* m'a encouragé au début, tandis que j'entreprenais de revenir en arrière pour me pencher de nouveau sur Wall Street. Brandon Adams m'a généreusement offert son aide, dénichant des faits étranges et faisant preuve d'une telle connaissance du sujet que je me suis à moitié demandé s'il n'aurait peut-être pas mieux valu que ce soit lui qui écrive ce livre à ma place. Entre autres trésors, il a découvert A. K. Barnett-Hart, un étudiant de Harvard qui venait d'écrire une thèse sur le marché des CDO adossés à des prêts immobiliers subprime qui demeure plus intéressante que n'importe quelle recherche pondue à Wall Street sur le sujet. Marc Rosenthal m'a servi de guide dans la jungle infernale des prêts subprime et des rouages internes des modèles des agences de notation, partageant sans compter son temps et sa perspicacité. Al Zuckerman, chez Writers House, a représenté avec talent ce livre, comme il l'a fait avec les précédents. Plusieurs personnes ont relu tout ou partie de ce manuscrit et offert d'utiles conseils : John Seo, Doug Stumpf, mon père, Tom Lewis, et mon épouse, Tabitha Soren. Janet Byrne a accompli un travail de correction étonnamment précis, énergique et intelligent, et s'est aussi avérée une lectrice idéale. Starling Lawrence chez W.W. Norton, qui a édité tous mes livres sauf un, notamment *Poker menteur*, s'est montré comme à son habitude d'une sagesse et d'une bonté merveilleuses.

Il me semble impossible d'écrire un récit de non-fiction convenable sans une coopération sans faille de mes sujets. Steve

Eisman, Michael Burry, Charlie Ledley, Jamie Mai, Vincent Daniel, Danny Moses, Porter Collins et Ben Hockett m'ont autorisé à pénétrer dans leur vie. Au prix d'un risque incalculable pour eux-mêmes, ils ont partagé avec moi leurs pensées et leurs sentiments. Je leur en suis éternellement reconnaissant.

Mis en pages par DV Arts Graphiques à La Rochelle.
Imprimé en France par CPI Bussière
à Saint-Amand-Montrond (Cher).
N° d'édition : 053. — N° d'impression : 102486/1.
Dépôt légal : septembre 2010.
ISBN 978-2-35584-053-1